权威·前沿·原创

皮书系列为
"十二五""十三五"国家重点图书出版规划项目

BLUE BOOK

智库成果出版与传播平台

可持续发展蓝皮书

BLUE BOOK OF SUSTAINABLE DEVELOPMENT

A股上市公司可持续发展价值评估报告（2020）

A-SHARE LISTED COMPANY SUSTAINABLE DEVELOPMENT VALUE ASSESSMENT REPORT (2020)

发现中国"义利99"

主　编／马蔚华　宋志平

社会科学文献出版社
SOCIAL SCIENCES ACADEMIC PRESS (CHINA)

图书在版编目(CIP)数据

A股上市公司可持续发展价值评估报告.2020/马蔚华,宋志平主编.--北京：社会科学文献出版社，2021.1
（可持续发展蓝皮书）
ISBN 978-7-5201-7666-8

Ⅰ.①A… Ⅱ.①马… ②宋… Ⅲ.①上市公司-可持续性发展-研究报告-中国-2020 Ⅳ.①F279.246

中国版本图书馆CIP数据核字（2020）第235125号

可持续发展蓝皮书
A股上市公司可持续发展价值评估报告（2020）
发现中国"义利99"

主　　编 /	马蔚华　宋志平
出 版 人 /	王利民
责任编辑 /	吴　敏
出　　版 /	社会科学文献出版社·皮书出版分社（010）59367127 地址：北京市北三环中路甲29号院华龙大厦　邮编：100029 网址：www.ssap.com.cn
发　　行 /	市场营销中心（010）59367081　59367083
印　　装 /	天津千鹤文化传播有限公司
规　　格 /	开　本：787mm×1092mm　1/16 印　张：18.5　字　数：278千字
版　　次 /	2021年1月第1版　2021年1月第1次印刷
书　　号 /	ISBN 978-7-5201-7666-8
定　　价 /	128.00元

本书如有印装质量问题，请与读者服务中心（010-59367028）联系

▲ 版权所有 翻印必究

编委会

（按姓氏拼音排序）

顾　　问　包　凡　何　杰　刘吉人　马　骏　秦　朔
　　　　　　　王　名　王　平　王梓木　姚　洋　张光华
　　　　　　　詹晓宁

主　　编　马蔚华　宋志平

执行主编　李　文

编　　委　白　虹　黄瑞庆　黎　江　汪亦兵　王　超
　　　　　　　王国平　王晓津　张子炜　赵永刚
　　　　　　　Elizabeth Boggs Davidsen（美）
　　　　　　　瑞可诚 [Karl H. Richter（英）]
　　　　　　　Willem Vosmer（荷）

课 题 组

组　长　李　文
副组长　顾欣科　黄　婕　姜亚晨　卢　轲　陶林林
　　　　　唐雨垌　张　晗
成　员　曹漫玉　樊姝雅　方子爵　李若萱　刘乙旭
　　　　　刘　钊　丘明燃　谭　宣　巫佳琦　王燕淋
　　　　　杨晓旭　邹佩芹

主要编撰者简介

马蔚华 社会价值投资联盟（深圳）常务主席，经济学博士，美国哥伦比亚大学中国企业研究中心理事会主席，北京大学、清华大学等多所高校兼职教授，国际公益学院董事会主席，伦敦金融城顾问委员会委员，纽约市金融服务顾问委员会委员，国家科技成果转化引导基金理事长，壹基金公益基金会理事长，中国企业家俱乐部理事长。曾任招商银行股份有限公司执行董事、行长兼首席执行官，中国人民银行总行办公厅副主任、计划资金司副司长，第十届全国人大代表及第十一届、十二届全国政协委员。2001年获评"CCTV中国经济年度人物"，2005年获评英国《银行家》杂志"银行业希望之星"。被美国《机构投资者》杂志先后评为"2007年度亚洲最佳CEO""2008年度亚洲银行业领袖""2009年度亚洲最佳行长""2011年度亚洲杰出CEO"。2012年入选《哈佛商业评论》"中国上市公司卓越50人"，列《华尔街日报》"中国影响力排行榜"第四位，并获得"安永企业家2012国家大奖"。2020年入选"深圳经济特区建立40周年创新创业人物和先进模范人物名单"。两次入选"年度中国公益人物"（2016、2017），荣获两岸三地慈善大奖"第12届·2017爱心奖"，荣膺"2017中国十大社会推动者"，获评首届深圳市社会组织风云榜十大社会组织功勋人物、第三届深圳市社会组织风云榜先进模范人物和第四届鹏城慈善推动者。2019年3月被联合国开发计划署驻华处聘为特别顾问、可持续发展金融顾问委员会主席，同年4月被联合国开发计划署聘为可持续发展影响力投资全球指导委员会成员。

宋志平 社会价值投资联盟（深圳）主席团主席，管理工程博士，中国上市公司协会会长，中国企业改革与发展研究会会长。曾任中国建材集团、中国医药集团董事长，荣获"中国优秀企业家金球奖""袁宝华企业管理金奖""中国经济年度人物""《财富》CEO 终生成就奖""新中国成立 70 周年卓越贡献企业家终身成就奖"等多项殊荣。深耕企业 40 年，始终奋战在企业改革的最前沿，积累了大量鲜活的企业管理和改革经验。出任中国建材集团和国药集团董事长期间，带领两家企业双双跻身世界 500 强。

社会价值投资联盟（深圳）简介

社会价值投资联盟（简称"社投盟"）是中国首家专注于促进可持续发展金融的国际化新公益平台。由友成企业家扶贫基金会、中国社会治理研究会、中国投资协会、吉富投资、清华大学明德公益研究院领衔发起，近50家机构联合创办。

社投盟愿景

践行义利并举，投向美好未来

社投盟使命

标准研发

开发可持续发展价值量化评估体系

平台建设

聚集推动可持续发展的投资者和投资标的

理念倡导

提升经济、社会、环境综合价值

社投盟在做什么

一、标准研发：可持续发展价值量化评估体系

社投盟协同金融机构、上市公司、学术机构、政策研究机构等海内外组织，通过"跨界协同、智慧众筹"的方式，构建中国可持续发展价值评估体系，从目标丨驱动力（AIM）、方式丨创新力（APPROACH）、效益丨转化力（ACTION）三个方面考量组织所创造的经济、社会和环境综合价值。目前社投盟已根据中国可持续发展价值评估体系，分别研发出针对上市公司、非上市公司的可持续发展价值评估模型，并获知识产权保护。

二、平台建设：聚集推动可持续发展的投资者和投资标的

1. 可持续发展投资实践室—ESG 投资前沿论坛

由社会价值投资联盟、中国发展研究基金会、中国责任投资论坛和北大国家发展研究院联合于 2020 年发起，深圳市地方金融监督管理局作为指导单位，聚焦国内外 ESG 投资实践的月度智慧共享公益论坛。该论坛立足于国内 ESG 投资实践与探索，放眼全球 ESG 投资趋势与思想，面向国内 ESG 投资实践者，就新形势下如何扩大 ESG 理念传播、构建 ESG 投资生态体系、促进 ESG 生态良性互动与合作、共创新商业文明进行主题研讨，为中国未来可持续发展之路建言献策。

截至 2020 年 11 月，ESG 投资前沿论坛已通过线上线下联动方式举办了 5 期，涵盖了 ESG 投资的全球趋势、观念与实践、上市公司分析与评估、监管与自律等热点话题。来自金融、事业、政府、学研机构和国际组织等超过 100 位专家代表参与论坛，近 20 万网友参与直播与互动，15 家主流财经媒体争相报道。

2. 社投盟—可持续发展共闯加速营

由社会价值投资联盟发起的可持续发展创新加速项目，致力于寻找认同可持续发展目标（SDGs）、具备创新基因的早期创业者（pre－A/A），通过"科技产品打磨＋混合融资对接＋影响力资产整合"支持其创造性、专业化、规模化、可持续地破解社会环境问题，孵化长期价值，闯成新经济独角兽。自 2018 年以来，已成功举办三期，累积赋能 258 个可持续发展项目，加速营孵化 45 个项目，召集 85 位公益导师，合作 10 家共闯孵化伙伴。

三、理念倡导：提升经济、社会、环境综合价值

1. 理念传播与推广

社投盟以中英双语全媒体矩阵，打造可持续发展金融新媒体传播中心；建设促进传播可持续发展金融理念的媒体工作委员会，构筑可持续发展金融海内外媒体传播网络。

2. 理论研究与应用

（1）理论研究。对可持续发展金融理论、ESG 政策法规、企业可持续

发展价评估等进行持续、深度研究。社投盟与中国发展研究基金会合作，已经完成ESG全球18个国家政策法规的研究及发布。于2020年发布《影响力投资共识、生态与中国道路》。

（2）行业研究。社投盟对无障碍行业、环保回收行业、绿色能源行业进行了深度研究，并编发行业报告。

（3）前沿洞察。社投盟与北京大学国家发展研究院、博时基金联合发起可持续发展金融创新实验项目，跟踪国内外可持续发展金融前沿动态、开拓国际视野、融合社会智慧、推进本土行动。每月发布《可持续发展金融前沿》。

3. 国际交流与合作

社投盟是一个促进可持续发展金融的国际化平台，与联合国开发计划署（UNDP）、责任投资原则组织（PRI）、全球影响力投资指导委员会（GSG）及全球影响力投资网络（GIIN）、亚洲公益创投网络（AVPN）等业内权威国际组织保持密切交流与合作。社投盟曾数次受邀参与联合国大会、世界经济论坛与GSG全球影响力投资峰会等国际大会，向全球推广中国可持续发展金融的成果与机遇。

支持方简介

格澜数字科技（北京）有限公司 由行业专家发起，致力于为绿色发展提供专业化数字服务的科技公司。格澜的愿景是用数字科技推动可持续发展，主要体现在利用 ESG 数据和数字化服务推动绿色的商业选择、借助市场和科技的力量推动生态文明建设和产业的绿色发展、为企业达成联合国可持续发展目标（SDGs）提供便捷的数字化解决方案三个方面。围绕数据生产、数据挖掘和解读、信息披露和专业赋能四个维度建立了核心的服务能力。同时，为企业创造并发掘绿色发展和绿色投资的机会。

深圳德高行知识产权数据技术有限公司 作为知识产权数据服务领域解决方案供应商，拥有自行建设的中国及全球主要国家和知识产权组织的专利数据库并能定期进行更新。公司以专利信息分析为基础，链接不同领域的多元数据，分析与呈现技术创新在宏观经济、产业经济、企业研发、金融证券等各个层面的促进作用，利用大数据及人工智能技术实现不同应用场景的跨领域服务产品。公司提供专利数据和信息分析、专利布局设计、侵权分析与解决方案实施、专利数据库建设和证券投融资应用产品开发服务。

深圳价值在线信息科技股份有限公司 是资本市场数字化合规生态圈的共建者，其产品"易董"应用 AI 人工智能、区块链、云服务、大数据等新技术，为上市公司、拟上市公司等提供合规诚信大数据、合规科技、合规运作服务，促进资本市场中参与各方达成监管合规要求。截至 2020 年 11 月 30 日，易董共创用户 4532 家，其中上市公司部署 3733 家，用户覆盖率

91.36%，正式签约合作公司 2062 家，其中 A 股上市公司用户 2025 家（占全部上市公司的 49.55%）。2017 年，价值在线在深交所成功发行双创可转债，是中国第一家非上市非挂牌企业发行双创可转债的公司。此外，价值在线荣获毕马威"2019 中国领先金融科技 50 强"。

深圳市璇玑实验室有限公司 公司紧跟人工智能前沿科技，专注于大数据信息挖掘与价值传递的实时数据分析服务商。自主研发的全球金融与安全突发威胁预警系统能够实现对全球 210 多个国家的主流信源及社交媒体、数亿条信息的实时监测，分类并识别出高影响力事件，通过即时翻译系统对全球十余个常用语种进行自动翻译，为用户提供第一手预警信息，系统主要面向政府、金融、媒体、大型企业等客户提供全球信息极速预警及深度数据分析服务。公司秉承"客户至上，数据领先"的宗旨为广大用户提供服务，主要客户包括汤森路透金融信息服务（中国）有限公司在内的国际知名企业。

厦门天健财智科技有限公司 成立于 2018 年 11 月（前身为厦门天健咨询有限公司），总部位于厦门。为 300 多家上市公司或 IPO 企业提供了审计、咨询和 IPO 审核服务，其专业能力得到了中国证监会等相关部门的充分肯定，主要合伙人曾受聘担任中国证监会发审委专职委员和中国资本市场专家顾问，并多次在国内权威杂志发表学术文章，是国内聚焦在财务报表解读领域，专家规则模型最具权威、数据颗粒度与结构化程度最高的企业之一。天健财智致力于成为中国资本市场高质量财务相关信息的智能服务商。

厦门国家会计学院中国财务舞弊研究中心 由厦门国家会计学院、厦门大学会计系、厦门天健咨询有限公司、深圳市东方富海投资管理股份有限公司、容诚会计师事务所（特殊普通合伙）、深圳商集企业服务有限公司（唯你网）联合发起。中心立足于产学研一体化，力求做到"五个结合"的研究特色，即理论与实务相结合、财务与业务相结合、会计数据与大数据技术相结合、财务舞弊识别与防范相结合、理论研究与实际应用相结合。

序 一

2020岁末将至，新冠肺炎疫情仍在全球肆虐，全球发展已入百年变局。工业革命缔造的经济体系、治理格局和社会秩序，在经受着前所未有的冲击。我们认识到，疫情只是暂时翼蔽了晴空的一只黑天鹅，而气候变暖、民粹泛滥和经济衰退，才是长期危及人类命运的一群灰犀牛。

与此同时，数字革命催生的新理念、新模式和新格局，在全球解放着生产力，甚至重构着生产关系。我们观察到，"义利并举"正在取代"股东利益至上"，成为企业可持续发展的驱动力；而ESG投资与绿色金融的量质双升，彰显了金融机构践行可持续发展的行动力。

正是在这个破旧立新的历史节点，习近平主席在75届联合国大会上向全球呼吁："人类需要一场自我革命"。

这是一场认知革命：无论是国家、企业还是公民，价值锚点都应从"经济"单维视角转向"经济—社会—环境"综合贡献。这也是一场理念革命："大家一起发展才是真发展，可持续发展才是好发展"。这还是一次机制革命：资本等要素资源应大规模向可持续发展领域配置，上市公司和金融机构也应担当可持续发展的主力。

发现中国"义利99"，推动了百年变局中的自我革命。社投盟量化评估A股上市公司的可持续发展价值，并不在于每六个月生成一份A股光荣榜，而是在引导上市公司和金融机构从外部视角去审视自身综合价值，以内在动力去创造财务和非财务效益。

作为社投盟的常务主席，我向2020年"义利99"上榜企业致敬！在全球化逆流的至暗时期，你们不仅财务业绩坚挺，而且扶贫和抗疫表现卓越，使可持续发展价值总分连续三年攀升。我向"博时可持续发展100ETF"

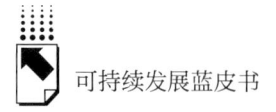

（基于发现中国"义利99"）的投资机构致敬！作为可持续发展金融领域的先行者，你们是中国资本市场智慧和勇气的象征。我向社投盟的全职团队、专业智库和志愿者们致敬！发现"义利99"是一个痛并快乐的旅程。在资源匮乏的情况下，你们处理了海量数据、构建了科学算法、突破了算力局限，是一群将可持续发展理想照进现实的公益人。

置身危机并存的百年变局，我们只有沉着应变才可危中寻机；开创可持续发展的百年变局，我们只有自我革命才能化危为机。衷心期待发现中国"义利99"这个项目，能促动多方力量，践行义利并举、投向美好未来！

社会价值投资联盟（深圳）常务主席

序 二

"义利99"榜单上的许多公司,我在做"运动员"时都合作过,在做"教练员"后也去深访过。透过规模大、牌子靓这些表象,他们都具备了既能保障自身可持续发展又能贡献中国乃至世界可持续发展的硬核力量。

从经济贡献来看,2019 年"义利 99"增加值占中国 GDP 的 6.38%。对比 A 股 3760 家上市公司,"义利 99"实现营收 23.69 万亿元,占比 47.16%;净利润 2.46 万亿元,占比 60.33%;纳税总额 2.00 万亿元,占比 56.32%。与卓越的财务业绩相比,"义利 99"的市场估值却整体偏低。截至 2019 年末,"义利 99"总市值 64.30 万亿元,仅占 A 股的 28.41%;PE 倍数 25.08,远低于沪深 300 的 47.99。

从社会贡献来看,面对"扶贫"和"抗疫"等急难险重任务,"义利 99"向世界展示了中国企业的担当。在新冠肺炎疫情突袭武汉时,以中国建筑为主力,在全球"云直播"监工下,分别用 10 天、12 天完成了"火神山"和"雷神山"两家医院的建设。不仅助力挽救了数万名患者生命,有效遏制了疫情蔓延,而且极大提振了全国人民的抗疫信心。在扶贫攻坚战中,"义利 99"2019 年扶贫资金总投入 87.96 亿元,在沪深 300 占比 64.40%,其中新希望年度扶贫投入高达 26 亿元。更为可贵的是,"义利 99"践行了"授人以渔"的扶贫理念,借助其核心能力和创新模式,大力开展产业扶贫和教育扶贫,帮助当地系统性地解决贫困问题。在全球践行联合国可持续发展目标减速的情况下,中国提前 10 年达成了"无贫穷"首目标,其中以"义利 99"为代表的上市公司功不可没。

从环境贡献来看,在碳减排、降能耗、治"三废"等方面,"义利 99"在持续努力中。2017~2019 年,"义利 99"温室气体总排放量由 9.31 亿吨

下降到 3.21 亿吨，总用水量由 243.69 亿立方米下降到 116.68 亿立方米，减排效果显著，其应对气候变化、保护生态环境的决心之强、力度之大，可见一斑。

提升上市公司发展质量，究竟意味着什么？上市公司既要提振财务业绩又要致力于社会贡献，还要加大环境和生态保护力度。如果上市公司禁锢在"义利零和"的传统思维中，整体效率或许会不升反降。然而，如果上市公司以创新方式去促成"义利转化"，以核心能力去破解社会和环境问题，并借此拓宽市场、扩大客群、升级产品、优化结构，效率和公平就可兼顾。"义利久久"知易行难，正因如此，"义利99"才难能可贵。

发现中国"义利99"，犹如一束光，照亮了中国上市公司的发展道路，激励着这股负重前行的硬核力量！

中国上市公司协会会长

社会价值投资联盟（深圳）主席

序 三

2020～2030年是实现联合国可持续发展目标（SDGs）的关键十年，也是2019年联大可持续发展目标峰会确立的"行动的十年"。我们面临可持续发展的巨大挑战，但对可持续发展的投资也将成为推动全球经济增长、实现共同繁荣的机遇。

根据联合国贸易和发展组织（简称"贸发组织"）的测算，全球每年对可持续发展目标的投资需求高达5万亿～7万亿美元，而发展中国家每年的投资需求为3.3万亿～4.5万亿美元，每年约有2.5万亿美元的投资缺口。贸发组织应邀向联大峰会提交的最新报告显示，过去六年里，在可持续发展目标的10个重要投资领域中，有6个领域的投资有所增长，但总体来看，投资的增幅远不足以填补目前的资金缺口。

要满足可持续发展目标的资源需求，公共投资至关重要，但企业界的投资必不可少。全球资本市场的可持续发展基金在数量、种类和规模上都迅速增长。我们估计，致力于可持续发展投资的资金已达1.2万亿～1.3万亿美元。其中绿色债券2600亿美元，可持续发展股权基金约9000亿美元，社会债券约1050亿美元。2020年第一季度，全球与新冠肺炎疫情纾困相关的债券共筹集了550亿美元，超过2019年全年发行的社会债券总额。

目前面临的挑战是如何才能引导这些资金投向贫穷国家的可持续发展。对投资者而言，投资可持续发展相关行业最常见的制约因素是缺乏规模大、社会效应突出和可盈利的项目。对政府而言，可持续发展相关行业中具有公共服务性质的，如教育、电力和电信基础设施，因私营部门参与投资较为敏感，导致向私人投资开放与监管之间的政策困境。就全球而言，最需要可持续发展投资的贫穷国家，恰恰是吸引投资最困难的地区。

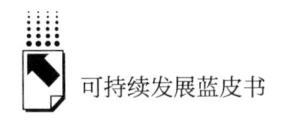

要解决上述这三大困境，需要国际社会共同努力，不仅以可持续发展为目标，更以可持续发展为基准来制定发展战略。各国政府应该更积极主动，在促进私营部门投资与推进公共投资、推动自由化与保留监管权、提高投资回报率与保证公共服务之间取得平衡。这意味着政策层面要对私营部门投资和公共投资给予公平待遇、监督投资者可持续发展义务履行情况，也意味着政府应为提高可持续发展领域的投资回报率制订行之有效的激励机制和采取必要的措施。

企业与可持续发展的相互促进作用，不仅体现在企业扩大对可持续发展的投资并从中受益，也体现在企业履行环境、社会和治理（ESG）责任正在成为全球经济发展政策主流理念及工商界投融资模式中的重要因子。

全球已有90%的大型跨国企业主动披露在ESG方面的表现。ESG基金也正在迅猛发展。有调查显示，90%的大型机构投资者认为结合了ESG的投资回报率更高。我和同事对全球6600多个ETFs基金的研究表明，ESG-ETFs收益率在过去十年中有八年跑赢非ESG-ETFs。ESG-ETFs正在快速发展。社投盟创建的"义利99"指数也是最好的例证。社投盟构建的义利并举—转化—双升商业认知体系，以及对可持续发展金融产品的评估体系，都具有国际交流和推广价值。

我和同事在2009年创建的联合国可持续发展证券交易所机制，已有98个交易所加入，其中包括全球最大的20个交易所，覆盖了全球55000多家上市公司，总市值超过89万亿美元。这一机制为促进可持续投资发挥了重要作用。

展望未来，全球对可持续发展的政策支持力度将会进一步提升。在2019年的可持续发展目标投融资峰会上，各国领导人承诺调动资金，提高国家行动力，增强机构能力，实现2030可持续发展目标。这些努力将进一步推动可持续发展投资的爆发性增长。此外，ESG领域在未来5~10年将在商业模式、披露标准和合规达标方面实现三大转变。这将对全球产业链及国际贸易和投资产生深远影响。

对中国而言，可持续发展是自身的需要，也对实现开放、共享具有重要意义。就可持续发展的投融资而言,到 2030 年,由全球可持续发展目标驱动的经济增量可达 12 万亿美元,其中中国为 2.3 万亿美元。中国要实现绿色发展,向低碳经济转型,需要吸引投资,确保融资畅通。对中国企业而言,无论作为投资者还是作为投资接受方,只要参与到可持续发展投资带来的巨大市场中,都会在广阔天地大有可为。

詹晓宁

联合国《世界投资报告》主编

联合国可持续发展股市举措理事会主席

联合国贸易和发展组织(UNCTAD)投资和企业司司长

摘　要

本年度报告延续和发展了《A股上市公司可持续发展价值评估报告——发现中国"义利99"》(2017、2018、2019)的研究方法和技术路线。可持续发展价值即义利并举，又称社会价值或综合价值，指组织为建设更高质量、更有效率、更加公平和更可持续的美好未来，通过创新的生产技术、运营模式和管理机制等方式，所实现的经济、社会和环境的综合贡献。

全书由总报告、行业篇、专题篇、技术篇、附录五大部分构成。

总报告在"看见"部分，发布了2020年"义利99"榜单及评级结果，分析了A股上市公司3A三力［目标丨驱动力（AIM）、方式丨创新力（APPROACH）、效益丨转化力（ACTION）］表现，对"义利99"群体进行了画像勾勒和立体分析；在"洞见"部分，从微观企业、中观市场、宏观国策三个视角，立体透视了"义利99"上榜公司与宏观经济、资本市场的关系及其经济、社会、环境综合贡献；在"预见"部分，分析了百年变局下可持续发展的全球挑战，预见了以"义利99"为代表的中国企业如何汇入全球可持续发展的洪流。

行业篇分别对沪深300能源、工业、金融、医药卫生行业的可持续发展价值进行了详细解读，并对4个行业的可持续发展特征及其贡献进行了透视。

专题篇对沪深300公司践行可持续发展目标、扶贫实践、抗疫表现、非财务信息披露等热点课题进行了深入研究。其中，《2020年A股上市公司践行联合国可持续发展目标报告》以沪深300为样本研究A股上市公司对SDGs（联合国2030年可持续发展目标）的认知、实践和创新，并给出了建议。2020年暴发的新冠肺炎疫情席卷全球，加剧了一系列社会问题，作为

抗疫年、扶贫的收官年，《2020年A股上市公司扶贫实践报告》《2020年A股上市公司抗疫表现报告》详细分析了以沪深300为代表的A股上市公司在这两大事件中发挥的积极作用。《2020年A股上市公司非财务信息披露报告》从制度、实施和市场表现三个方面对A股上市公司非财务信息披露的现状进行分析，并使用定量分析的方法探究了非财务信息披露质量与可持续发展价值的关系。由社投盟外籍专家撰写的《非财务信息1n∞建模分析报告》引入了一种新的数据科学构建模型，用于对非财务信息进行有价值的分析。

技术篇系统阐述了上市公司3A可持续发展价值评估体系的评估原理、2020年的优化改进以及应用3A模型评估情况。

附录一详细展示了2020年发现中国"义利99"排行榜及上榜公司的评分、排名、一级指标评分、数据完备度、合一度、义利属性；附录二呈现了上榜公司可持续发展价值评级；附录三展示了被剔除的公司及剔除原因；附录四及附录五分别梳理了2019年9月至2020年9月国内和国际可持续发展金融大事件。

目 录

Ⅰ 总报告

B.1 2020年发现中国"义利99"评估报告
.... 白　虹　姜亚晨　陶林林 / 001
　　一　看见"义利99"：群体画像与分布特征 .... / 003
　　二　洞见"义利99"：立体透视与综合贡献 .... / 029
　　三　预见"义利99"：全球挑战与中国行动 .... / 050

Ⅱ 行业篇

B.2 2020年能源行业可持续发展价值评估报告
.... 李　文　陶林林　邹佩芹 / 060

B.3 2020年工业行业可持续发展价值评估报告
.... 陶林林　巫佳琦　李　扬 / 081

B.4 2020年金融行业可持续发展价值评估报告
.... 白　虹　陶林林　樊姝雅 / 102

B.5 2020年医药卫生行业可持续发展价值评估报告
.... 陶林林　谭　宣　曹漫玉 / 121

001

Ⅲ 专题篇

B.6 2020年A股上市公司践行联合国可持续发展目标报告

　　　　　　　　　　　　　卢　轲　刘乙旭　杨晓旭 / 138

B.7 2020年A股上市公司扶贫实践报告

　　　　　　　　　　　李　文　顾欣科　刘　钊　胡雯淇 / 155

B.8 2020年A股上市公司抗疫表现报告

　　　　　　　　　　　　　卢　轲　方子爵　王燕淋 / 176

B.9 2020年A股上市公司非财务信息披露报告

　　　　　　　　　　　张　晗　丘明燃　李若萱　陈溪言 / 189

B.10 非财务信息ln∞建模分析报告

　　　　——未来设想：简单、便捷、实时、有效的非财务信息分析

　　　　　　　　　　　　　瑞可诚〔Karl H. Richter（英）〕/ 209

Ⅳ 技术篇

B.11 3A可持续发展价值评估体系优化报告

　　　　　　　　　　社会价值投资联盟（深圳）标准研发部 / 233

Ⅴ 附录

B.12 附录一：2020年发现中国"义利99"排行榜　　　　　/ 246

B.13 附录二：2020年发现中国"义利99"可持续发展价值评级　/ 250

B.14 附录三：2020年发现中国"义利99"可持续发展价值评估剔除公司名单　　　　　　　　　　　　　　　　　/ 254

B.15 附录四：可持续发展金融大事记（国内篇） …………………… / 255
B.16 附录五：可持续发展金融大事记（国际篇） …………………… / 258

B.17 致谢 ……………………………………………………………… / 261
B.18 声明 ……………………………………………………………… / 263

皮书数据库阅读**使用指南**

总报告

General Report

B.1 2020年发现中国"义利99"评估报告

白 虹 姜亚晨 陶林林

摘 要： 《A股上市公司可持续发展价值评估报告——发现中国"义利99"》已持续发布4年。基于对沪深300上市公司的可持续发展价值评估，"义利99"指数的"回测+实测"时长已达7年。2018~2020年评估结果显示，我国上市公司质量持续提升，沪深300头部公司差距缩小；从3A模型全景看，目标｜驱动力逐年增强，价值驱动表现良好，模式创新取得长足进步，非财务贡献剧增；"义利99"及沪深300非财务信息披露的质与量均不断提升。"义利99"抗疫表现突出、扶贫贡献巨大、绿色发展效果显著。从看见、洞见、预见"义利99"中我们发现，对于世界而言，中国是推进可持续发展的有效行动者和贡献者；对于中国而言，"义利99"是推进可持续发展的先行者和创新者。

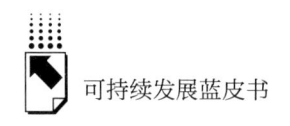

关键词： 可持续发展价值　3A 模型　义利 99　非财务信息披露　可持续发展 100ETF

时至 2020 年，发现中国"义利 99"项目进入"大考季"。一方面，在中证可持续发展 100 指数于 2019 年 11 月登陆上交所、博时可持续发展 100ETF 于 2020 年 2 月上市交易后，发现中国"义利 99"成为 A 股上市公司可持续发展价值的风向标，以及中国资本市场践行联合国可持续发展目标（SDGs）的活案例，其评估机制自然引发了中外各界的审视和好奇。另一方面，新冠肺炎疫情蔓延、逆全球化、民粹主义抬头，使得还在饱受中美贸易摩擦困扰的企业，必须腾挪出大量精力去应对更为乌卡①的外部环境。

"大考季"不仅考察着中国上市公司的发展质量和投资机构的成熟度，也考验着"义利 99"评估工作的实效性和公信力。摆在社投盟面前的是一系列现实而尖锐的问题：作为创造可持续发展价值的中国梦之队，哪些企业久居"义利 99"榜单，主要成因是宏观政策还是微观努力？在创造财务和非财务价值的过程中，"义利 99"企业究竟进行了怎样的战略取舍和资源配置？在践行联合国 17 项可持续发展目标中，"义利 99"企业做出了哪些努力，达成了什么效果？在精准扶贫、举国抗疫的国策引领下，"义利 99"企业发挥了什么作用，探索出了怎样的创新模式？在全球经济断崖式下跌、国内经济转向新发展格局时，"义利 99"企业是否能够顺利转危为机？这一切既考验着 A 股上市公司的可持续发展能力，也对社投盟可持续发展价值评估模型的稳定性提出了新的考验。

发现中国"义利 99"的初衷，并不是为锚定一个标准答案或交出一份漂亮答卷。作为一个致力于以"评估可持续发展价值"去"促进可持续发

---

① 乌卡（VUCA）是易变性（Volatility）、不确定性（Uncertainty）、复杂性（Complexity）、模糊性（Ambiguity）的首字母缩写词，指变幻莫测的时代。

展金融"的公益组织，社投盟希望推动可持续发展主题与现行资源配置体系兼容，进一步激发资本市场主体主动变革的内在动力。我们相信，在创造可持续发展价值的道路上，只有当营利机构赶超了公益先锋的脚步、市场行动淹没了理念宣讲时，贫富分化、全球变暖等社会和环境问题才能得到长期、有效的遏制。

为了经受住"大考季"的考验，在新冠肺炎疫情肆虐的新春伊始，社投盟发起了"三大攻坚战"，即丰富数据、优化算法、提升算力，以提升这项复杂艰巨工作的实效性和公信力，为中国可持续发展金融的起飞搭建好机坪和跑道。

在2020年这个"大考季"，发现中国"义利99"基于沪深300成分股对A股上市公司可持续发展价值的评估，究竟让我们看见、洞见、预见了什么？

一 看见"义利99"：群体画像与分布特征

"义利99"排行榜全称是"A股上市公司可持续发展价值'义利99'排行榜"，"义利99"是指以上市公司3A可持续发展价值评估模型（简称"3A模型"）为工具，以沪深300成分股为评估对象，以经济、社会和环境综合贡献为评估内容，可持续发展价值得分居前99的上市公司群体。沪深300成分股每年6月和12月各调整一次，发现中国"义利99"相应做出两次评估，并以每年6月评估结果为准发布年度榜单。下文的分析若无特殊说明，均采用当年6月的评估结果。

（一）2020年"义利99"可持续发展价值评估结果

根据社投盟可持续发展价值评估体系原则及实施办法，对A股上市公司可持续发展价值评估实行"筛选+评分"的机制。其中"筛选子模型"是可持续发展价值的负向剔除评估工具，若评估对象符合其中任何负向指标，则无法进入"义利99"排行榜；"评分子模型"是可持续发展价值的正向量化评估工具。详见报告 B.11《3A 可持续发展价值评估体系优化报告》。

1. "义利99"排行榜（2020）

如表1所示，以2020年6月沪深300更新后的成分股为评估对象，形成"义利99"排行榜。2020年"义利99"排行榜十强分别为：中国建筑（601668.SH）、中国石化（600028.SH）、海康威视（002415.SZ）、中国神华（601088.SH）、万科A（000002.SZ）、海螺水泥（600585.SH）、中国平安（601318.SH）、招商银行（600036.SH）、中国铁建（601186.SH）和招商蛇口（001979.SZ）。中国建筑重回榜首，中国石化跃升第二。前十强的行业分布中，工业2家、金融2家、能源2家、原材料1家、信息技术1家、地产2家。

表1 2020年"义利99"排行榜

排名	证券代码	证券简称	所属行业①	2020年6月可持续发展价值评级	合一度②（%）	义利属性③
1	601668.SH	中国建筑	工业	AA	96.33	义利双优
2	600028.SH	中国石化	能源	AA	93.98	义较突出
3	002415.SZ	海康威视	信息技术	AA	94.28	义利双优
4	601088.SH	中国神华	能源	AA	89.90	义利双优
5	000002.SZ	万科A	地产	AA	95.73	义利双优
6	600585.SH	海螺水泥	原材料	AA-	69.90	义利双优
7	601318.SH	中国平安	金融	AA-	93.65	义利双优
8	600036.SH	招商银行	金融	AA-	96.09	义利双优
9	601186.SH	中国铁建	工业	AA-	95.49	义较突出
10	001979.SZ	招商蛇口	地产	AA-	97.32	义利双优
11	600690.SH	海尔智家	可选消费	AA-	90.20	义较突出
12	601398.SH	工商银行	金融	AA-	84.95	义利双优
13	601857.SH	中国石油	能源	AA-	85.07	义较突出
14	000858.SZ	五粮液	主要消费	AA-	92.77	义利双优
15	000063.SZ	中兴通讯	电信业务	AA-	78.20	义较突出
16	601288.SH	农业银行	金融	AA-	81.92	义利双优
17	600887.SH	伊利股份	主要消费	AA-	92.21	义较突出
18	002352.SZ	顺丰控股	工业	AA-	85.90	义利兼具

续表

排名	证券代码	证券简称	所属行业①	2020年6月可持续发展价值评级	合一度②（%）	义利属性③
19	601166.SH	兴业银行	金融	AA−	97.33	义较突出
20	600050.SH	中国联通	电信业务	AA−	85.89	义较突出
21	002916.SZ	深南电路	信息技术	AA−	89.55	义较突出
22	000725.SZ	京东方A	信息技术	A+	85.06	义较突出
23	600900.SH	长江电力	公用事业	A+	90.24	义较突出
24	601390.SH	中国中铁	工业	A+	90.70	义较突出
25	002202.SZ	金风科技	工业	A+	80.00	义较突出
26	600066.SH	宇通客车	可选消费	A+	90.19	义较突出
27	601319.SH	中国人保	金融	A+	86.68	义利双优
28	600019.SH	宝钢股份	原材料	A+	97.48	义较突出
29	601628.SH	中国人寿	金融	A+	97.95	义较突出
30	601899.SH	紫金矿业	原材料	A+	89.53	义较突出
31	601618.SH	中国中冶	工业	A+	83.12	义较突出
32	000338.SZ	潍柴动力	工业	A+	92.03	义利双优
33	601012.SH	隆基股份	工业	A+	85.27	义较突出
34	601225.SH	陕西煤业	能源	A+	95.14	利较突出
35	000001.SZ	平安银行	金融	A+	92.05	义较突出
36	002271.SZ	东方雨虹	原材料	A+	91.09	义较突出
37	601229.SH	上海银行	金融	A+	84.52	义较突出
38	002024.SZ	苏宁易购	可选消费	A+	84.82	义较突出
39	601727.SH	上海电气	工业	A+	82.85	义较突出
40	601939.SH	建设银行	金融	A+	80.54	义利双优
41	600104.SH	上汽集团	可选消费	A+	93.07	义较突出
42	000333.SZ	美的集团	可选消费	A+	87.74	利较突出
43	600048.SH	保利地产	地产	A+	91.28	利较突出
44	600018.SH	上港集团	工业	A+	88.25	义利兼具
45	601800.SH	中国交建	工业	A+	85.32	义较突出
46	601238.SH	广汽集团	可选消费	A+	91.94	义较突出
47	000651.SZ	格力电器	可选消费	A	88.04	利较突出
48	600522.SH	中天科技	电信业务	A	84.96	义较突出
49	002236.SZ	大华股份	信息技术	A	81.70	义利兼具
50	002475.SZ	立讯精密	信息技术	A	90.78	义较突出
51	600837.SH	海通证券	金融	A	93.16	义较突出
52	600309.SH	万华化学	原材料	A	98.38	利较突出
53	601985.SH	中国核电	公用事业	A	84.29	义利兼具
54	600015.SH	华夏银行	金融	A	90.51	义较突出

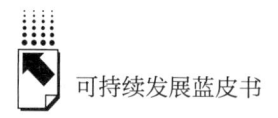

续表

排名	证券代码	证券简称	所属行业①	2020年6月可持续发展价值评级	合一度②（%）	义利属性③
55	601328.SH	交通银行	金融	A	82.26	义较突出
56	601877.SH	正泰电器	工业	A	88.97	义较突出
57	601633.SH	长城汽车	可选消费	A	89.09	义较突出
58	600989.SH	宝丰能源	原材料	A	81.63	义较突出
59	601766.SH	中国中车	工业	A	85.27	义利兼具
60	002601.SZ	龙蟒佰利	原材料	A	92.06	义较突出
61	600196.SH	复星医药	医药卫生	A	93.97	义较突出
62	600188.SH	兖州煤业	能源	A	91.74	义利兼具
63	601919.SH	中远海控	工业	A	86.00	义较突出
64	600547.SH	山东黄金	原材料	A	91.33	义较突出
65	003816.SZ	中国广核	公用事业	A	91.81	义较突出
66	000708.SZ	中信特钢	原材料	A	95.49	利较突出
67	603993.SH	洛阳钼业	原材料	A	87.12	义较突出
68	600000.SH	浦发银行	金融	A	83.69	义较突出
69	000895.SZ	双汇发展	主要消费	A	97.03	义较突出
70	000876.SZ	新希望	主要消费	A	85.18	义较突出
71	300498.SZ	温氏股份	主要消费	A	81.34	义较突出
72	601898.SH	中煤能源	能源	A	84.16	义利兼具
73	002555.SZ	三七互娱	信息技术	A	83.65	义利兼具
74	002841.SZ	视源股份	信息技术	A	83.80	义利兼具
75	002938.SZ	鹏鼎控股	信息技术	A-	82.99	义较突出
76	002460.SZ	赣锋锂业	原材料	A-	85.92	义较突出
77	000157.SZ	中联重科	工业	A-	80.57	义利兼具
78	002304.SZ	洋河股份	主要消费	A-	78.53	义较突出
79	300015.SZ	爱尔眼科	医药卫生	A-	89.17	义利兼具
80	000069.SZ	华侨城A	地产	A-	89.73	利较突出
81	601808.SH	中海油服	能源	A-	87.61	义较突出
82	601600.SH	中国铝业	原材料	A-	83.74	义较突出
83	601601.SH	中国太保	金融	A-	89.65	利较突出
84	000100.SZ	TCL科技	可选消费	A-	79.35	义较突出
85	000538.SZ	云南白药	医药卫生	A-	93.89	义利兼具
86	601298.SH	青岛港	工业	A-	93.66	义较突出
87	000963.SZ	华东医药	医药卫生	A-	83.67	义利兼具
88	002773.SZ	康弘药业	医药卫生	A-	81.90	义较突出
89	600406.SH	国电南瑞	工业	A-	92.52	义利兼具
90	600498.SH	烽火通信	电信业务	A-	76.29	义利兼具

续表

排名	证券代码	证券简称	所属行业①	2020年6月可持续发展价值评级	合一度②（%）	义利属性③
91	601669.SH	中国电建	工业	A-	88.82	义较突出
92	002594.SZ	比亚迪	可选消费	A-	74.76	义较突出
93	000977.SZ	浪潮信息	信息技术	A-	79.04	义利兼具
94	002508.SZ	老板电器	可选消费	A-	83.09	义利兼具
95	600660.SH	福耀玻璃	可选消费	A-	82.07	义较突出
96	601111.SH	中国国航	工业	A-	84.57	义利兼具
97	600340.SH	华夏幸福	地产	A-	92.21	利较突出
98	601336.SH	新华保险	金融	A-	94.75	义利兼具
99	600958.SH	东方证券	金融	A-	84.47	义较突出

注：① 本报告采用中证指数有限公司一级行业分类，但将金融地产行业拆分为金融和地产两个行业。② 合一度 =（1 - 3A 三力得分率的标准差/3A 三力得分率的均值）×100%。③ 如果上市公司的经济贡献得分大于等于20分，社会贡献和环境贡献得分之和大于等于20分，则为义利双优公司；经济贡献得分大于等于20分，社会贡献和环境贡献得分之和在10～20分（含10分不含20分），则为利较突出公司；经济贡献得分在10～20分（含10分不含20分），社会贡献和环境贡献得分之和大于等于20分，则为义较突出公司；经济贡献得分在10～20分（含10分不含20分），社会贡献和环境贡献得分之和在10～20分（含10分不含20分），则为义利兼具公司；其余为义利皆无公司。榜单详细信息请参阅附录一和附录二。

资料来源：社投盟。

根据2019年11月1日至2020年4月30日监测记录，被"筛选子模型"剔除的公司总共有9家。其中，金融行业6家（银行4家、证券2家）、原材料1家、信息技术1家、工业1家。从剔除原因看，光大银行、中国银行、中信银行、民生银行、华泰证券及华林证券6家金融机构因在监测期间被监管部门公开处罚而被剔除；天齐锂业因2019年报的审计意见为"保留意见"而被剔除；欧菲光因业绩预测结果不准确或不及时、未及时披露公司重大事项被深交所公开谴责而被剔除；海航控股因2019年财务报告存在"可能导致对海航控股持续经营能力产生疑虑的重大不确定性"而被剔除。剔除公司详情请见附录三。

2. "义利99"前三强（2020）

跻身2020年度"义利99"排行榜前三强的是中国建筑、中国石化和海康威视。

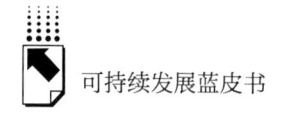

(1) 中国建筑

该公司成立于2007年12月10日,2009年7月29日在上交所上市,属于工业行业,在2019年"义利99"排行榜中列第二名,2020年重回榜首。为抗击新冠肺炎疫情,中国建筑勇担重任,以惊人的中国速度在武汉抢建了火神山和雷神山医院,并高质量完成了100项应急工程项目,为打赢防疫攻坚战做出了卓越贡献。

中国建筑2019年营业收入为14198.37亿元,净利润为632.05亿元。截至2019年12月31日,总市值为2359.03亿元,市盈率5.76倍。公司在2020年6月可持续发展价值评分为78.82分。其中,目标丨驱动力(AIM)得分8.33分(满分10分),方式丨创新力(APPROACH)得分24.01分(满分30分),效益丨转化力(ACTION)得分46.47分(满分60分)。① 驱动力、创新力和转化力的合一度系数是96.33%,属于义利双优企业。中国建筑在2018~2020年可持续发展价值评分、沪深300内评分排名和工业行业内评分排名的对比情况见图1。

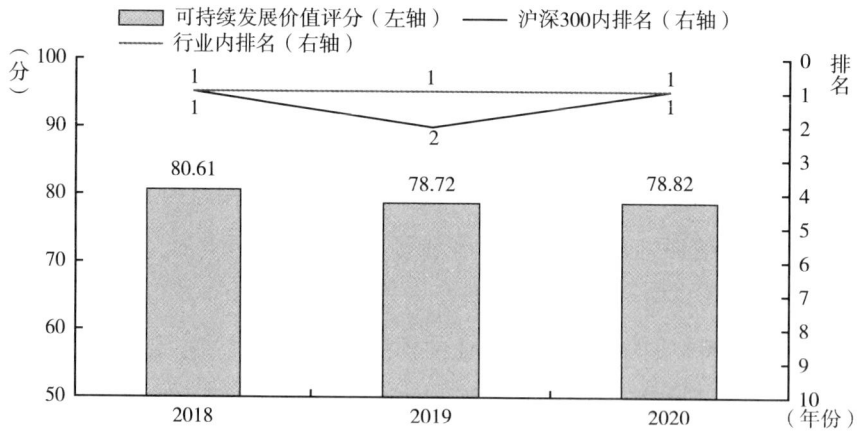

图1 2018~2020年中国建筑(工业行业)评分及排名对比

资料来源:社投盟。

---

① 本书中部分数据可能与直接四则运算后得出的数字略有差异,这些差异均是由四舍五入造成的。

(2) 中国石化

该公司于 2000 年 2 月 25 日重组成立，2001 年 8 月 8 日在上交所上市，属于能源行业，在 2019 年"义利 99"排行榜中居第十名，2020 年跃升第二名。中国石化坚持绿色发展理念，高度重视环境保护，助力打好污染防治攻坚战，2019 年公司外排废气中二氧化硫量下降 2600 吨，工业取用新水量下降 1.1%，固体废弃物产生量同比减少 5.1%，危险废弃物妥善处理处置率达 100%。

中国石化是中国最大的一体化能源化工公司之一，2019 年营业收入为 29661.93 亿元，净利润为 721.22 亿元。截至 2019 年 12 月 31 日，总市值为 5954.87 亿元，市盈率 13.34 倍。公司在 2020 年 6 月可持续发展价值评分为 78.56 分。其中，目标｜驱动力（AIM）得分 8.00 分，方式｜创新力（APPROACH）得分 25.45 分，效益｜转化力（ACTION）得分 45.11 分。驱动力、创新力和转化力的合一度系数是 93.98%，属于义较突出企业。中国石化在 2018～2020 年可持续发展价值评分、沪深 300 内评分排名和能源行业内评分排名的对比情况见图 2。

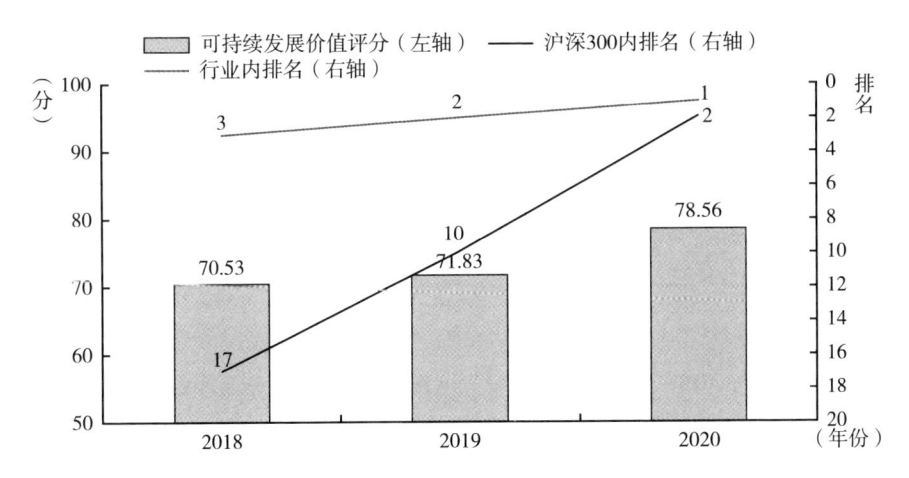

图 2 2018～2020 年中国石化（能源行业）评分及排名对比

资料来源：社投盟。

(3) 海康威视

该公司成立于 2001 年 11 月 30 日，是以视频为核心的智能物联网解决方案和大数据服务提供商。2010 年 5 月 28 日在深交所上市，属于信息技术行业，曾在 2019 年"义利 99"排行榜中荣登榜首。

公司 2019 年度实现营业收入 576.58 亿元，净利润达 124.65 亿元，同比均有增长。截至 2019 年 12 月 31 日，总市值为 3059.56 亿元，市盈率 25.53 倍。海康威视在 2020 年 6 月可持续发展价值评分为 77.87 分。其中，目标丨驱动力（AIM）得分 8.33 分，方式丨创新力（APPROACH）得分 24.63 分，效益丨转化力（ACTION）得分 44.91 分。驱动力、创新力和转化力的合一度系数是 94.28%，属于义利双优企业。海康威视在 2018~2020 年可持续发展价值评分、沪深 300 内评分排名和信息技术行业内评分排名的对比情况见图 3。

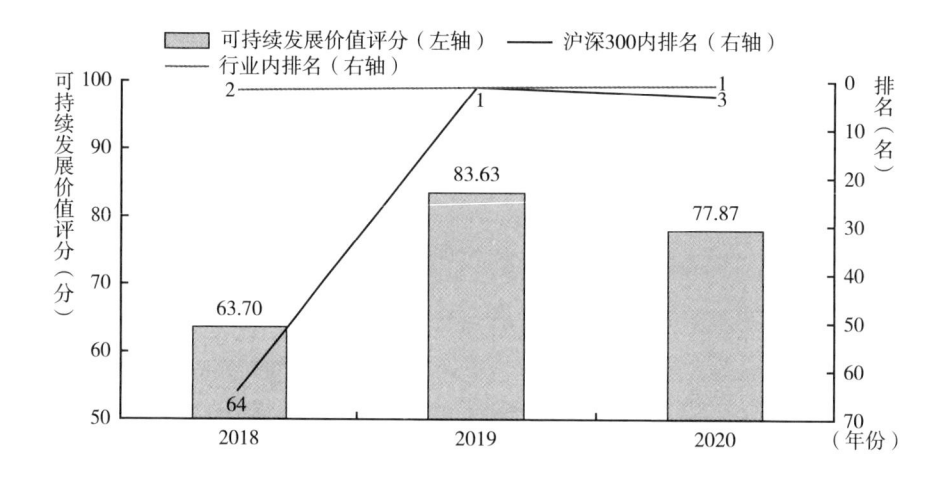

图 3　2018~2020 年海康威视（信息技术行业）评分及排名对比

资料来源：社投盟。

3. "义利99"评分和评级（2020）

2018~2020 年"义利 99"评估结果显示，我国上市公司发展质量持续提升，头部公司差距不断缩小。如图 4 和表 2 所示，2020 年"义利 99"和

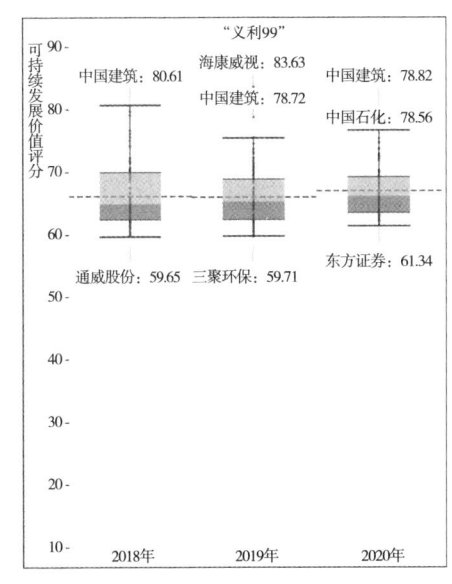

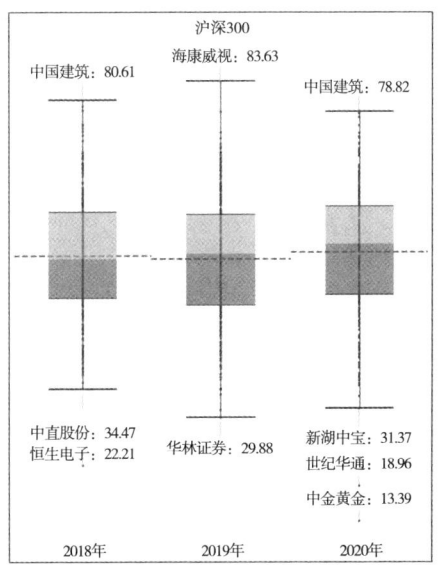

图 4　2018~2020 年"义利 99"与沪深 300 评分分布箱形图示意

注：箱形图通过展示一组数据的七种数据节点进行统计分析，即将数据从大到小排列，标记其上边缘（箱形图最上一条线）、上四分位数（Q3）、平均数（箱形图中虚线）、中位数、下四分位数（Q1）、下边缘（箱形图最下一条线）和异常值。IQR 为 Q3 和 Q1 之差，Q3 + 1.5IQR 和 Q1 - 1.5IQR 之间为正常值范围，正常值范围内的最大值和最小值为上下边缘的位置，正常值范围之外数据即为异常值。此处计算时未将剔除公司排除在外。

资料来源：社投盟。

表 2　2018~2020 年"义利 99"与沪深 300 可持续发展价值平均分和标准差

单位：分

年份	平均分		标准差	
	"义利 99"	沪深 300	"义利 99"	沪深 300
2018	66.10	55.67	4.82	9.86
2019	65.99	55.22	4.53	9.86
2020	66.91	56.31	4.22	10.41

资料来源：社投盟。

沪深 300 可持续发展价值平均得分均创三年新高，分别为 66.91 分和 56.31 分（满分 100 分）。2020 年"义利 99"平均分比 2018 年和 2019 年分别提高 0.81 分和 0.92 分，沪深 300 平均分比 2018 年和 2019 年分别提高 0.64 和

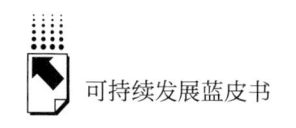

1.09分。

如表3所示，2018年沪深300成分股中BBB基础等级及以上的上市公司数量为201家，2019年为198家，2020年增加至214家；被"筛选子模型"剔除的上市公司（D等级）在2018年为25家，2019年减少为14家，2020年只有9家。从2018~2020年可持续发展价值评分和评级来看，"义利99"和沪深300上市公司发展质量在2020年均实现三年最佳。

表3 2018~2020年沪深300上市公司可持续发展价值评级统计

单位：家

序号	基础等级	增强等级	2018年	2019年	2020年
1	AAA	AAA	0	0	0
2	AA	AA+	1	1	0
3		AA	5	2	5
4		AA−	16	16	16
5	A	A+	13	20	25
6		A	32	24	28
7		A−	28	32	45
8	BBB	BBB+	34	41	38
9		BBB	38	33	34
10		BBB−	34	29	23
11	BB	BB+	24	31	25
12		BB	20	24	14
13		BB−	15	12	19
14	B	B+	13	15	9
15		B	2	4	7
16		B−	0	1	1
17	CCC	CCC	0	1	0
18	CC	CC	0	0	2
19	C	C	0	0	0
20	D	D	25	14	9
	合 计		300	300	300

资料来源：社投盟。

"义利99"可持续发展价值评级最高的公司从2018年和2019年的AA+下降为2020年的AA等级，评级最低的公司从2018年和2019年的BBB+提升为2020年的A-等级，群体可持续发展价值评分标准差2018~2020年逐年减小，分别为4.82分、4.53分和4.22分，说明"义利99"上市公司在可持续发展方面的质量差距不断缩小。受新冠肺炎疫情影响，世纪华通（002602.SZ）和中金黄金（600489.SH）未在评估截止日期（2020年4月30日）前披露年报和非财务信息报告，导致评估数据欠缺，可持续发展价值得分较低。该非常规事项拉低了2020年沪深300评分均值，同时扩大了评分的标准差。

（二）2020年"义利99"可持续发展价值群体画像

社投盟3A模型下设3个一级指标，分别是目标丨驱动力（AIM）、方式丨创新力（APPROACH）和效益丨转化力（ACTION），其中驱动力主要关注评估对象的价值理念、战略定位和业务发展；创新力主要考察评估对象在生产技术、运营模式和管理机制等方面的创新；转化力主要计量评估对象经济、社会和环境的综合价值。以下将从模型全景、目标丨驱动力（AIM）、方式丨创新力（APPROACH）和效益丨转化力（ACTION）维度，展示2020年度可持续发展价值的评估结果。

1. 模型全景：目标丨驱动力（AIM）逐年增强

从2018~2020年3A模型3个一级指标平均得分率来看，"义利99"和沪深300在目标丨驱动力（AIM）表现上逐年攀升。如图5和表4所示，"义利99"目标丨驱动力（AIM）的平均得分率在2020年为73.94%，比2018年高7.36个百分点，比2019年高3.64个百分点；沪深300目标丨驱动力（AIM）的平均得分率在2020年为68.94%，比2018年高10.22个百分点，比2019年高5.47个百分点。并且，"义利99"在2018~2020年3A三力各方面平均得分率均大于沪深300。

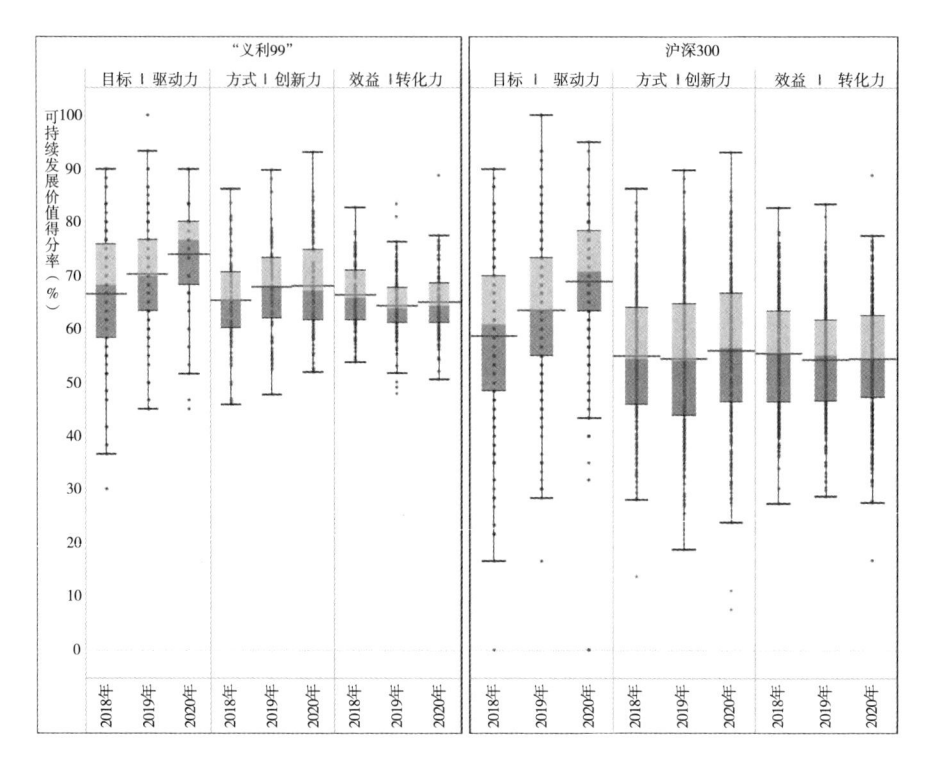

图5 2018～2020年"义利99"和沪深300模型全景指标得分率分布箱形图示意

资料来源：社投盟。

表4 2018～2020年"义利99"和沪深300模型全景指标平均得分率

单位：%

年份	"义利99"			沪深300		
	目标|驱动力 （AIM）	方式|创新力 （APPROACH）	效益|转化力 （ACTION）	目标|驱动力 （AIM）	方式|创新力 （APPROACH）	效益|转化力 （ACTION）
2018	66.58	65.45	66.35	58.72	54.88	55.55
2019	70.30	67.89	64.31	63.47	54.45	54.22
2020	73.94	68.14	65.13	68.94	55.91	54.41

资料来源：社投盟。

2. 目标｜驱动力（AIM）：价值驱动表现最优

目标｜驱动力（AIM）下设3个二级指标，分别是价值驱动（核心理念和商业伦理)、战略驱动(战略目标和战略规划)和业务驱动(业务定位和服务受众)。如图6和表5所示,对比2018~2020年平均得分率,"义利99"和沪深300在价值驱动和战略驱动上表现逐年攀升。2020年"义利99"价值驱动的平均得分率为83.50%,比战略驱动的73.29%高10.21个百分点,比业务驱动的61.84%高21.66个百分点;2020年沪深300价值驱动的平均得分率为74.97%,比战略驱动的67.72%高7.25个百分点,比业务驱动的62.11%高12.86个百分点。无论是"义利99"还是沪深300,价值驱动在2020年的平均得分率明显高出战略驱动和业务驱动。这表明头部上市公司能够将可持续发展理念更好地融入使命、愿景、价值观和商业伦理,并且有着明确的认知和清晰的表述。

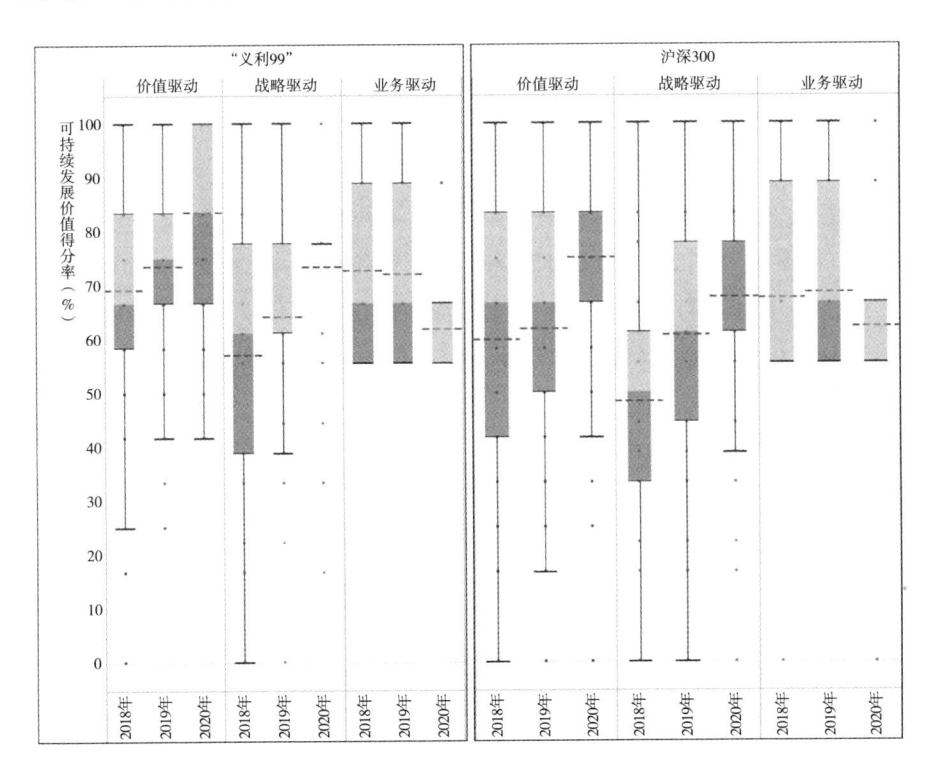

图6 2018~2020年"义利99"和沪深300目标丨驱动力(AIM)二级指标得分率分布箱形图示意

资料来源:社投盟。

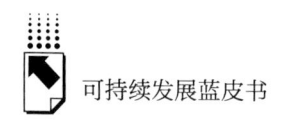

表5 2018~2020年"义利99"和沪深300目标丨驱动力（AIM）二级指标平均得分率

单位：%

年份	"义利99"			沪深300		
	价值驱动	战略驱动	业务驱动	价值驱动	战略驱动	业务驱动
2018	69.11	57.07	72.73	59.86	48.39	67.52
2019	73.57	64.20	72.05	61.83	60.65	68.48
2020	83.50	73.29	61.84	74.97	67.72	62.11

资料来源：社投盟。

3. 方式丨创新力（APPROACH）：模式创新有长足进步

方式丨创新力（APPROACH）下设3个二级指标，分别是技术创新（研发能力和产品服务）、模式创新（商业模式和业态影响）和管理创新（公司治理、信息披露、风险内控和激励机制）。如表6和图7所示，"义利99"和沪深300模式创新平均得分率在2020年有明显提升，技术创新和管理创新平均得分率在2018~2020年表现差异不大。"义利99"模式创新平均得分率从2018年的49.62%提升至2020年的66.41%，沪深300从2018年的41.13%提升到2020年的52.06%。"义利99"在2018~2020年的方式丨创新力（APPROACH）各个二级指标平均得分率均大于沪深300。这表明头部上市公司正在通过创新发展方式进行产业结构优化，为可持续发展蓄能。

表6 2018~2020年"义利99"和沪深300方式丨创新力（APPROACH）
二级指标平均得分率

单位：%

年份	"义利99"			沪深300		
	技术创新	模式创新	管理创新	技术创新	模式创新	管理创新
2018	57.30	49.62	79.14	43.66	41.13	69.16
2019	55.89	53.70	79.21	37.35	39.11	68.76
2020	55.54	66.41	75.09	40.23	52.06	65.20

资料来源：社投盟。

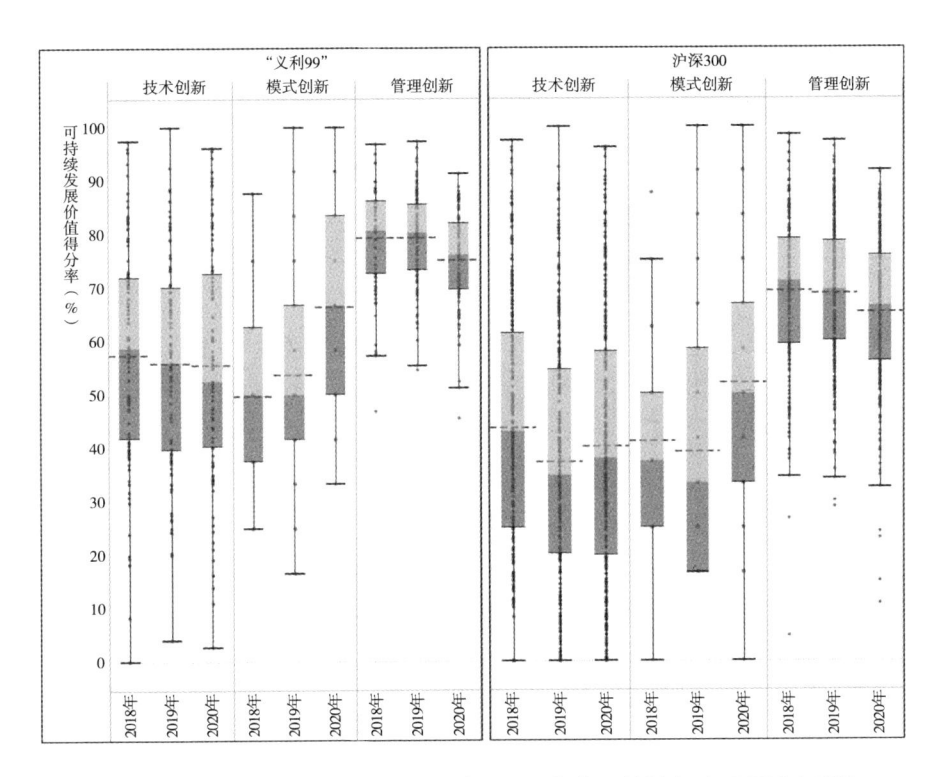

图7 2018~2020年"义利99"和沪深300方式|创新力（APPROACH）二级指标得分率分布箱形图示意

资料来源：社投盟。

4. 效益|转化力（ACTION）：非财务贡献显著增长

效益|转化力（ACTION）下设3个二级指标，分别是经济贡献（盈利能力、运营效率、偿债能力、成长能力和财务贡献）、社会贡献（客户价值、员工权益、合作伙伴、安全运营和公益贡献）和环境贡献（环境管理、资源利用、污染防控&生态气候）。如图8和表7所示，对比2018~2020年平均得分率，"义利99"和沪深300社会贡献和环境贡献在2020年达到三年最佳，其中环境贡献的增长幅度超过社会贡献的增长幅度。"义利99"社会贡献平均得分率在2020年为77.60%，比2018年高出3.19个百分点，比2019年高出7.27个百分点；沪深300社会贡献平均得分率在2020年为65.05%，比2018年高出6.25个百分点，比2019年高出8.00个百分点。"义利99"环境贡献平均得分

率在2020年为66.18%，比2018年高出7.89个百分点，比2019年高出11.17个百分点；沪深300环境贡献平均得分率在2020年为50.21%，比2018年高出9.76个百分点，比2019年高出12.01个百分点。"义利99"在2018~2020年的效益丨转化力（ACTION）各个二级指标平均得分率均大于沪深300。

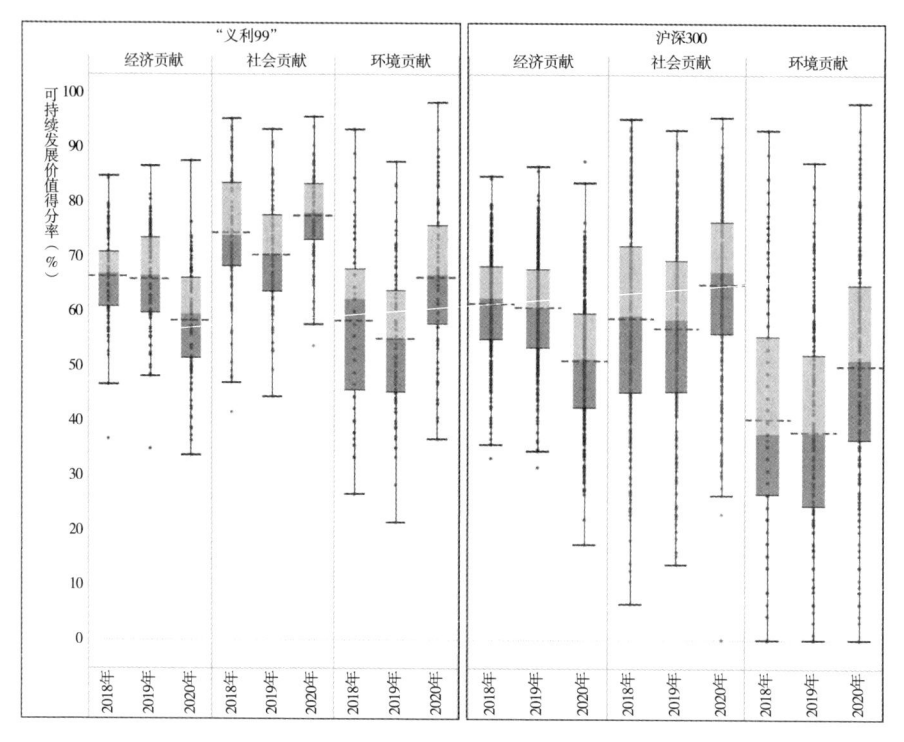

图8 2018~2020年"义利99"和沪深300效益丨转化力（ACTION）二级指标得分率分布箱形图示意

资料来源：社投盟。

表7 2018~2020年"义利99"和沪深300效益丨转化力（ACTION）二级指标平均得分率

单位：%

年份	"义利99"			沪深300		
	经济贡献	社会贡献	环境贡献	经济贡献	社会贡献	环境贡献
2018	66.34	74.41	58.29	61.47	58.80	40.45
2019	65.96	70.33	55.01	60.82	57.05	38.20
2020	58.37	77.60	66.18	51.18	65.05	50.21

资料来源：社投盟。

(1) 经济贡献：受大势影响连续走低

受到经济下行、中美贸易摩擦和逆全球化等因素影响，"义利99"和沪深300的经济贡献得分连续三年下滑。如图9和表8所示，2020年"义利99"和沪深300经济贡献下盈利能力、运营效率、偿债能力、成长能力和财务贡献5个三级指标的平均得分率都低于2018年和2019年，"义利99"平均得分率分别为54.54%、56.95%、56.71%、49.41%和68.70%，沪深300平均得分率分别为51.16%、52.55%、51.58%、49.11%和51.28%。中国经济在2019年面临诸多内外部压力，国内供给侧结构性改革进入攻坚，国际单边主义盛行，中美贸易摩擦引发的国际竞争日趋激烈。同时，一些发展中国家在劳动密集型产业上对中国制造的替代性越来越明显。在中国加大改革力度、对外进一步开放和努力改善营商环境的背景下，A股上市公司如何做好产业结构调整、坚持自主研发创新、早日转型升级实现可持续发展显得尤为重要。

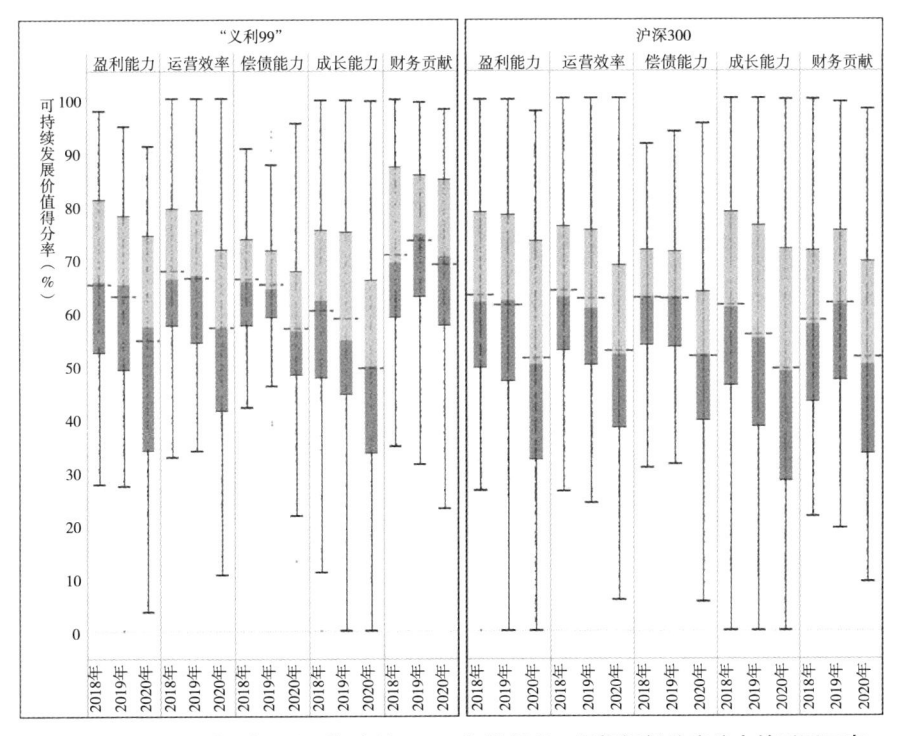

图9　2018~2020年"义利99"和沪深300经济贡献三级指标得分率分布箱形图示意

资料来源：社投盟。

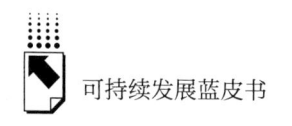

表8　2018～2020年"义利99"和沪深300经济贡献三级指标平均得分率

单位：%

年份	"义利99"					沪深300				
	盈利能力	运营效率	偿债能力	成长能力	财务贡献	盈利能力	运营效率	偿债能力	成长能力	财务贡献
2018	65.02	67.49	66.02	60.18	70.59	63.04	63.91	62.47	61.06	58.35
2019	62.75	66.15	65.00	58.61	73.27	61.08	62.38	62.38	55.63	61.55
2020	54.54	56.95	56.71	49.41	68.70	51.16	52.55	51.58	49.11	51.28

资料来源：社投盟。

（2）社会贡献：安全运营等表现优异

如图10和表9所示，"义利99"和沪深300社会贡献平均得分率在2020年的提升主要来自客户价值和员工权益的明显改进。整体来看，"义利99"和沪深300在安全运营方面表现最为优异，而且"义利99"在2018～

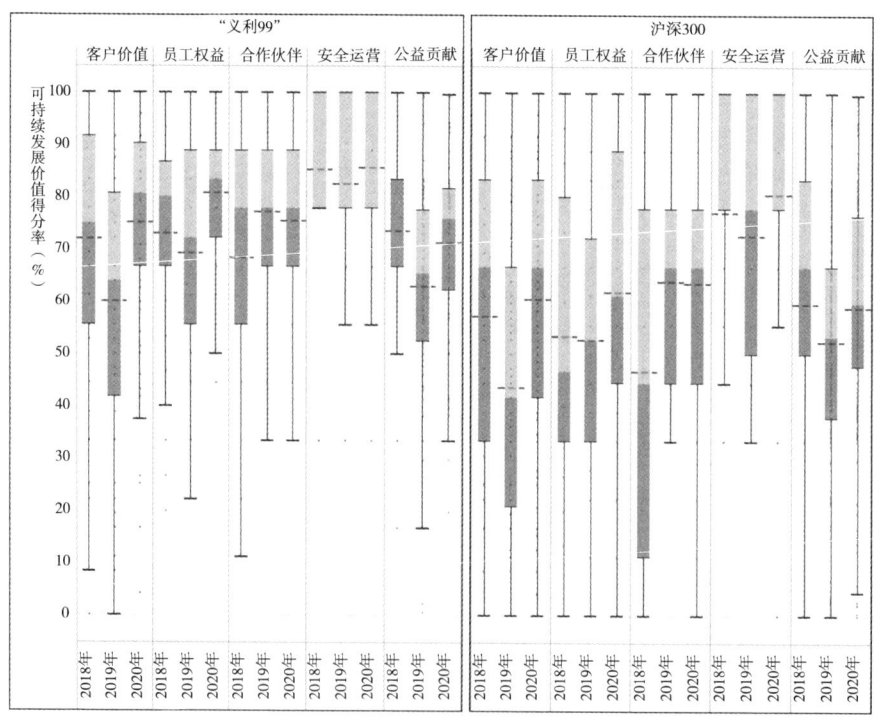

图10　2018～2020年"义利99"和沪深300社会贡献三级指标得分率分布箱形图示意

资料来源：社投盟。

2020年社会贡献下客户价值、员工权益、合作伙伴、安全运营、公益贡献5个三级指标上的平均得分率均高于沪深300。

表9 2018~2020年"义利99"和沪深300社会贡献三级指标平均得分率

单位：%

年份	"义利99"					沪深300				
	客户价值	员工权益	合作伙伴	安全运营	公益贡献	客户价值	员工权益	合作伙伴	安全运营	公益贡献
2018	71.97	73.00	68.35	85.19	73.57	57.25	53.36	46.74	77.11	59.56
2019	59.90	69.19	77.22	82.49	62.84	43.67	52.72	63.89	72.63	52.35
2020	75.08	80.75	75.42	85.52	71.25	60.44	61.83	63.52	80.59	58.89

资料来源：社投盟。

（3）环境贡献：整体表现创三年新高

如图11和表10所示，2020年"义利99"环境贡献下环境管理、资源利

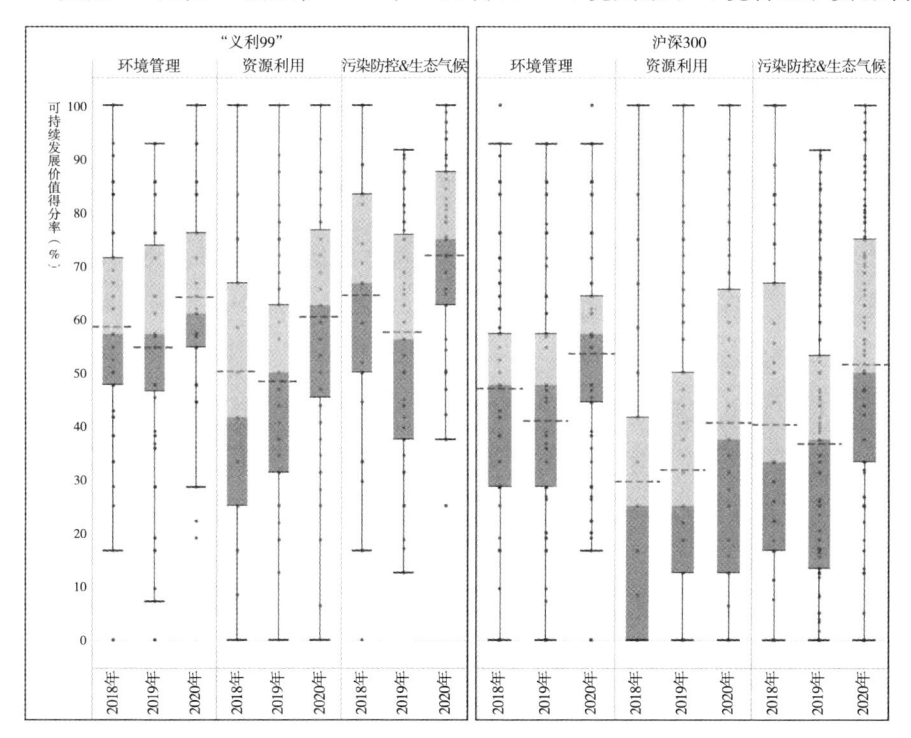

图11 2018~2020年"义利99"和沪深300环境贡献三级指标得分率分布箱形图示意

资料来源：社投盟。

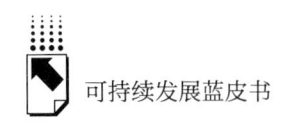

用、污染防控&生态气候3个三级指标平均得分率分别为64.12%、60.32%和71.98%，比沪深300高10.59个、19.77个和20.50个百分点。"义利99"环境贡献下环境管理、资源利用、污染防控&生态气候3个三级指标在2019年的平均得分率分别比2018年的下降3.89个、1.72个和6.86个百分点，在2020年分别回升9.46个、11.96个和14.49个百分点，均达到三年最高点。

表10 2018~2020年"义利99"和沪深300环境贡献三级指标平均得分率

单位：%

年份	"义利99"			沪深300		
	环境管理	资源利用	污染防控&生态气候	环境管理	资源利用	污染防控&生态气候
2018	58.55	50.08	64.35	47.00	29.56	40.32
2019	54.66	48.36	57.49	40.93	31.80	36.62
2020	64.12	60.32	71.98	53.53	40.55	51.48

资料来源：社投盟。

（三）2020年"义利99"市场分布特征

在以3A三力维度勾勒出"义利99"群体画像后，本部分将从行业、交易所和板块、资产规模、营收规模、纳税总额和市值六个方面，对"义利99"市场分布特征进行阐释。

1. 行业分布：金融上榜回升，能源行业上榜率稳居榜首

如图12所示，对比2019年，2020年"义利99"上榜金融公司数量回升明显，8家金融公司新入榜，1家金融公司出榜，从2019年的10家激增到17家。上榜金融公司数量明显回升得益于建设银行（601939.SH）、交通银行（601328.SH）、平安银行（000001.SZ）、海通证券（600837.SH）和华夏银行（600015.SH）5家公司重回榜单。

在2020年"义利99"上榜公司中，工业、可选消费、能源和原材料行业公司数量占比依次为19.19%、12.12%、7.07%和12.12%，分别比在沪深300中的占比高1.86个、2.45个、3.74个和1.79个百分点；金融、医

药卫生和信息技术行业公司数量占比依次为17.17%、5.05%和9.09%，分别比沪深300中占比低4.16个、3.62个和2.91个百分点；主要消费、公共事业、地产和电信业务行业公司数量占比与沪深300基本持平。

从表11中看出，能源行业中"义利99"上榜公司比例在近三年稳居第一，可选消费稳步上升，而医药卫生和公用事业逐年下降，信息技术和电信业务较为稳定，主要消费和地产行业上榜率呈现"高—低—高"的波动。

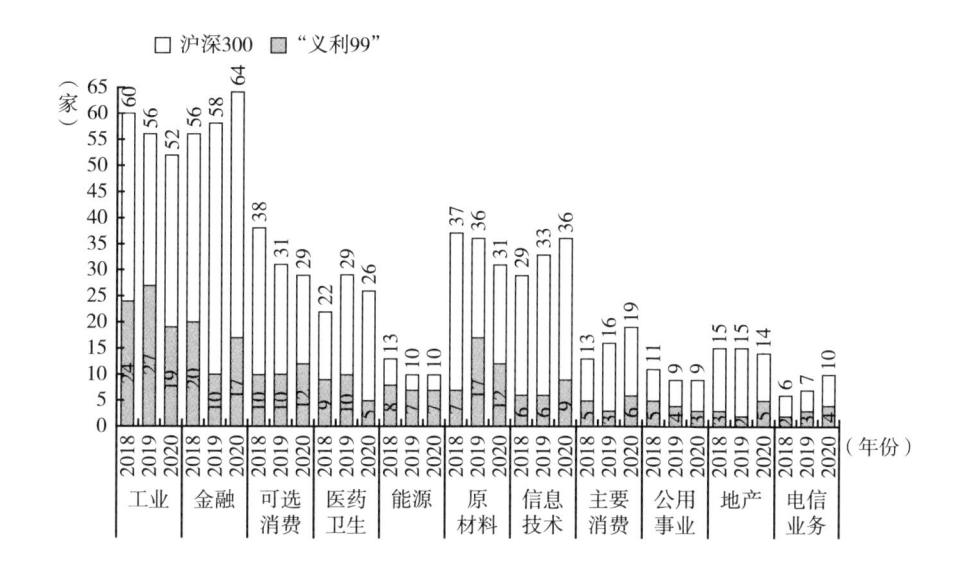

图12　2018~2020年"义利99"和沪深300行业公司数量分布

注：较高柱状图对应数值表示沪深300在该类别下的成分股公司数量，较低柱状图对应数值表示"义利99"在该类别下的上榜公司数量。

资料来源：社投盟。

表11　2018~2020年沪深300成分股11个行业中"义利99"上榜公司占比

单位：%

年份	工业	金融	可选消费	医药卫生	能源	原材料	信息技术	主要消费	公用事业	地产	电信业务
2018	40.00	35.71	26.32	40.91	61.54	18.92	20.69	38.46	45.45	20.00	33.33
2019	48.21	17.24	32.26	34.48	70.00	47.22	18.18	18.75	44.44	13.33	42.86
2020	36.54	26.56	41.38	19.23	70.00	38.71	25.00	31.58	33.33	35.71	40.00

资料来源：社投盟。

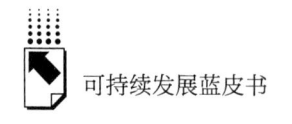

2. 交易所和板块分布：中小企业逐年增加

如图13所示，从2018~2020年交易所和板块分布来看，"义利99"和沪深300以上交所主板上市公司居多，占比均超过50%，中小企业板上市公司数量有稳步增加的趋势。2020年"义利99"上榜公司中，主板上市公司总共79家，其中61家来自上交所、18家来自深交所；中小企业板有18家；与2019年相比，创业板上市公司从3家减少到2家，温氏股份（300498.SZ）保持不变，爱尔眼科（300015.SZ）新入榜，利亚德（300296.SZ）和三聚环保（300072.SZ）出榜。

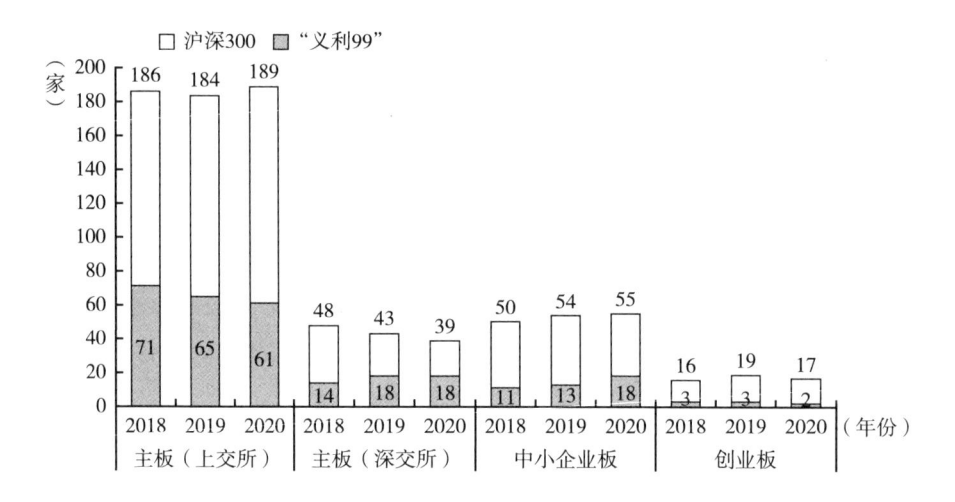

图13 2018~2020年"义利99"和沪深300交易所和板块分布

注：较高柱状图对应数值表示沪深300在该类别下的成分股公司数量，较低柱状图对应数值表示"义利99"在该类别下的上榜公司数量。
资料来源：社投盟，万得。

3. 资产规模分布：集中度保持稳定

从资产规模来看（见图14），2020年"义利99"上榜公司和沪深300与2018年、2019年分布大致相同。截至2019年底的统计数据，2020年"义利99"上榜公司中只有视源股份（002841.SZ）和康弘药业（002773.SZ）2家公司资产规模低于100亿元；总资产超过10万亿元的上榜公司从2019年的2家增加至3家，均为银行，新增建设银行，工商银行

(601398.SH)和农业银行（601288.SH）保持不变；19家上市公司的资产规模在10000亿~100000亿元，其他75家都集中在100亿~10000亿元。

2020年"义利99"在1000亿~10000亿元、10000亿~100000亿元和100000亿元以上这三个资产规模分布段中，上榜公司数量分别是40家、19家和3家，占比较沪深300分别高8.40个、9.19个和1.36个百分点；在100亿元以内和100亿~1000亿元两个资产规模分布段中，上榜公司数量分别是2家和35家，占比较沪深300分别低5.31个和13.65个百分点。2020年"义利99"平均资产规模是16453.39亿元，沪深300平均资产规模为8198.73亿元。"义利99"的平均资产规模是沪深300的2.01倍。

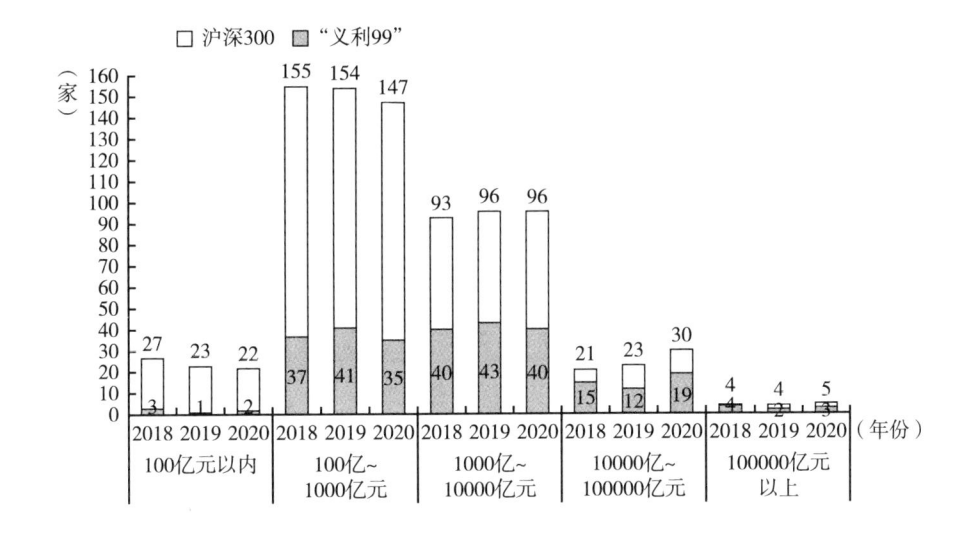

图14　2018~2020年"义利99"和沪深300资产规模分布

注：财务数据时间节点均为榜单年度上一年的12月31日。较高柱状图对应数值表示沪深300在该类别下的成分股公司数量，较低柱状图对应数值表示"义利99"在该类别下的上榜公司数量。

资料来源：社投盟，万得。

4. 营收规模分布：超500亿元企业上榜数量增加

如图15所示，从2018~2020年营收规模上市公司数量分布来看，2020年沪深300和"义利99"营收规模在500亿元以下的公司数量均略有减少。

根据2019年营业收入，2020年"义利99"在500亿~1000亿元、1000亿元~5000亿元、5000亿~10000亿元、10000亿元以上的四个营收规模分布段中公司数量占比均高于沪深300，分别高5.88个、15.32个、5.76个和2.71个百分点；100亿元以内的公司数量占比较沪深300低19.63个百分点；100亿~500亿元营收规模分布段较沪深300低10.04个百分点。2020年"义利99"上榜公司的平均营收规模为2393.10亿元，沪深300的平均营收规模是1065.14亿元。"义利99"的平均营收规模是沪深300的2.25倍。

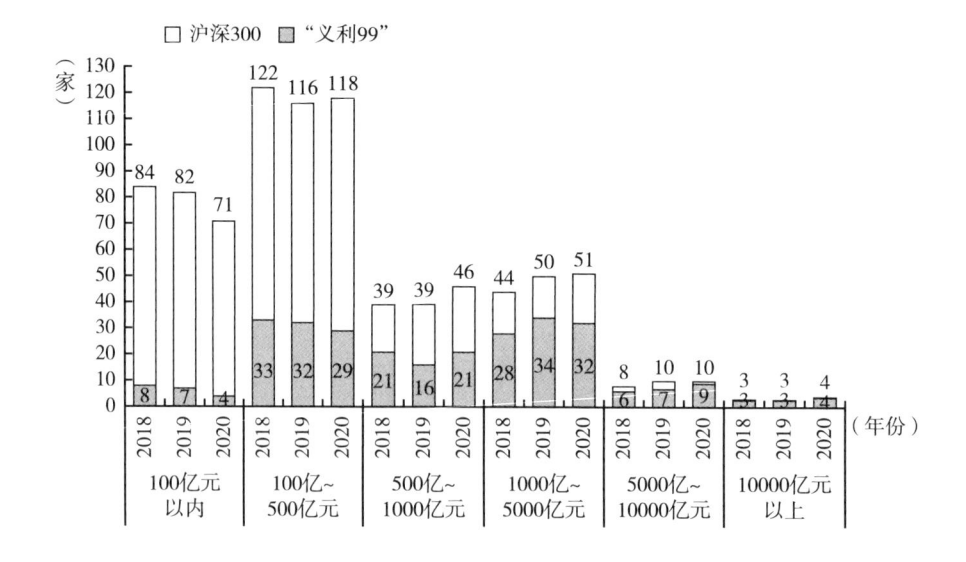

图15　2018~2020年"义利99"和沪深300营收规模分布

注：财务数据时间节点均为榜单年度上一年的12月31日。较高柱状图对应数值表示沪深300在该类别下的成分股公司数量，较低柱状图对应数值表示"义利99"在该类别下的上榜公司数量。

资料来源：社投盟，万得。

5. 纳税总额分布：10亿元大户数量居多

"义利99"上榜公司是国家的纳税大户，如图16所示，2018~2020年"义利99"上榜公司纳税额超10亿元公司占比均超八成；2018~2020年沪深300成分股中纳税额超10亿元公司占比均超六成，纳税额超过1000亿元的公司均上榜"义利99"。2020年度数据显示,"义利99"平均纳税额为202.16亿元,是沪深300的2.30倍。

2020年统计上榜公司中纳税总额最大的为中国石油(601857.SH),2019年度纳税3404.49亿元,其次是中国石化的3156.68亿元。2018年和2019年上榜公司中纳税总额最大的均是中国石化,2017年度纳税3283.04亿元,2018年度纳税3293.89亿元。2018年上榜公司中,纳税总额最少的是盈趣科技(002925.SZ),为2.07亿元;2019年和2020年上榜公司中,纳税总额最少的是温氏股份,纳税额分别为2.42亿元和2.46亿元。

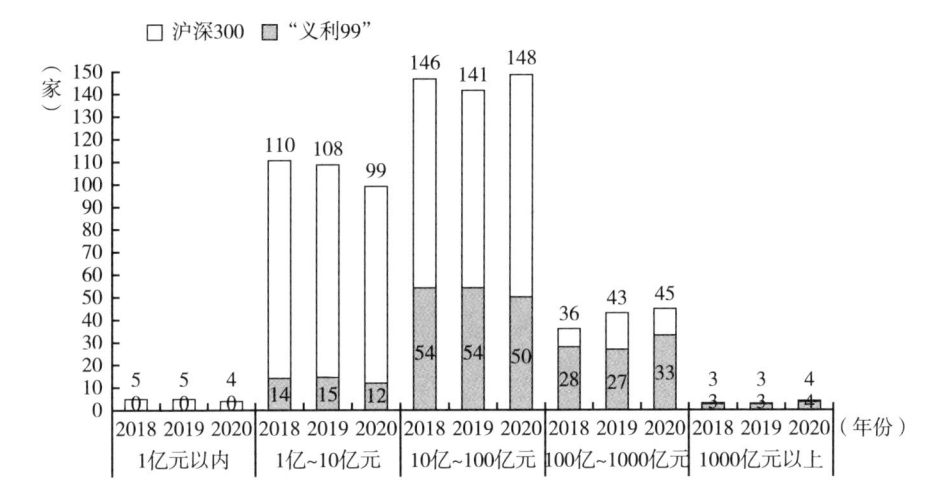

图16 2018～2020年"义利99"和沪深300纳税规模分布

注:财务数据时间节点均为榜单年度上一年的12月31日。较高柱状图对应数值表示沪深300在该类别下的成分股公司数量,较低柱状图对应数值表示"义利99"在该类别下的上榜公司数量。

资料来源:社投盟,万得。

6. 市值分布:超500亿元公司为主流

图17对比了2018～2020年"义利99"和沪深300市值规模分布情况,沪深300成分股中超过半成上市公司市值规模在500亿元以内,而"义利99"上榜公司中1000亿以上大市值公司偏多。

2020年"义利99"上榜公司市值分布情况与2018年相近，与2019年的区别在于500亿元以内和1000亿元以上市值公司数量。与2019年相比，500亿元以内公司减少21家，1000亿元以上公司增加19家，500亿~1000亿元公司数量变动较小，增加2家。整体来看，2020年"义利99"上榜公司中1000亿元以上市值公司数量最多。

2020年"义利99"中市值在1000亿元以上的公司数量占比较沪深300高25.89个百分点，市值在500亿~1000亿元的公司数量占比较沪深300高3.30个百分点，市值在500亿元以内的公司数量占比较沪深300低29.19个百分点。沪深300成分股公司在2019年底的平均市值为1303.14亿元，"义利99"上榜公司的平均市值为2286.34亿元，是沪深300的1.75倍。

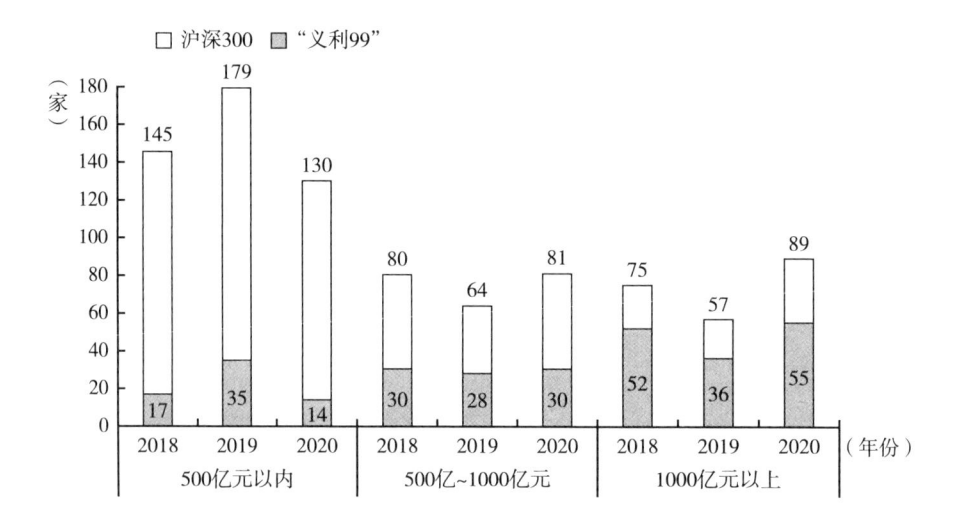

图17 2018~2020年"义利99"和沪深300市值规模分布

注：财务数据时间节点均为榜单年度上一年的12月31日。较高柱状图对应数值表示沪深300在该类别下的成分股公司数量，较低柱状图对应数值表示"义利99"在该类别下的上榜公司数量。

资料来源：社投盟，万得。

通过展示"义利99"的评估结果、群体画像和市场分布特征，我们可以看到在可持续发展"拉力赛"中，无论是全程表现还是赛段成绩，"义利99"都保持着绝对优势。同时，沪深300与"义利99"的差距不断缩小。

这表明中国上市公司正在群体性、系统性地提升可持续发展能力。

不容忽视的是，尽管包含经济、社会和环境在内的可持续发展价值总体水平提升，但"义利99"和沪深300的经济效益已连续三年呈下降趋势，受新冠肺炎疫情和逆全球化影响，预计未来两年该走势仍会持续。

二 洞见"义利99"：立体透视与综合贡献

2020年，在逆全球化和新冠肺炎疫情双重打击下，全球投资和经济增长呈现断崖式下跌。在内忧外患的危难关头，"义利99"企业选择有为还是退守？本部分将从微观企业、中观市场和宏观国策视角进行解析。

（一）微观企业视角下的"义利99"

"义利99"作为沪深300中胜出的企业，既是命脉产业的龙头，也是可持续发展的先锋。虽然"义利99"不能反映A股上市公司的全貌，但是通过数据分析，我们依然可以洞察到它们在创造可持续发展价值中的龙头地位和引领作用。

1. "义利99"引领发展、沪深300进步明显

如表12所示，2020年"义利99"可持续发展价值的评估总分和各项得分均超越沪深300，这一趋势已保持了三年。"义利99"平均分为66.91分，比沪深300高18.82%。其中，目标｜驱动力（AIM）平均分为7.39分，比沪深300高7.26%；方式｜创新力（APPROACH）平均分为20.44分，比沪深300高21.88%；效益｜转化力（ACTION）平均分为39.08分，比沪深300高19.73%。

从效益贡献来看，2020年"义利99"经济贡献平均分为17.51分，比沪深300高14.07%；社会贡献平均分为11.64分，比沪深300高19.26%；环境贡献平均分为9.93分，比沪深300高31.87%。可以看出，"义利99"不仅在义维（社会贡献、环境贡献）超出了沪深300，在利维（经济贡献）也高于沪深300，"义利99"是沪深300中"义利兼优"的群体。

从2018～2020年变动趋势来看，我们发现了有趣的现象。尽管"义利99"整体分数增幅超过了沪深300，但其分项增幅表现却各有不同。"义利99"目标｜驱动力（AIM）平均分增幅为11.05%，沪深300则为17.41%；方式｜创新力（APPROACH）平均分增幅为4.12%，沪深300为1.88%；效益｜转化力（ACTION）平均分增幅为-1.84%，沪深300为-2.06%。社投盟统计数据显示，沪深300加大了与可持续发展理念的融合力度，然而其经营管理水准、公司治理状况尚与"义利99"有较大差距。尤其是在效益方面，尽管沪深300社会贡献和环境贡献的绝对分值仍低于"义利99"，但其增幅均实现了反超。然而在经济持续下行和系统风险较高的时期，"义利99"经济贡献下降幅度小于沪深300，展现出了更强的抗风险能力。

表12 2018～2020年"义利99"和沪深300可持续发展价值表现变动

时间	项目	可持续发展价值	目标｜驱动力	方式｜创新力	效益｜转化力	经济贡献	社会贡献	环境贡献
2018年	义利99（分）	66.10	6.66	19.63	39.81	19.90	11.16	8.74
	沪深300（分）	55.67	5.87	16.46	33.33	18.44	8.82	6.07
2019年	义利99（分）	65.99	7.03	20.37	38.59	19.79	10.55	8.25
	沪深300（分）	55.22	6.35	16.34	32.53	18.25	8.56	5.73
2020年	义利99（分）	66.91	7.39	20.44	39.08	17.51	11.64	9.93
	沪深300（分）	56.31	6.89	16.77	32.64	15.35	9.76	7.53
2020年相比2018年	义利99增长（分）	0.81	0.74	0.81	-0.73	-2.39	0.48	1.18
	义利99增幅（%）	1.23	11.05	4.12	-1.84	-12.02	4.29	13.53
	沪深300增长（分）	0.64	1.02	0.31	-0.69	-3.09	0.94	1.46
	沪深300增幅（%）	1.15	17.41	1.88	-2.06	-16.74	10.63	24.12

资料来源：社投盟。

2. "义利99"稳中有变、领导人任期与业绩强相关

自社投盟2017年首次发布"义利99"排行榜以来，资本市场一直关注榜单的变动情况。如果说抗疫是搏击，可持续发展则如长跑。在经历经济下滑周期，应对急难险重多项挑战时，哪些企业久居榜内，哪些产业又有明显优势呢？

评估数据分析显示，2018～2020年，51家企业连续三年跻身"义利99"

排行榜，稳定率为51.51%。其中中国建筑、中国神华和万科A始终位列十强。值得注意的是，中国建筑凭借其出色且稳定的综合业绩，在2014~2018年连续五年夺冠，在2019年被海康威视超越暂居第二后，2020年又重回榜首。

对于企业而言，创造可持续发展价值可谓"董事长工程"。究其原因，可持续发展重结果更重过程，重产品更重机制。企业只有借助核心竞争力去破解社会、环境重大问题，进而提升财务业绩，才能跻身榜内；只有将自身的价值驱动能力、机制创新能力和效益转化能力有机融合，才能持续在榜。分析结果表明，2020年"义利99"上榜企业中，69位董事长在任超过三年，占比高达69.70%。企业领导人的稳定有助于制定和执行长线战略，从而为可持续发展奠定坚实基础。

2018~2020年"义利99"上榜企业实现了行业全覆盖，然而上榜企业数量及变动却有较大差异。由于工业和金融企业数量在沪深300中占比最高，2020年上榜企业数量分别占19.19%和17.17%。然而受到产业政策、市场需求、监管法规和信披质量等外因影响，以及目标、方式和效益等内因影响，各行业上榜企业数量变动剧烈（见表13、表14）。

表13　2018~2020年"义利99"行业变动

单位：家，%

行业	2018年		2019年		2020年	
	数量	占比	数量	占比	数量	占比
工　业	24	24.24	27	27.27	19	19.19
金　融	20	20.20	10	10.10	17	17.17
可选消费	10	10.10	10	10.10	12	12.12
医药卫生	9	9.09	10	10.10	5	5.05
能　源	8	8.08	7	7.07	7	7.07
原材料	7	7.07	17	17.17	12	12.12
信息技术	6	6.06	6	6.06	9	9.09
主要消费	5	5.05	3	3.03	6	6.06
公用事业	5	5.05	4	4.04	3	3.03
地　产	3	3.03	2	2.02	5	5.05
电信业务	2	2.02	3	3.03	4	4.04

资料来源：社投盟。

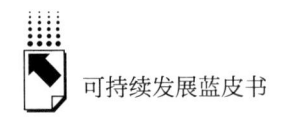

表14 2018~2020年"义利99"榜单上市公司调入调出各行业数量统计

单位：家

年份	类型	工业	金融	可选消费	医药卫生	能源	原材料	信息技术	主要消费	公用事业	地产	电信业务	总计
2018	调入	4	5	2	4	2	5	2	3	1	1	0	30
	调出	4	8	4	0	0	5	2	2	2	1	2	30
	差值	0	-3	-2	4	2	0	0	0	1	0	-2	0
2019	调入	6	5	3	4	0	11	3	1	1	0	1	35
	调出	3	15	3	3	1	1	3	3	2	1	0	35
	差值	3	-10	0	1	-1	10	0	-2	-1	-1	1	0
2020	调入	2	8	2	1	1	2	6	3	1	3	1	30
	调出	10	1	0	6	1	7	3	0	2	0	0	30
	差值	-8	7	2	-5	0	-5	3	3	-1	3	1	0

资料来源：社投盟。

值得注意的是，由于受到银保监会和证监会的监管处罚，4家银行和2家证券公司被剔除，5家银行尽管未被剔除，但受到大幅减分处理。

3."义利99"知行合一、沪深300尚有差距

现阶段，可持续发展价值评估主要基于公开披露数据，再与行业数据、政务数据进行交叉验证。这其中时常困扰我们的是数据的完备度和可行度，上市公司经审计的财务信息尚有造假，未经审计的非财务信息又如何值得信赖？换言之，在数据受限的情况下，如何能透视出"义利99"是否言行一致？

以治本为目的，评估机构必须丰富数据源。在检索公开披露数据、接受问询数据的基础上，应致力于打通传统和另类数据。尤其是要借助科技力量，将基于物联网的企业行为数据纳入评估数据源。该项工作长期、复杂且艰巨，需要国家的政策引导和监管部门的大力支持。

以指标为工具，社投盟在评估算法（3A模型）中创新应用了合一度分析。所谓"合一度"，是基于评估算法中各指标强逻辑关系，以分值差异去检测企业是否或怎样能将目标融入方式、达成效益。

2020年"义利99"合一度系数为87.92%，与前两年基本持平。沪深

300合一度系数为80.22%，比前两年有所下降。"义利99"合一度系数比沪深300高出7.70个百分点（见表15）。"义利99"前三强中国建筑、中国石化、海康威视的合一度分别为96.33%、93.98%、94.28%，合一度高且稳定性强。

沪深300成分股合一度系数和可持续发展价值评级之间呈现评级越高的公司合一度均值越高。高合一度系数的上市公司评级不一定高，但低合一度系数的上市公司得高评级的概率也一定不会高（见图18）。

这说明"义利99"从价值驱动、运行体系到硬核业绩等方面形成了良性循环，对可持续发展的认知（理念倡导）—认可（机制建设）—认购（资源配置）做到了知行合一。

表15　2018~2020年"义利99"和沪深300合一度均值对比

单位：%

年份	"义利99"	沪深300
2018	87.53	83.19
2019	88.12	82.35
2020	87.92	80.22

资料来源：社投盟。

从上述"义利99"企业层面的分析中，我们清晰地看到，"义利99"堪称"中国梦之队"，这支国有与私营混编的队伍，既要满足市场需求，又要进行供给侧改革，也要引领着产业升级，还要贡献社会且保护生态。可持续发展就是这样一个"既要、又要、也要、还要"的进程。

（二）中观市场视角下的"义利99"

创造可持续发展价值，既需要经济主体的努力，也需要资本要素的支持。从微观企业层面洞察"义利99"后，我们再分析资本市场如何解读"义利99"。

为实现价值闭环，真正推动资本流向创造可持续发展价值的企业，也通

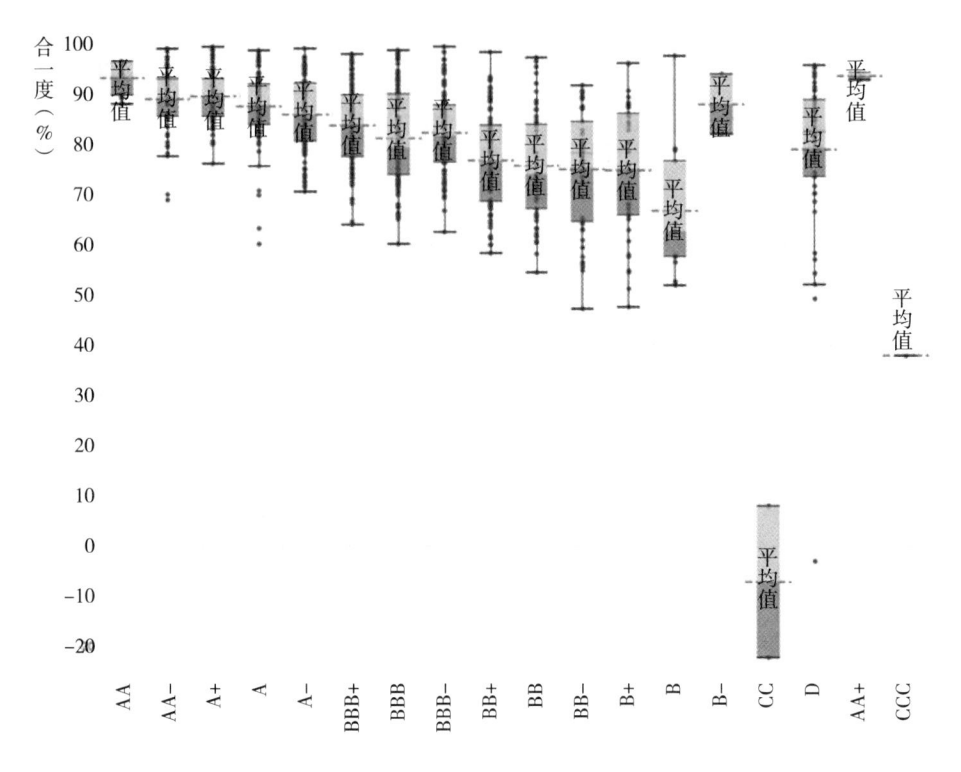

图 18 2018~2020 年沪深 300 可持续发展价值评分合一度

资料来源：社投盟。

过资本市场变动去优化可持续发展的评估体系，社投盟与博时基金、上海证券交易所和中证指数公司合作，发行了可持续发展 100 指数和 ETF。可持续 100 成分股即对沪深 300 统一评估后遴选出的"义利 99+1"。我们从指数挂牌、发行基金和因子分析三个维度，去透视 A 股可持续发展价值评估对中国资本市场产生了哪些影响。

1. 发布中证可持续发展100指数：产生超额收益

2019 年 10 月 24 日，中证指数公司公告发布"中证可持续发展 100 指数"；11 月 15 日，由社投盟提供数据、博时基金定制、中证指数公司发布的"中证可持续发展 100 指数"在上海证券交易所挂牌，实现了挂钩可持续发展价值产品级指数的全球首发。

从 2014 年 6 月 30 日到 2020 年 9 月 30 日，中证可持续发展 100 全收益指数总收益为 167.34%，超沪深 300 全收益指数（总收益为 143.05%）24.30 个百分点；年化收益为 17.46%，比沪深 300 全收益指数（年化收益为 15.64%）高 1.82 个百分点；最大回撤为 40.52%，显著低于沪深 300 全收益指数的 46.06%（见表 16）。除去 2019 年和尚未结束的 2020 年，其余每年收益率均超过了沪深 300 全收益指数。任何一个模型都不能适应所有市场环境和情况，虽然可持续发展 100 指数收益率 2019 年以来不及沪深 300 指数，但我们相信未来注重长期价值、义利并举的上市公司在资本市场的表现将更加优异。

表 16 可持续发展 100 指数与沪深 300 表现对比

单位：%，个百分点

项目	可持续发展 100 全收益指数	沪深 300 全收益指数	超额收益
2014 年	67.23	65.58	1.65
2015 年	7.56	7.22	0.35
2016 年	-1.64	-9.26	7.61
2017 年	37.43	24.25	13.18
2018 年	-22.77	-23.64	0.87
2019 年	33.39	39.19	-5.79
2020 年 9 月	6.73	14.25	-7.51
总收益	167.34	143.05	24.30
年化收益	17.46	15.64	1.82
年化波动率	23.55	24.20	—
收益/波动	0.74	0.65	—
最大回撤	40.52	46.06	—

资料来源：万得，社投盟整理。

从行业看，银行、医药、消费者服务、非银行金融和家电"负贡献"较大，可持续发展 100 指数相对沪深 300 指数的负超额收益，这 5 个行业合计贡献了 -5.67%（见图 19）。这其中既有行业超低配的因素，也有行业内选股的原因。银行股的超配，主要是由于银行股整体在可持续发展方面重视程度较高，相关信息披露较多且在涉及可持续发展各分项领域整体表现较好。非银行金融的低配，一方面是部分证券公司在前几年受到监管层处罚，另一方面是证券行业整体在可持续发展方面的信息披露缺失较多。食品饮料行业的低配，主要是以贵州茅台为代表的部分白酒上市公司没有披露独立的企业社会责任报告，因此在进行可持续发展价值评估时相关信息缺失较多，使得企业的可持续发展价值得分偏低。信息披露对于评估效果的影响是不可避免的，同时信息披露本身对于公众公司的确也是不可忽视的治理因素之一。

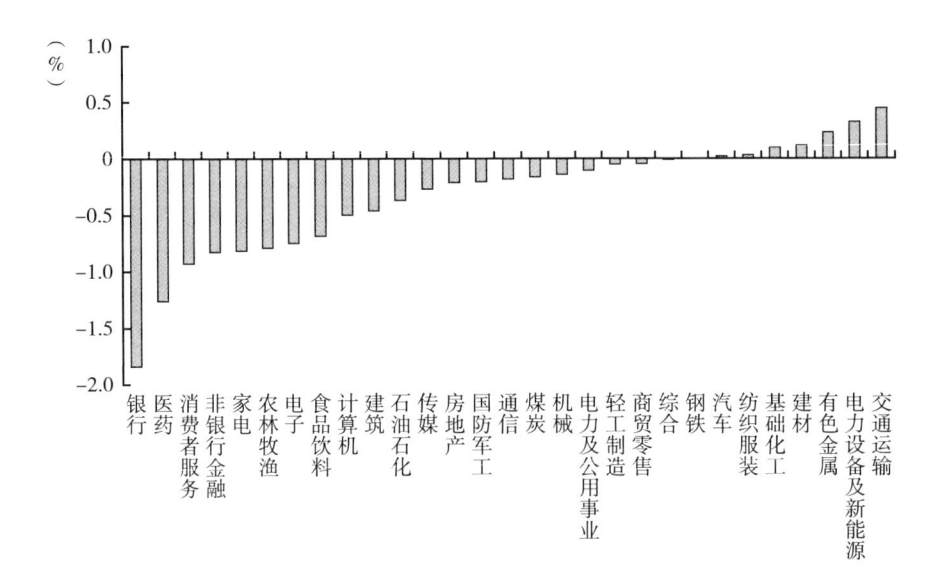

图19 2020年可持续发展100指数行业贡献度

资料来源：万得，社投盟整理。

2. 发行博时可持续发展100ETF："大长金"入场

在社投盟完成"义利99"六年评估（3年回测+3年实测）后，2019年4月，博时基金首次完成了3A模型的因子分析报告，验证了发行指数追踪公募基金产品的可行性。自2019年7月开始，在社投盟常务主席马蔚华带领下，博时基金与社投盟联合团队在中国（包括香港、澳门）、美国、荷兰等地对49家头部投资机构进行了评估沟通和募资预路演。继在上海召开可持续发展100ETF发布会后，博时基金于2019年12月16日至2020年1月17日启动资金募集。作为全球首只可持续发展指数挂钩的ETF，博时可持续发展100ETF于2020年1月19日成立，2月20日在上交所上市交易，首发规模14.71亿元人民币（见图20）。

在博时可持续发展100ETF首批投资者中，既有邮储、交行等7家银行资管，人保、华泰等保险投资，也有国新等主权基金。令人惊喜的是，基于对可持续发展理念的认同，来自华尔街的腾跃基金，公益领域的君和基金会等也加入了投资者行列。

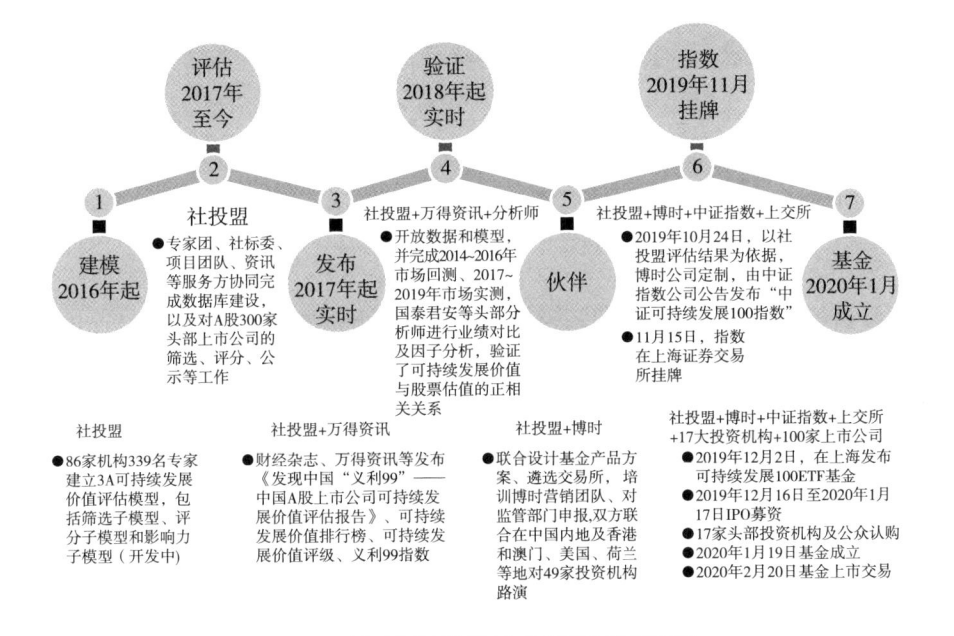

图20 博时可持续发展100ETF发行历程

流程节点：

1. **建模** 2016年起
   - 社投盟
   - 86家机构339名专家建立3A可持续发展价值评估模型，包括筛选子模型、评分子模型和影响力子模型（开发中）

2. **评估** 2017年至今
   - 社投盟
   - 专家团、社标委、项目团队、资讯等服务方协同完成数据库建设，以及对A股300家头部上市公司的筛选、评分、公示等工作

3. **发布** 2017年起实时
   - 社投盟+万得资讯
   - 财经杂志、万得资讯等发布《发现中国"义利99"——中国A股上市公司可持续发展价值评估报告》、可持续发展价值排行榜、可持续发展价值评级、义利99指数

4. **验证** 2018年起实时
   - 社投盟+万得资讯+分析师
   - 开放数据和模型，并完成2014~2016年市场回测、2017~2019年市场实测，双方联合国泰君安等头部分析师进行行业绩对比及因子分析，验证了可持续发展价值与股票估值的正相关关系

5. **伙伴**
   - 社投盟+博时
   - 联合设计基金产品方案、遴选交易所，培训博时营销团队、对监管部门申报，双方联合在中国内地及香港和澳门、美国、荷兰等地对49家投资机构路演

6. **指数** 2019年11月挂牌
   - 社投盟+博时+中证指数+上交所
   - 2019年10月24日，社投盟评估结果为依据，博时定制，由中证指数公司公告发布"中证可持续发展100指数"
   - 11月15日，指数在上海证券交易所挂牌

7. **基金** 2020年1月成立
   - 社投盟+博时+中证指数+上交所+17大投资机构+100家上市公司
   - 2019年12月2日，在上海发布可持续发展100ETF基金
   - 2019年12月16日至2020年1月17日IPO募资
   - 17家头部投资机构及公众认购
   - 2020年1月19日基金成立
   - 2020年2月20日基金上市交易

9月30日，博时可持续发展100ETF报收1.152元，成交金额518万元，基金份额4.57亿元，基金规模5.26亿元。成立至9月30日，博时可持续发展100ETF上涨了15.39%，比沪深300高4.98个百分点（见图21）。

3. 分析3A模型因子：模式创新收益显著

为以资本市场的逻辑去支持可持续发展的议题，或以可持续发展的引力去优化生产要素的配置，博时基金与社投盟合作，对3A模型的因子进行了

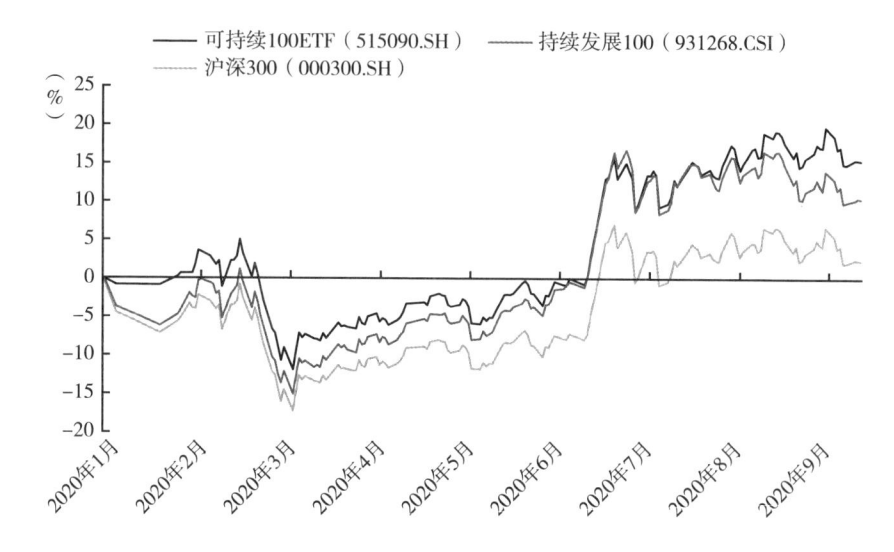

图 21　博时可持续发展 100ETF 成立以来收益情况

资料来源：万得，社投盟整理。

定期分析。以 3A 模型一级和二级指标表现为基础，按照沪深 300 中各指标得分高低排序，分别取前 100 只股票构建组合来计算收益率。由于沪深 300 指数和可持续发展 100 指数均采用自由流通市值加权，对于一、二级指标同样采用自由流通市值加权来考察各指标表现。

如表 17 所示，经济贡献是 2019 年表现最好的二级指标，也是 2018 年表现最好的指标。模式创新得分最高的前 100 家公司在 2019 年超越了沪深 300 指数。技术创新和管理创新在 2019 年落后于沪深 300 指数。社会贡献和环境贡献在 2018 年相对沪深 300 指数均有不错的超额收益，但在 2019 年则落后于沪深 300 指数。整体来看，模型二级指标在 2019 年的表现相比 2018 年有所下降。

基于社投盟对七年数据的分析，"义利 99" 和沪深 300 的投资收益与可持续发展价值表现有着强正相关关系。从三级指标的因子分析也可看出，绿色发展、公司治理等指标也能稳定地带来超额收益。然而股票市场毕竟受到多种因素共同影响，短期表现有强烈的随机效应。此外，中国 A 股的散户投资者占比60％，而美国股市的机构投资者高达96％。在一个以散户为主且偏好短线的权益市场，如何能使可持续发展价值的创造者持续受到"大长金"的青睐，如何能将上市公司做出的社会和环境贡献纳入估值体系，如何引导资本市场关注可持续发展价值投资，这是一系列更具挑战性的难题。

表17　3A模型因子分析

单位：％

项目	2018年	2019年
沪深300指数	−25.31	36.07
目标|驱动力（AIM）（一级）	−24.84	31.71
方式|创新力（APPROACH）（一级）	−24.22	32.57
效益|转化力（ACTION）（一级）	−19.49	37.30
价值驱动（目标二级）	−25.45	35.87
战略驱动（目标二级）	−23.78	35.74
业务驱动（目标二级）	−27.62	35.04
技术创新（方式二级）	−26.35	29.31
模式创新（方式二级）	−24.37	40.01
管理创新（方式二级）	−21.77	31.03
经济贡献（效益二级）	−17.93	44.71
社会贡献（效益二级）	−20.62	32.17
环境贡献（效益二级）	−18.42	35.53

发布中证可持续发展100指数、发行博时可持续发展100ETF、公开可持续发展价值评估模型的因子分析，是中国资本市场践行可持续发展的三项标志性工作，得到了联合国开发计划署阿齐姆·施泰纳署长的高度赞扬。意义更为深远的是，推出中证可持续发展100指数，证实了A股投资标的在践行义利并举；发行博时可持续发展100ETF，表明了A股投资机构在践行资本向善；而公开可持续发展价值评估模型的因子分析，为义利可以转化、能够可持续发展提供了实证工具。

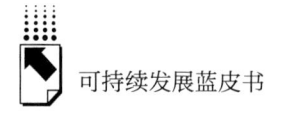

2020年7月开始,在社投盟的倡议和发起下,中国发展研究基金会、北京大学国家发展研究院、中国责任投资论坛、新浪财经等机构联手,在北京和深圳两地举办每月一期的ESG投资前沿论坛。针对投资人和资管方的实际需求,逐一研讨ESG投资动态、产品设计、评估体系、投研信息、监管政策等议题,旨在协同资本市场的多元参与方,共同推动资本投向美好未来。

(三)宏观国策视角下的"义利99"

2020年是全面建成小康社会的决胜年。"小康"一词出自《诗·大雅·民劳》"民亦劳止,汔可小康",意思是"老百姓的生活太苦了,也该稍稍得到安乐了"。小康社会是一个经济发展、政治民主、文化繁荣、社会和谐、环境优美、生活殷实、人民安居乐业和综合国力强盛的社会。在实现第一个百年奋斗目标、冲刺第二个百年奋斗目标的时点下,"义利99"究竟对中国乃至世界做出了哪些经济、社会和环境贡献呢?

1. "义利99"引领国民经济

如图22所示,2019年中国国内生产总值(GDP)为99.09万亿元。按收入法①计算增加值,同期A股全部上市公司为12.21万亿元,占GDP的12.32%;沪深300成分股为8.89万亿元,占GDP的8.97%;"义利99"上市公司为6.32万亿元,占GDP的6.38%。相对全A股3830家上市公司,"义利99"仅占其2.58%;然而这99家企业创造的增加值,却是全A股的51.76%。

如表18所示,A股上市公司和沪深300成分股在国民经济中的地位逐年上升。按照增加值标准,A股上市公司占比从2016年的11.53%增长到2019年的12.32%,沪深300成分股占比从2016年的8.74%增加到2019年的8.97%,"义利99"上市公司占比在2019年回升至6.38%。

---

① 收入法是从形成收入的角度,根据生产要素在生产过程中应得的收入反映最终生产成果的一种核算方法。按照这种核算方法,增加值由劳动者报酬、生产税净额、固定资产折旧和营业盈余四部分相加得到。

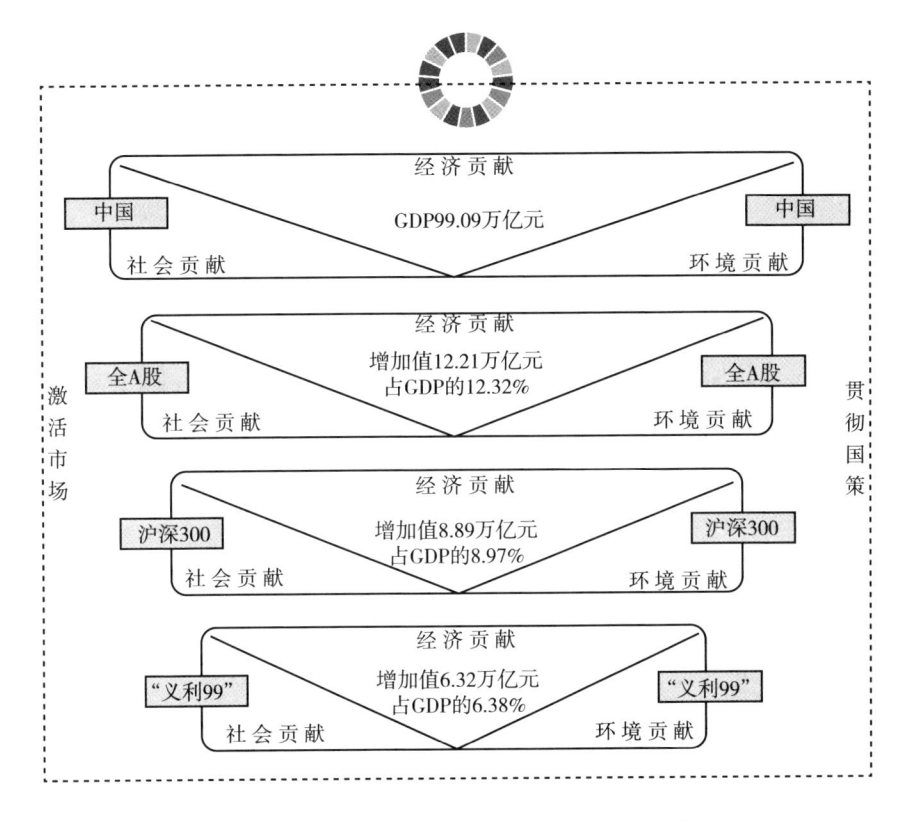

```
              经济贡献
   ┌──────────────────────────┐
   │中国    GDP 99.09 万亿元    中国│
   │  社会贡献        环境贡献     │
   └──────────────────────────┘

              经济贡献
   ┌──────────────────────────┐
   │全A股   增加值12.21万亿元   全A股│
   │       占GDP的12.32%           │
   │  社会贡献        环境贡献     │
   └──────────────────────────┘

              经济贡献
   ┌──────────────────────────┐
   │沪深300  增加值8.89万亿元 沪深300│
   │        占GDP的8.97%           │
   │   社会贡献       环境贡献     │
   └──────────────────────────┘

              经济贡献
   ┌──────────────────────────┐
   │"义利99" 增加值6.32万亿元 "义利99"│
   │        占GDP的6.38%           │
   │   社会贡献       环境贡献     │
   └──────────────────────────┘
```

图22 "义利99"上市公司与中国国民经济

资料来源：社投盟。

表18 2016~2019年"义利99"上市公司与国民经济变动情况

单位：万亿元，%

年份	GDP 中国	增加值 "义利99"	增加值 沪深300	增加值 全部A股	占比 "义利99"	占比 沪深300	占比 全部A股
2016	74.36	5.33	6.5	8.57	7.17	8.74	11.53
2017	82.08	5.51	7.36	10	6.71	8.97	12.18
2018	91.93	5.39	8.17	11.15	5.86	8.89	12.13
2019	99.09	6.32	8.89	12.21	6.38	8.97	12.32

资料来源：社投盟。

从经济表现来看,"义利99"上市公司具有盈利能力强、分红水平高、估值水平低的特点。2019年,"义利99"上市公司的平均营业收入是沪深300的2.25倍、A股的17.91倍,平均净利润是沪深300的2.11倍、A股的22.92倍,平均纳税是沪深300的2.30倍、A股的21.37倍,平均股息率是沪深300的1.45倍、A股的1.15倍,平均市盈率是沪深300的0.52倍、A股的1.21倍(见图23)。对比2018年,"义利99"上市公司的平均营业收入是沪深300的2.12倍、A股的16.37倍,平均净利润是沪深300的1.77倍、A股的16.34倍,平均纳税是沪深300的2.14倍、A股的19.00倍,头部上市公司的盈利能力越来越强。

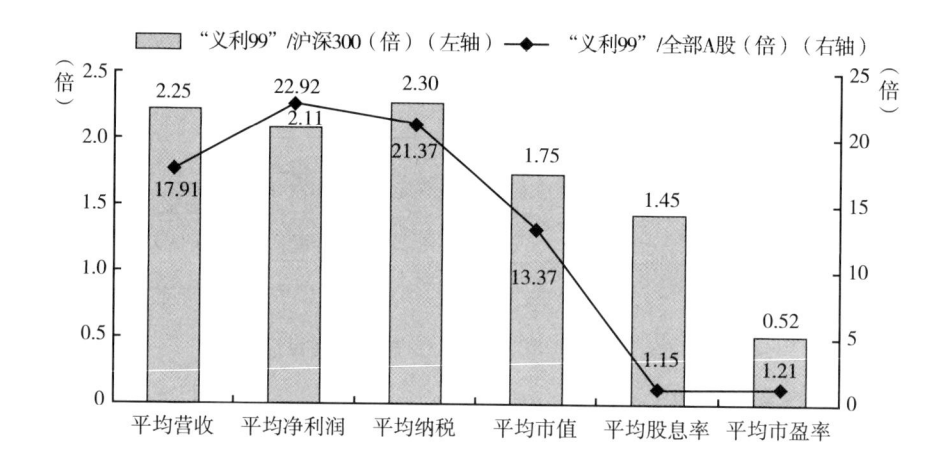

图23 "义利99"经济表现

资料来源:社投盟。

从上述对"义利99"国民经济占比和各项经济指标的分析中可以看出,"义利99"作为从沪深300成分股评选出来的上市公司,具有鲜明的头部效应,成为带动大多数企业践行全球共识、贯彻中国国策的"关键少数"。在中国建成小康社会的时代,发挥着中流砥柱的作用。

2. "义利99"创造社会福祉

除经济贡献外,"义利99"又创造了哪些社会福祉呢?在前面分析了

"义利99"的社会贡献后，我们选取抗疫表现、扶贫贡献和研发创新三个高光点来说明"义利99"创造的社会福祉及溢出效应。

（1）"义利99"抗疫表现

新冠肺炎疫情是全球严重的突发公共卫生事件。截至2020年9月30日，全球累计确诊病例33489205人，累计死亡1010147人。面对羽翼笼罩了全球的"黑天鹅"，以"义利99"为代表的上市公司体现了出色的危机管理能力和主动担当意识。在做好自身防疫的前提下，"义利99"充分利用核心资源与优势，鼎力支持中国和全球抗疫工作。为量化评估上市公司抗疫表现，社投盟建立了3A评估模型（投疫版），设立了7个抗疫维度和25个抗疫指标。详见B.8《2020年A股上市公司抗疫表现报告》。

如图24所示，与沪深300相比，"义利99"上榜公司在7个一级抗疫指标中都得分更高，表明"义利99"作为注重可持续发展的公司群体，在疫情应对中表现更加出色。而其中社会支援、业务支持、多方协同、员工保障表现最佳，分别比未上榜公司高17.50分、15.21分、13.79分、12.78分。疫情对老弱病残孕等弱势群体影响更大，从社会支援的二级指标弱势群体帮扶来看，201家非"义利99"公司总得分比所有"义利99"公司总得分还低3.5分，35家"义利99"公司在抗疫之余依然坚持利用自身业务帮扶此类群体。它们主要关注疫情下年长者和年少者的基本生活保障、孕妇和患者的必需医疗服务等。此外，"义利99"公司充分利用统筹能力和创新潜能，利用业务支持抗疫。

（2）"义利99"扶贫贡献

在联合国2015年9月发布的《可持续发展2030议程》中，首项目标是"无贫穷"，即消除每天生活费不足1.90美元（12.69元）人群的贫困状态。2020年3月，中国国务院扶贫开发领导小组办公室主任刘永富提出，中国的扶贫标准综合性指标，即"一个收入、两个不愁、三个保障"。[①] 2012年

---

① "一个收入"指年收入在4000元（600美元）以上；"两个不愁"指不愁吃、不愁穿；"三个保障"指义务教育有保障、基本医疗有保障、住房安全有保障。

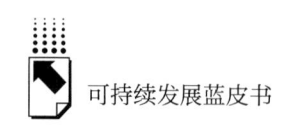

底中国贫困人口9899万人，2019年底已减少到551万人，并"到2020年现行标准下的农村贫困人口全部脱贫"。

在精准扶贫的进程中，"义利99"企业积极响应国家政策号召，主动承担社会责任，探索并推进扶贫的创新实践，为打赢"脱贫攻坚战"和推进"无贫穷"等可持续发展目标（SDGs）做出了巨大贡献。

根据上市公司年度报告、企业社会责任报告、可持续发展报告等官方出版物披露的数据，2019年沪深300公司开展了扶贫工作的近九成，扶贫总投入逾136亿元，平均投入5115万元。[①] 其中"义利99"上榜公司平均扶贫投入高于沪深300，达9457多万元，凸显了其社会责任担当。

（3）"义利99"研发创新

创新是经济、社会发展的动力。在过去30年，中国企业的创新能力实现了跨越式发展。1991~2017年，中国研发投入由134.4亿美元提升到4427.2亿美元，增长了31.9倍，研发投入位列全球第二；研究人员从47.1万人增加到169.2万人，增长了2.59倍，研发人员数量列全球首位。专利申请总量从1985年的8558个升至2017年的1381594个，增长了160.4倍，占全球总量的43.6%，遥遥领先。

在世界知识产权组织发布的"2020年全球创新指数"排行榜中，中国列全球第14位，与2019年持平。在6个细分评价指标上，中国在知识和技术产出、创新产出、商业成熟度等方面处于世界前列，分别居第7名、第12名和第15名；在人力资本与研究、市场成熟度方面与上一年相比有所进步，排第21名和第19名；但是在制度环境（第62名）和基础设施（第36名）两个方面尚有较大改善空间。

社投盟统计数据显示，"义利99"上榜公司中有82家公司披露2019年研发投入总额，占比82.82%，平均研发投入金额为37.68亿元，是沪深300平均水平的2.01倍。"义利99"上榜公司平均研发投入金额由

---

① 本报告在统计中不包含公司在发放精准扶贫贷款、扶贫保险赔付额及保额、扶贫采购支付额等方面的支出，具体情况以企业披露为准。

2017年的24.08亿元增长至2019年的37.68亿元,增幅为56.45%,同期沪深300平均研发投入金额由12.90亿元增长至18.77亿元,增长幅度为45.52%。"义利99"上榜公司的研发投入力度及增长幅度均显著大于沪深300(见表19)。

表19 "义利99"与沪深300研发投入对比

单位:家,亿元

年份	"义利99"			沪深300		
	披露公司数量	研发投入总额	研发投入平均额	披露公司数量	研发投入总额	研发投入平均额
2017	78	1878.44	24.08	232	2991.78	12.90
2018	90	2764.02	30.71	242	3748.41	15.49
2019	82	3089.63	37.68	235	4409.92	18.77

资料来源:社投盟。

我们认为,实现义利转化不能依赖传统路径,必须对产品服务、商业模式和管理机制进行创新。社投盟统计数据显示,"义利99"研发投入力度显著大于沪深300,在需求拉动的应用型研发领域表现卓越。然而与中国总研发投入对比,"义利99"研发投入不足1%,亟待提升和改善。

3. "义利99"力促环境保护

中国在气候变化、大气污染、水源污染、土壤污染等领域,面临着严峻的环境挑战。本部分将从碳排放、能源消耗和水消耗三个方面,解读"义利99"在环境保护领域的业绩。

(1)碳排放量:平均排放较低但绝对值偏高

2019年沪深300上市公司在年度社会责任报告里披露温室气体排放总量的公司只有74家,不到1/4的公司披露;而"义利99"上榜公司中有41家公司披露,约占1/2。同时由表20可以看到,虽然"义利99"上榜公司规模比未上榜公司大,但是平均温室气体排放量却相差不多,2019年上榜公司的平均温室气体排放比沪深300平均水平低。

表 20 "义利 99" 与沪深 300 公司披露温室气体排放量对比

单位：家，万吨

年份	"义利 99"			沪深 300		
	披露公司数量	温室气体排放量	平均温室气体排放量	披露公司数量	温室气体排放量	平均温室气体排放量
2017	44	93081.52	2115.49	58	105343.07	1816.26
2018	35	72056.04	2058.74	65	91941.24	1414.48
2019	41	32071.68	782.24	74	62776.60	848.33

资料来源：社投盟。

（2）能源消耗量：能耗总量增加

沪深 300 上市公司中披露能源消耗总量的公司比披露温室气体排放量的公司数量更少，2019 年只有 48 家，占比 16%；"义利 99"上榜公司中有 29 家披露，约占 1/3。同时由表 21 可以看出，无论是"义利 99"还是沪深 300，近几年披露能源消耗总量的公司平均能源消耗量呈下降趋势。

表 21 "义利 99" 与沪深 300 公司披露能源消耗量对比

单位：家，万千瓦时

年份	"义利 99"			沪深 300		
	披露公司数量	能源消耗总量	平均能源消耗量	披露公司数量	能源消耗总量	平均能源消耗量
2017	30	3546152.82	118205.09	43	4482417.08	104242.26
2018	30	12244.34	408.14	48	13003.05	270.90
2019	29	20740.13	715.18	48	22372.22	466.09

资料来源：社投盟。

（3）水资源利用：用水总量及均值下降

沪深 300 上市公司中披露总用水量的公司数量相对较多，2019 年有 98 家公司披露总用水量，占比近 1/3；"义利 99"上榜公司中有 58 家披露总用水量，占比 58.59%。同时由表 22 可以看出，无论是"义利 99"还是沪深 300，近几年披露用水总量的公司平均用水量呈下降趋势。

表22 "义利99"与沪深300公司披露总用水量对比

单位：家，万立方米

年份	"义利99"			沪深300		
	披露公司数量	总用水量	平均用水量	披露公司数量	总用水量	平均用水量
2017	54	2436881.39	45127.43	77	2748032.05	35688.73
2018	52	2622507.59	50432.84	87	2660259.50	30577.70
2019	58	1166763.55	20116.61	98	3114629.13	31781.93

资料来源：社投盟。

中国经历了40多年高速经济增长，也付出了高昂的环境代价，发展模式迫切需要向低碳绿色转型。从以上分析可以看出，以"义利99"为代表的中国企业，在外部约束和内部调整的双向作用下，环保意识加强，在碳排放和水资源利用方面有所改善。然而，作为全球最大石油进口国之一，中国企业综合能源消耗问题依然相当严峻，有待整体提升。

4. "义利99"加强信息披露

信息披露（尤其是非财务信息披露）是公司治理、透明运营的关键要素，也是有效监管和价值评估的基础。本部分将从非财务信息披露和指标数据完备度两个方面，透视"义利99"和沪深300的信披现状及变动趋势。

（1）非财务信息披露：显著增强

A股上市公司对非财务信息的披露形式主要包括报告、官网及新闻媒体；披露媒介主要包括社会责任报告、可持续发展报告、ESG报告及专题报告等。社投盟统计数据显示，在国策号召、监管指引、社会推动和企业觉悟的协力作用下，沪深300的非财务信息披露状况逐年改进。从沪深300整体来看，2018~2020年有专项报告披露非财务信息的公司占比逐年升高，分别为81.00%、82.67%和85.00%。其中，发现中国"义利99"等可持续发展价值或ESG评估工作，对上市公司披露非财务数据提供了日趋显著的激励和约束作用。

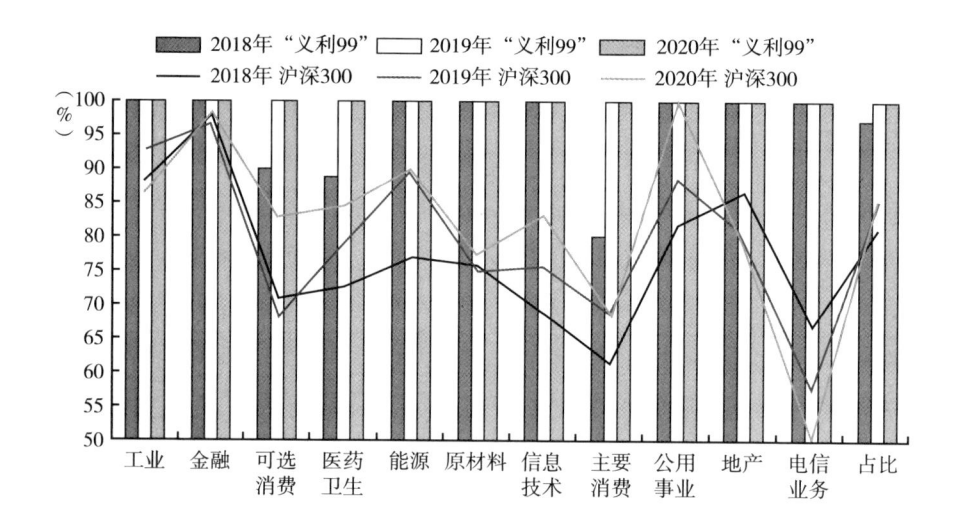

图 24　2018~2020 年"义利 99"和沪深 300 非财务报告披露率

资料来源：社投盟。

（2）数据完备度：逐年提升

在本报告中，"数据完备度"是指评估对象披露"评分子模型"指标要求信息（数据点）的全面和实质程度。如果评估对象在一个数据点进行了全面而实质的披露，则该公司在该数据点的数据完备度为 100.00%。以 3A 评估体系中"评分子模型"为例，某项四级指标的数据完备度，为该项四级指标下全部数据点的完备度平均值。以此类推，某项三级指标的数据完备度，为该项三级指标属下全部四级指标数据点的完备度平均值。计算数据完备度，是考量以"义利 99"为代表的 A 股上市公司信披成熟度的重要方法。

从财务信息披露来看，基于监管部门强制要求，沪深 300 "经济贡献"指标的数据完备度均为 100%。从非财务信息披露来看，2018~2020 年，"义利 99"和沪深 300 的数据完备度均实现了逐年升高，"义利 99"平均数据完备度明显高于沪深 300。如图 25、表 23 所示，我们以 3A 模型的 9 项二级指标为维度，对"义利 99"和沪深 300 数据完备度进行了结构化分析。

首先,在目标丨驱动力(AIM)项下,"义利99"和沪深300在价值驱动和战略驱动方面的数据完备度最高,说明公司将可持续发展理念融入核心理念和商业伦理,并将其融合在战略目标和规划中。然而业务驱动的数据完备度偏低,说明公司尚未很好地运用可持续发展理念去指导业务定位、厘清服务受众。

其次,在方式丨创新力(APPROACH)项下,"义利99"和沪深300在技术创新和管理创新方面的数据完备度较高,模式创新的整体分值偏低,但实现了连续三年提升。这说明,公司在发展中研发投入、转化和应用方面的数据较丰富,但对于发展模式的转变思考较少、表述偏少。

最后,在效益丨转化力(ACTION)项下,"义利99"和沪深300在社会贡献方面的数据完备度较高,在环境贡献方面的数据完备度偏低。这与行业属性及环境关联度等因素相关。

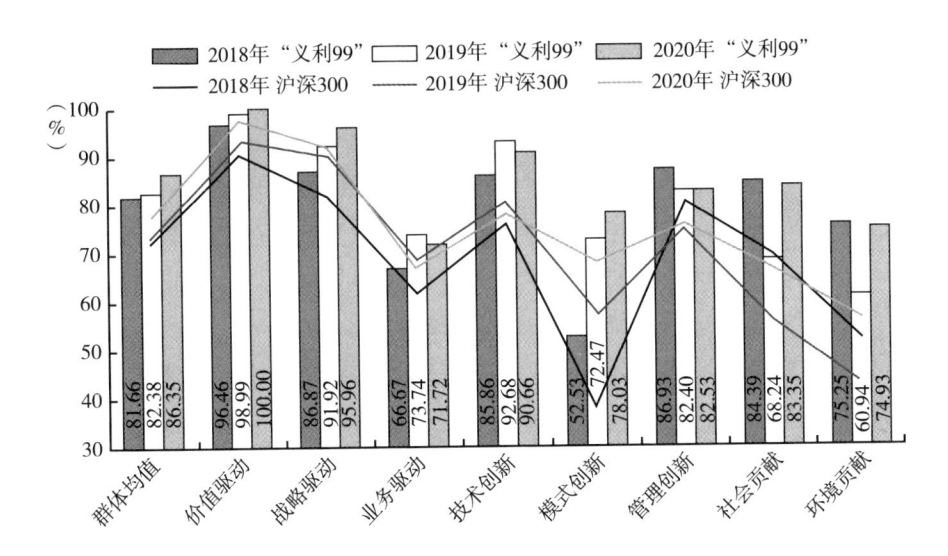

图25 2018~2020年"义利99"和沪深300指标数据完备度统计

资料来源:社投盟。

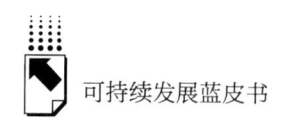

表23　2018～2020年"义利99"和沪深300指标数据完备度统计

单位：%

年份	对象	群体均值	价值驱动	战略驱动	业务驱动	技术创新	模式创新	管理创新	社会贡献	环境贡献
2018	"义利99"	81.66	96.46	86.87	66.67	85.86	52.53	86.93	84.39	75.25
	沪深300	72.28	90.30	81.77	61.71	76.00	38.38	80.39	69.55	52.40
2019	"义利99"	82.38	98.99	91.92	73.74	92.68	72.47	82.40	68.24	60.94
	沪深300	73.77	93.67	90.00	68.67	80.83	57.17	74.95	55.48	43.20
2020	"义利99"	86.35	100.00	95.96	71.72	90.66	78.03	82.53	83.35	74.93
	沪深300	77.90	97.50	91.83	67.00	78.08	68.25	75.85	66.53	56.02

资料来源：社投盟。

在2018～2020年信披分析中，一方面我们欣喜地看到中国企业的进步，另一方面也认识到还有巨大的鸿沟。自2020年初开始，社投盟对港股和A股上市公司信披情况进行了对比分析。在按照统一标准检索了港股210家头部企业和A股330家头部公司的数据后，我们发现港股的非财信披平均数据量是A股的2～2.5倍，其实质性（有数据和事实支撑，甚至经过第三方审计）也超出A股。究其原因，主要是香港对非财信息实行了强制性披露的要求，而A股两大交易所还在执行自愿披露政策。

2020年9月4日，为贯彻落实新证券法，提高上市公司质量，深交所修订了《深圳证券交易所上市公司信息披露工作考核办法》，其中新增现金分红、股份回购、披露社会责任报告等考核内容，督促上市公司加强投资者关系管理，强化投资者权益保护，并切实履行社会责任。

信息披露量与质的提升，不仅对可持续发展经济和金融起着推进作用，也对加强透明运营、优化社会治理有着溢出效应。基于"义利99"的实证研究和全球18个经济体ESG法规政策的对比分析，社投盟强烈建议监管部门分阶段颁布、实施非财务信息披露的强制政策。

三　预见"义利99"：全球挑战与中国行动

在看见了"义利99"（2020）的评估结果、群体画像、特征展示，洞见了"义利99"的微观视角、中观视角和宏观视角后，我们再以百年变局为场域，预见一下以"义利99"为代表的中国企业如何汇入全球可持续发展的洪流。

"百年变局"意味着什么？老常态在消失、新态势在形成。老常态是由工业革命催生的经济体系，经世界大战重塑的治理格局，靠多元竞合达成的社会秩序。而这些在经济逆全球化、强人单边主义和民粹反智思潮下，正在迅速瓦解。与此同时，在生态急剧恶化、社会矛盾激化、新冠肺炎疫情肆虐的情况下，资本主义股东至上的价值观正在被摒弃，兼顾经济发展、社会福祉和环境保护的可持续发展理念越发深入人心，新常态渐露端倪。

（一）推进可持续发展面临的全球挑战

在新老时代交替之际，摩擦甚至冲突会更为剧烈。表现为国家间的对抗、阶层间的矛盾和文明间的冲突，也会变异成国家与阶层、阶层与文明、文明与国家间的"混战"。错综复杂的局势加上实时海量的信息，使人们开始怀疑自由贸易和科学精神是否都在远去。美国人类学家吉尔茨在其著作《农业内卷化》提出"内卷"，指超密集型投入带来单位边际回报递减，突破无门而产生大量内耗的现象。近期"内卷"忽然成为网络热词，反映出在转型期的社会焦虑。

2020年5月，世界经济论坛（WEF）发布了《不安的世界：全球风险2020》。这家全球顶级智库采用了数据分析和专家访谈研究方式，连续14年对短期风险（当年）和长期风险（未来10年）进行预判。在新冠肺炎疫情这只"黑天鹅"仍在横飞的当下，全球环境、社会和经济的挑战在向我们逼近。

1. 生态危机的挑战

WEF发布的数据显示，尽管全球量化宽松、原油期货价格一度跌至负数，然而这些经济风险尚处在可能性和危害性双低的区域。尽管新冠肺炎疫情又在卷土重来、民粹运动此起彼伏，然而这些社会风险仅处在可能性和危

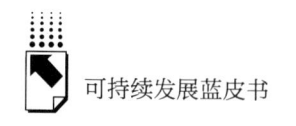

害性中间的区域。而最大的全球挑战在生态环境领域，包括极端气候现象、应对气候变化失利、自然灾害、生物多样性丧失、人造环境灾害等。

为展示清晰的风险图谱，世界经济论坛将风险归纳为经济、环境、地缘政治、社会和技术五大类，并用蓝、绿、橙、红、紫五色标识。从预判的风险类别来看，2007~2010年，蓝色经济类风险（油价、资产泡沫、中国经济放缓等）为主导；2011~2020年，无论是可能性还是危害性，绿色环境风险（应对气候变化、极端气候现象等）跃升为主导。在2011年全球风险报告中，专家对生态环境恶化引发的系统危害提出明确警示，尽管经济、社会、地缘政治和技术风险增加，但未来十年环境问题仍是人类最大的威胁。然而，这一呼吁似乎没有引起足够的重视。2019年是有气温记录以来的第二暖年，也是2010~2019年最热十年的最后一年。与此同时，海洋酸化正在加速、土地退化仍在上演、大量物种濒临灭绝。

科学家们反复疾呼的"人类灭亡"并非危言耸听。从系统论角度看，生态安全是母系统的根逻辑，它是子系统（社会、经济、政治、科技）安全、孙系统（经济系统下的资本市场等）安全的基石假设。换言之，若人类打破生态系统平衡且无法修复后，随之而来的就是子系统的坍塌。

2. 社会动荡的挑战

在生态危机迅速恶化的情况下，由贫富差距导致的社会动荡也在日益加剧。根据瑞士信贷银行发布的全球财富报告，2019年全球财富360万亿美元，其中44%的财富掌握在1%的最富有者手中。在经济总量扩张的情况下，贫富差距可以被暂时掩盖；而当进入存量经济发展模式中，原本由经济结构失衡造成的问题，就会以社会矛盾的方式爆发。社会动荡的根源是"要效率也要公平"。

英国专门从事社会经济和政治分析的Verisk Maplecroft公司，基于模型发布了预测，2019年在全球195个主权国家中，47个国家内部骚乱增加。到2020年这一数字将激增至75个，社会动荡将成为新常态。

贫富差距叠加了民粹主义、逆全球化思潮后，社会问题将愈加纷繁复杂;社会问题叠加了生态恶化和经济下滑后,世界的和平和发展前景堪忧。

3.经济萧条的挑战

在经济成长动力不足、中美摩擦阴云密布的环境下,新冠肺炎疫情使原本脆弱的全球经济雪上加霜,出现断崖式下跌。联合国贸发组织旗下的"统计协调委员会"发布了《新冠肺炎疫情改变世界——统计视角》,2020年全球经济将萎缩5.2%,国际实物贸易下降13%~32%,国际航空旅客下降44%~80%。新冠肺炎疫情带来的经济、社会和环境直接损失约8.8万亿美元,约占2019年全球GDP的10%。出于对疫情在美国暴发的恐慌,美股在3月接连发生了4次熔断。若新冠肺炎疫情在秋冬再次反弹,经济衰退将继续加重。

世界已亮起环境、社会和经济三大红灯,局部的生存挑战和整体的发展危机交织而来。我们从来没有这么迫切地感受到,人类命运休戚与共;也从来没有这么无奈过,全球共度时艰是如此挑战。

(二)实现联合国可持续发展目标的2020年进程

2015年9月联合国发布《变革我们的世界:2030年可持续发展议程》以来,取得了一定成绩,如失学儿童和青年比例下降、传染病的发病率下降、卫生饮用水状况有所改善、女性管理者增多等。然而受制于资源严重短缺、政策协同不足、执行不到位等条件,大部分目标完成度严重偏离轨道。自2020年初起,受新冠肺炎疫情影响,联合国可持续发展目标(SDGs)达成度出现大幅下降,前景堪忧。

表24 联合国可持续发展目标2020年达成情况

序号	名称	疫情前	疫情影响	备注
目标1	无贫穷	达成率偏离,到2030年仍有6%的贫困人口	7100多万人在2020年陷入极端贫困	仅2018年自然灾害造成236亿美元损失,加剧贫困

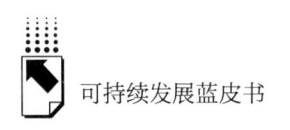

续表

序号	名称	疫情前	疫情影响	备注
目标2	零饥饿	粮食不安全增加,受中度和重度影响人口从2014年的22.4%提高到25.9%	小规模粮食生产者受到危机严重打击	饥饿导致的5岁以下儿童发育不良情况进一步恶化
目标3	良好的健康与福祉	免疫接种、艾滋病、孕产妇健康、儿童健康和结核病有所改善,但速度慢于预期	疫情将使数十年的改善成果归零并发生逆转	有医疗保险人口不足全球人口半数
目标4	优质教育	2030年仍有2亿儿童失学	疫情加剧教育不平等,可完成学业的儿童在发达国家中占比79%,在最贫困国家中仅为34%	全球仅有65%的小学拥有基本的洗手设施这一预防新冠病毒的关键设施
目标5	性别平等	有所改善但尚未达标,早婚女童和女性管理层增多	居家隔离使针对女性和儿童家庭暴力增加30%	女性从事家务和看护时长为男性的3倍
目标6	清洁饮水和卫生设施	22亿人缺少清洁饮水,42亿人没有卫生厕所	30亿人家中缺少基本洗手设施	2030年7亿人会因缺水而流离失所
目标7	经济适用的清洁能源	7.89亿人无法使用电力	电力对卫生设施至关重要	发展中国家清洁能源资金增加,但仅有12%的流向最不发达国家
目标8	体面工作和经济增长	全球经济放缓,人均GDP增长1.5%	全球面临大萧条以来最严重的经济衰退,人均GDP预计下降4.2%	旅游业面临空前挑战,国际旅游人数减少11.4亿人次
目标9	产业创新和基础设施	受贸易摩擦影响,制造业增长减速	航空业2020年1~5月同比下降51%	最不发达国家使用互联网人数占比不足20%
目标10	减少不平等	2010~2017年,84个国家中34个基尼系数下降	弱势群体(老人、残疾、儿童、妇女、难民)受到新冠肺炎疫情最沉重打击	全球经济衰退会使对发展中国家的援助经费减少一半
目标11	可持续城市和社区	城市贫民窟人口比例2018年上升至24%	超过90%的新冠肺炎确诊病例出现在城区	仅空气污染在2016年导致420万人早亡
目标12	负责任的消费和生产	2010~2017年全球物质(原材料)足迹由732亿吨上升到859亿吨	疫情提供了一个重修规划的机遇	电子垃圾增长38%,但回收利用率不足20%

续表

序号	名称	疫情前	疫情影响	备注
目标13	气候行动	2019年是有记录以来历史上第二暖年,预计2100年全球气温升高3.2摄氏度	疫情使2020年温室气体减排6%,但仍未达到7.6%的目标	生态恶化加剧,极端天气频发
目标14	水下生物	海洋酸化威胁生态系统,2100年将影响一半的海洋生物	疫情为海洋生态恢复带来机遇	海洋生物多样性保护区增加
目标15	陆地生物	超过3.1万个物种濒临灭绝,占世界自然保护联盟红色目录的27%	野生动物导致新冠病毒传播	20亿公顷的土地退化,影响32亿人,加剧了气候变化问题
目标16	和平、正义与强大机构	每天有100名平民死于武装冲突	新冠肺炎疫情进一步威胁全球和平与安全	60%的国家监狱人满为患,加大新冠病毒传播风险
目标17	促进目标实现的伙伴关系	2019年官方援助金额1474亿美元,与2018年持平,但非洲和最不发达国家占比提升	对中低收入国家汇款减少1000亿美元	2020年全球外国直接投资预计下降40%

资料来源:联合国《2020可持续发展目标报告》,社投盟整理。

受到疫情的影响,2020年将有7100万至1亿人重返赤贫,自1998年以来全球贫困人数首次不降反增。由于收入降低、物价上涨以及社会保障不力,大量原本非贫困人口也将面临饥饿风险。此外,16亿非正规经济部门工人受到严重的影响,收入在疫情首月就减少60%。全球10亿人居住在贫民窟,其住处没有自来水、卫生厕所和废物管理系统,公共交通过度拥挤,卫生保健设施落后。全球15.7亿名学生停止上课,3.7亿名儿童失去赖以生存的学校供餐,约70个国家儿童疫苗接种中断。

正如联合国副秘书长刘振民所说,在疫情暴发前,推进SDGs工作并不均衡,许多领域也亟待改进。疫情暴发后,落实工作受到严重干扰。在某些领域,国际社会数十年的努力毁于一旦。

(三)践行联合国可持续发展目标的中国行动

2020年9月22日,在第75届联合国大会一般性辩论上,习近平主席代表中国对碳减排做出承诺,"力争于2030年前达到峰值,2060年前实现碳中和"。这一承诺对全球应对气候变化将起到关键作用,而践行这一承诺,中国既要在经济发展模式、结构和速度方面做出重大调整,也要对短期利益和长期利益进行战略性置换。然而必须看到,践行可持续发展的贡献者既是中国也是世界,受益者既是世界也是中国。

1. 践行可持续发展目标的内驱

1978~2018年,中国平均GDP增速9.3%,人均GDP从230美元上升到9770美元,进入了中高收入国家行列。其经济成就来自改革开放,也基于人口红利、高储蓄率和投资率及稳定的宏观金融。但是不容忽视的是,随着中国各省GDP锦标赛、环境恶化和社会分化所造成的福利损失也在激增。世界银行出具的分析报告显示,2008年中国环境退化和资源消耗成本约占GDP的10%,其中空气污染占6.5%、水污染占2.1%、土壤退化占1.1%。中国已成为全球最大的碳排放国,空气污染造成早亡人数仅在2010年就达120万。中国必须从"发展是硬道理"升维到"可持续发展是硬道理"。

正如习近平主席在第75届联合国大会上说:"人类需要一场自我革命,加快形成绿色发展方式和生活方式,建设生态文明和美丽地球。"这也是我们看到的中国未来发展的内驱动力。自2015年签署《可持续发展2030议程》、2016年加入《巴黎气候变化协定》后,中国提出经济发展模式从高速度转向高质量,加大对社会福祉和环境保护的财政投入,引导且敦促企业和资本市场支持可持续发展,中国也在清洁能源、大气治理、扶贫助困等领域取得了显著成效。

2. 践行可持续发展目标的状况

中国外交部、国务院扶贫开发领导小组办公室联合发布了《消除绝对贫困——中国的实践》。报告指出,中国改革开放40多年来,已有7亿人摆脱贫困,对世界减贫贡献率超过70%。到2019年底,中国连续7年每年减贫1000万人以上,已基本消除区域性整体贫困,贫困人口从2012年底的9899万人降低到551万人,同期贫困发生率由10.2%降至0.6%。到2020年5月,中国832个贫困县中已有780个脱贫,贫困县农民人均可支配收入由6079元增加到11567元，年均增长9.7%。尽管面临疫情的严峻挑战，但中国提前10年完成了SDGs首项目标"无贫穷"。

在这场脱贫攻坚战里，以沪深300为代表的中国上市公司发挥了重要的作用。在本书的扶贫专题报告中，我们分析总结了上市公司扶贫实践情况及其社会价值贡献。研究表明，2019年沪深300成分股中披露参与扶贫的公司有九成，"义利99"上榜公司扶贫投入占比沪深300公司逾六成，其中20多家上市公司开展了海外扶贫项目。沪深300公司中，央企平均扶贫投入7361.92万元，远高于其他所有制企业；主要消费行业以平均1.76亿元的扶贫投入居所有行业之首。值得关注的是，中国上市公司凭借核心能力，通过产业扶贫、健康扶贫、教育扶贫等多种方式积极探索创新减贫脱困模式，注重资源统合与帮扶效果，2019年帮助超过84万名建档立卡贫困人口脱贫[①]。

3. 践行可持续发展的"义利99"

发现中国"义利99"评估的是A股上市公司的可持续发展价值，评估模型的数据标签、指标选取、权重设定和评分准则都与联合国17项可持续发展目标（SDGs）挂钩，评估宗旨也是为了通过激发市场主体的内在动力，推动达成可持续发展目标。我们从"义利99"代表的企业透视可持续发展目标的践行情况。

在本书的专题报告里，我们对沪深300公司SDGs实践案例做了梳理，并对认知和信披进行了建模分析。在沪深300成分股公司的公开披露信息中，约86%的表示对可持续发展的关注，约20%的明确关注SDGs，约12%的系统披露了SDGs的实践情况。其中，关注可持续发展的"义利99"上榜公司占95%，未上榜公司仅占81%；关注SDGs的"义利99"上榜公司占35%，未上榜公司仅占11%；系统披露SDGs实践情况的"义利99"上榜公司占25%，未上榜公司仅占5%。与上年相比，沪深300成分股践行可持续发

---

① 该数字由各家公司主动披露的数据加总得出。由于可能存在一名建档立卡贫困人口在多家企业帮扶下实现脱贫的情况，统计时或存在重复计算。

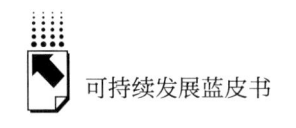

展的力度整体有大幅提升。从行业对比分析来看，中国公用事业行业对可持续发展最为关注，其次是金融行业，第三梯队为原材料、能源和可选消费行业。而可持续发展理念渗透度最低的是信息技术、医药卫生和地产行业。

借鉴国际影响力管理项目组织（IMP）的评估框架，我们对"义利99"中35家企业SDGs实践活动进行了目标挂钩和分类评估。这些企业对SDG1（无贫穷）、SDG9（产业创新和基础设施）、SDG12（负责任的消费和生产）这三项目标投入资源最多、推进成果最显著、披露信息也最详尽；对SDG3（良好的健康与福祉）、SDG4（优质教育）、SDG8（体面工作和经济增长）这三项目标，也结合主营业务开展了大量实践，但披露信息相对不足；而对SDG5（性别平等）、SDG6（清洁饮水和卫生设施）、SDG10（减少不平等）这三项目标，企业进行了类似于免责式的信息披露，较少超出自身业务和服务边界，尚未着手解决更大范围的问题。

2020年9月，社投盟专家团对中国建筑进行了深度访谈，对其践行可持续发展目标的动因、现状、成效及待改进之处进行了坦诚交流。以此为起点，社投盟将与伙伴合作，共同开展对"义利99"的专项调研，以更清晰地了解践行可持续发展的动态。

世界正值"百年变局"，也亟待进行"百年布局"。百年布局的起点，正是价值认知的锚点漂移。在配置要素资源时，价值判定需要从"单维经济"转向综合实力和社会影响。如果在第一个一百年，发展是硬道理；那么，在第二个一百年，可持续发展才是强逻辑。无数史实警示我们，经济繁荣的基石是和谐社会和绿色生态。失去了和谐与绿色，繁荣不过是昙花一现。

百年变局下的百年布局，不仅需要高瞻远瞩的国家战略，也需要践行义利并举的市场主体。"义利99"是中国企业的样本，它们正在放下"义利零和"的思维模式，创新"义利转化"的实践路径。"博时可持续发展100ETF"投资者也是可持续发展金融的先锋，它们正在终止短期利益追逐，在更大的空间内用更长的时间去做倍增价值的变现。

从看见、洞见、预见"义利99"中我们发现，对世界而言，中国是推进可持续发展目标的有效行动者和贡献者；对中国而言，"义利99"是推进可持续发展的先行者和创新者。世界的未来取决于我们的集体选择和快速行动。如果我们能超越短期利害之争，去聚焦可持续发展目标，变革资源配置体系，扎实做好长期推进工作，将为中国全面转向可持续发展带来良机。

参考文献

姚洋、〔美〕杜大伟（David Dollar）、黄益平主编《中国2049——走向世界经济强国》，北京大学出版社，2020。

联合国开发计划署、清华大学中国发展规划研究院、国家信息中心：《中国人类发展报告特别版——历史转型中的中国人类发展40年：迈向可持续未来》，中国出版集团中译出版社，2019。

中华人民共和国外交部、国务院扶贫开发领导小组办公室：《消除绝对贫困——中国的实践》，2020年9月。

《中国落实2030年可持续发展议程国别方案》，http://www.gov.cn/xinwen/2016-10/13/content_5118514.htm，2016年10月13日。

中国科学院：《地球大数据支撑可持续发展目标报告》，http://www.cas.cn/yw/201909/t20190929_4718585.shtml，2019年9月29日。

联合国：《2020可持续发展目标报告》，https://unstats.un.org/sdgs/report/2020/，2020。

UNCTA, "World Investment Report 2020," https://unctad.org/webflyer/world-investment-report-2020, 2020.

United Nations, "The Sustainable Development Goals Report 2020," 2020.

K. Krause, "Nature Keeping Track," *The International Journal of Science*, Vol. 577, No. 7788, 2 January 2020.

Jeremy Millard, "Impacts of COVID-19 on Social Development and Implications for the Just Transition to Sustainable Development," 4 August 2020.

Jeroen C. J. M. van den Bergh, "Externality or Sustainability Economics?" *Ecological Economics*, 2010（69）.

Michel Callon, "An Essay on Framing and Overflowing Economic Externalities Revisited by Sociology," Volume: 46 issue: 1_suppl, page(s): 244-269, 1 May 1998.

World Economic Forum, "The Global Risk Report 2020," https://www.weforum.org/reports/the-global-risks-report-2020, 2020.

行业篇

Industry Reports

B.2
2020年能源行业可持续发展价值评估报告*

李文 陶林林 邹佩芹

摘　要： 能源行业可持续发展价值评估得分在沪深300的11个行业中位列第一。本报告以沪深300中的10家能源公司为样本进行可持续发展价值分析，发现以下特点：强价值驱动，将可持续发展理念融入公司价值观；通过推进供给侧改革、创新商业模式、开展智能化建设和加强技术创新等方式推动产业转型升级；注重依法合规，打造责任供应链，实施负责任经营；通过强化安全管控、安全生产取得成效；通过清洁生产、综合利用实现节能降耗，强化碳减排措施，减少温室气体排放，

---

* 樊姝雅在数据收集、信息录入、资料整理过程中亦作出了贡献；唐艺嘉在数据收集、信息录入过程中亦作出了贡献。

大幅提升环境贡献。能源行业持续走低碳化、清洁化、高质量之路，是未来可持续发展方向。

关键词： 能源　负责任供应链　低碳环保　安全　可持续发展价值

一　能源行业概况

（一）能源行业界定

中证指数有限公司行业分类标准下的能源行业涉及煤炭、石油和天然气这三大常规能源。根据中证行业分类（见表1），2020年A股上市能源公司有80家，45%与煤炭业务相关，其余为石油和天然气相关公司；沪深300上市公司中，能源公司仅10家，其中5家是煤炭公司；"义利99"上榜能源公司共7家，其中4家是煤炭公司。

表1　2020年能源行业上市公司分类分布情况

一级行业	二级行业	三级行业	四级行业	A股	沪深300	"义利99"
能源	能源	能源开采设备与服务	石油与天然气钻井	2	0	0
			石油与天然气开采设备与服务	21	3	1
		石油与天然气	综合性石油与天然气行业	2	2	2
			石油与天然气的勘探与生产	6	0	0
			石油与天然气的炼制与营销	10	0	0
			石油与天然气的储存与运输	3	0	0
		煤炭	煤炭	36	5	4

资料来源：中证指数，社投盟整理。

（二）我国能源行业概况

我国能源禀赋相对较差，具有"富煤、缺油、少气"的特点，生产消费活动过度依赖煤炭，石油和天然气自给率不足。2011年以来，我国能源需求增长迅猛，生产和消费总量呈指数级增长，已成为全世界最大的能源消费国。2019年我国一次能源消费总量为141.7EJ，[①] 较2018年上升4.4%，占世界能源消费总量的24.3%。[②] 目前，我国能源行业正处于转型升级时期——能源发展方式从粗放型向集约型转变，运输和配置系统向互联化、智能化、高技术化改进。与2000年相比，能源消费结构进一步优化，2019年煤炭消费占比下降11.99个百分点，但仍占据我国主要消费能源地位，天然气、核能、水电、可再生能源等清洁能源消费占比显著上升（见图1、图2）。

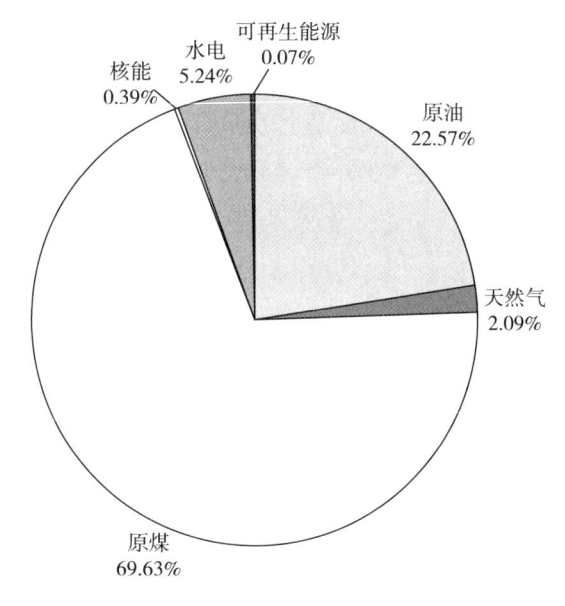

图1 2000年我国能源消费结构

资料来源：BP能源统计，社投盟整理。

近年来，我国能源行业大力加强节能技术攻关，努力提高能效水平，节能降耗不断取得新成效，单位GDP能耗持续下降。2019年全国亿元国内生产总值能耗较2018年下降2.8%（见图3）。

[①] 1EJ（Exajoules）= 10^{18} 焦耳。
[②] 以上数据均来源于《2020年BP世界能源统计年鉴》。

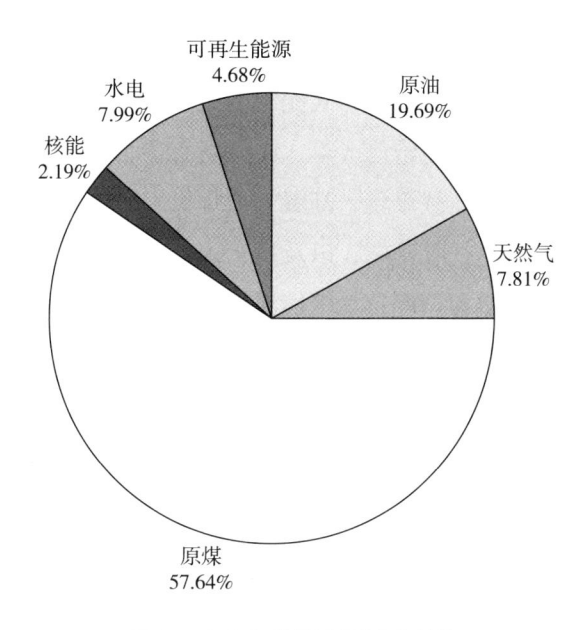

图 2　2019 年我国能源消费结构

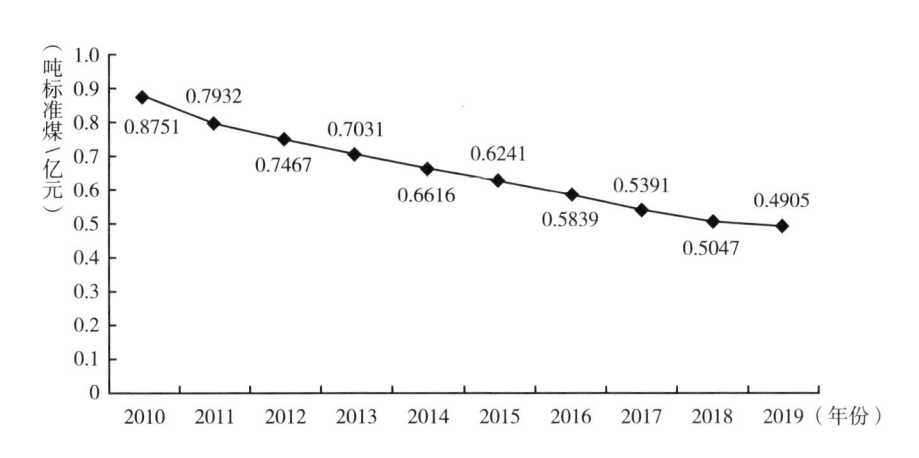

图 3　2010~2019 年我国亿元国内生产总值能耗

资料来源：国家统计局，社投盟整理。

（三）能源行业相关政策

党的十八大以来，面对国际能源发展新趋势、能源供需格局新变化，我国坚持绿色发展理念，大力推进生态文明建设，颁布了一系列的配套能源政策：优化能源开发布局、发展分布式能源网络，构建多能互补、供需协调的智慧能源系统；推动能源供给侧改革，淘汰落后产能；推进煤炭消费减量、油品质量升级，拓展天然气市场，开展电力替代工程，提高可再生能源的电力消纳量；加快电网、油气管网，以及煤、油、气储备应急设施等能源基础设施建设，优化能源资源调配；加强能源科技创新能力建设，推动重点技术及装备研发，加快科研成果转换；完善现代能源市场，推进能源价格改革；加强能源治理建设，实现能源公共管理体系独立（见表2）。

表2 我国能源行业近年来相关政策

时间	政策文件	
2014年6月	《能源发展战略行动计划(2014~2020年)》	
2016年3月	《能源技术革命创新行动计划(2016~2030年)》	
2016年12月	"十三五"系列政策	《能源发展"十三五"规划》
		《煤炭工业发展"十三五"规划》
		《石油发展"十三五"规划》
		《天然气发展"十三五"规划》
		《电力发展"十三五"规划》
		《可再生能源发展"十三五"规划》
2017年6月	《加快推进天然气利用的意见》	
2018年2月	《国家发展改革委 国家能源局关于提升电力系统调节能力的指导意见》	
2018年4月	《智能光伏产业发展行动计划(2018~2020年)》	
2018年7月	《电力行业应急能力建设行动计划(2018~2020年)》	
2018年8月	《国务院关于促进天然气协调稳定发展的若干意见》	
2019年2月	《石油天然气规划管理办法(2019年修订)》	
2019年4月	《国家能源局关于印发〈能源标准化管理办法〉及实施细则的通知》	
2019年5月	《国家发展改革委 国家能源局关于建立健全可再生能源电力消纳保障机制的通知》	
2019年5月	《国家能源局关于2019年风电、光伏发电项目建设有关事项的通知》	
2019年5月	《国家标准化管理委员会 国家能源局关于加强能源互联网标准化工作的指导意见》	
2020年1月	《关于促进非水可再生能源发电健康发展的若干意见》	
2020年2月	《关于加快煤矿智能化发展的指导意见》	
2020年4月	《关于加快推进天然气储备能力建设的实施意见》	
2020年6月	《国家发展改革委 国家能源局关于做好2020年能源安全保障工作的指导意见》	
2020年6月	《2020年能源工作指导意见》	

资料来源：中国政府网、国家发改委、国家能源局，社投盟整理。

二 能源行业可持续发展价值评估

可持续发展价值评估是根据社投盟牵头研发的3A模型，从目标丨驱动力、方式丨创新力和效益丨转化力三个维度进行综合评估，以沪深300上市公司为样本，衡量其经济、社会、环境综合贡献。能源行业上榜公司（简称"上榜公司"）是指沪深300成分股中进入2020年"义利99"榜单的能源公司。2020年能源行业评分情况如下。

10家公司进入"沪深300"（占比3.33%）。

7家公司上榜"义利99"（行业内部上榜率70%，全行业第1）。

9家公司发布独立社会责任报告。

0家公司被筛选子模型剔除。

数据完备度82.69%。

可持续发展价值得分率63.77%，排名第1。

目标丨驱动力平均得分率73.00%，排名第2。

方式丨创新力平均得分率68.70%，排名第1。

效益丨转化力平均得分率59.77%，排名第1。

评估亮点：价值驱动、技术创新、管理创新、环境贡献排名第1，模式创新、社会贡献排名第2。

评估暗点：业务驱动排名第8。

可持续发展价值前三公司：①中国石化（600028.SH）；②中国神华（601088.SH）；③中国石油（601857.SH）。

可持续发展价值升幅前三公司：①中国石化（600028.SH）；②中海油服（601808.SH）；③中国神华（601088.SH）。

通过对评分数据的分析，我们发现能源行业的可持续发展价值评分具有以下特征。

（一）价值驱动得分高，战略和业务驱动相对稳定

能源行业的目标丨驱动力得分率为73.00%，在11个行业中位列第2。

从目标丨驱动力下 3 个二级指标的得分情况看（见图 4），近三年价值驱动得分率持续上升，2020 年较沪深 300 高 12.53 个百分点，位列行业第 1；战略驱动得分率先升后降，2020 年较沪深 300 高 0.06 个百分点，位列行业第 6；业务驱动得分率持续下降，2020 年较沪深 300 低 3.22 个百分点，拉低了目标丨驱动力的总体得分。

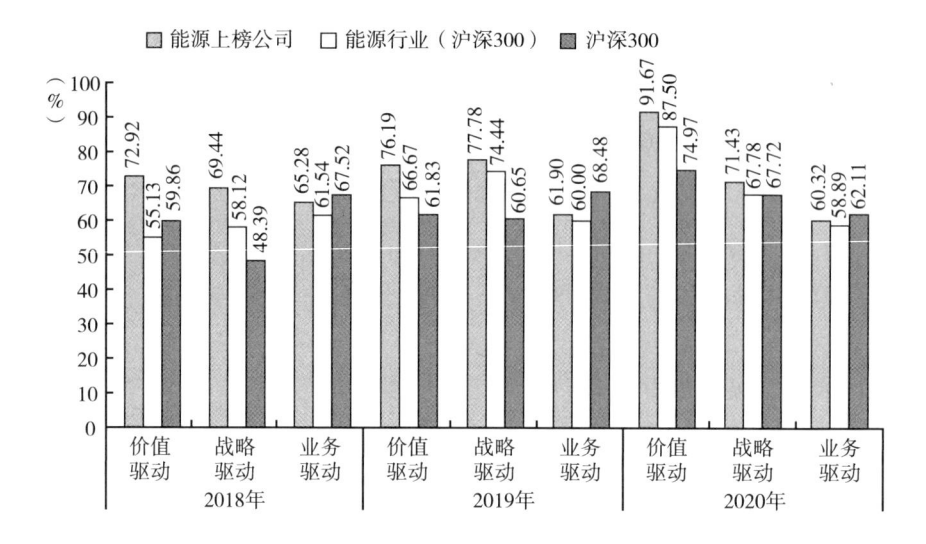

图 4 2018~2020 年能源行业目标丨驱动力二级指标得分率情况

（二）技术和模式创新取得进步，管理创新在各行业中仍保持领先地位

能源行业的方式丨创新力得分率为 68.70%，位列行业第 1。从方式丨创新力下 3 个二级指标的得分情况看（见图 5），技术创新优势显著，近三年得分率逐年上升，2020 年比沪深 300 高 21.65 个百分点，位列行业第 1；模式创新得分率在 2020 年大幅上升，比沪深 300 高 9.61 个百分点，位列行业第 2；管理创新得分率略有下滑，但仍为方式丨创新力下得分最高的二级指标，比沪深 300 高 9.55 个百分点，位列行业第 1。

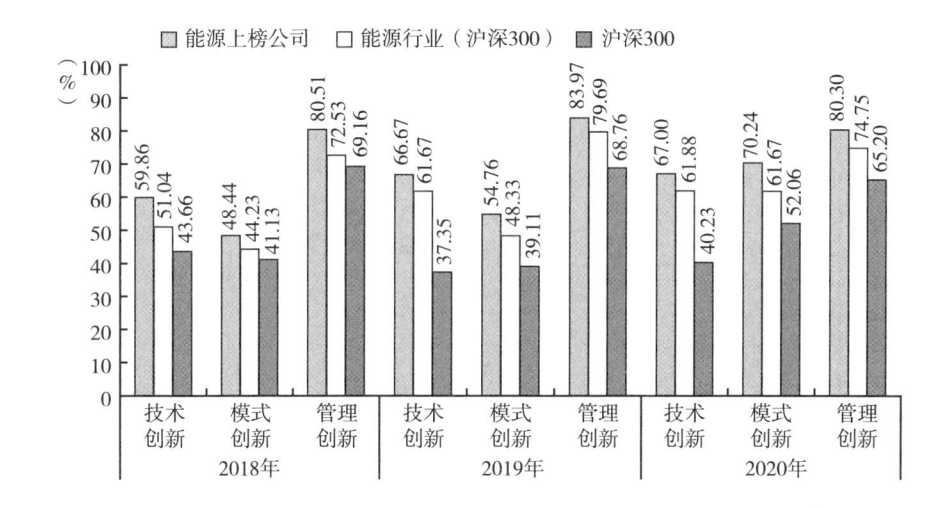

图 5 2018~2020 年能源行业方式Ⅰ创新力二级指标得分率情况

资料来源：社投盟。

（三）社会贡献得分率回升，员工权益保障优势明显

能源行业效益Ⅰ转化力下社会贡献二级指标得分率为 70.73%，比沪深 300 高 5.68 个百分点，位列行业第 2。从社会贡献下的三级指标来看，客户价值得分率较沪深 300 低 1.55 个百分点；安全运营于 2020 年重回得分率最高的三级指标，尽管得分率仍略低于沪深 300 平均，考虑到行业本身有较大的安全风险，能源行业在安全运营方面取得的进步不容小觑。员工权益得分率逐年上升，2020 年比沪深 300 高 15.39 个百分点，行业优势明显。合作伙伴得分率也保持逐年增长，2020 年上涨 5.56 个百分点，比沪深 300 高 6.48 个百分点。公益贡献得分率先降后升，2020 年上涨 10.05 个百分点，且比沪深 300 高 8.66 个百分点（见图 6、表 3）。

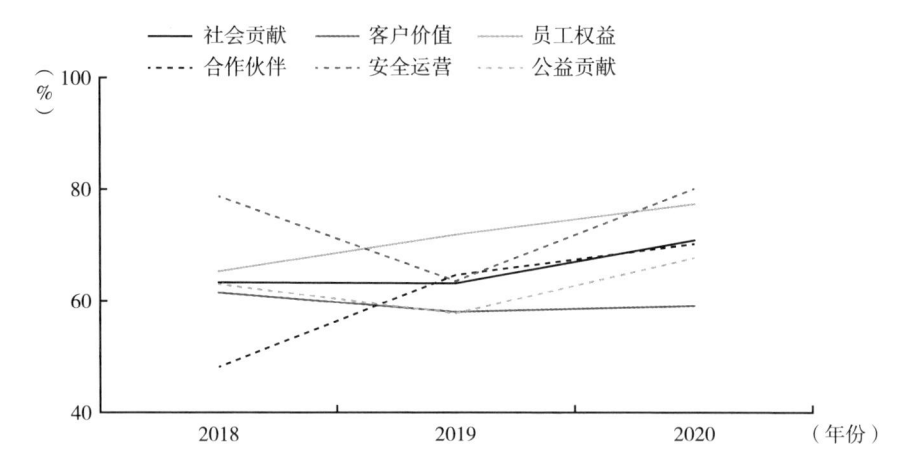

图6 2018~2020年能源行业效益 | 转化力下社会贡献及其三级指标得分率情况

资料来源：社投盟。

表3 2020年能源行业社会贡献得分率

单位：%

评估对象	客户价值	员工权益	合作伙伴	安全运营	公益贡献
能源上榜公司	63.29	88.10	71.43	84.13	73.65
能源行业	58.89	77.22	70.00	80.00	67.55
沪深300	60.44	61.83	63.52	80.59	58.89

资料来源：社投盟。

（四）环境贡献大幅提升，污染防控表现突出

能源行业效益 | 转化力下环境贡献二级指标得分率为63.14%，比沪深300高12.93个百分点，位列行业第1。从环境贡献下的三级指标来看，近三年污染防控得分率逐年上升，2020年升至96.25%，在该指标沪深300总体大幅提升的情况下，能源行业仍保持了24.87个百分点的领先优势，污染防控治理表现突出。生态气候得分率较2019年略有提高，比沪深300高32.63个百分点，能源行业在应对气候变化和保护生态多样性方面采取了卓有成效的行动。环境管理得分率2020年上升至62.62%，比沪深300高

9.09个百分点。资源利用得分率相对较低,但近年来持续上升,比沪深300高8.83个百分点(见图7、表4)。

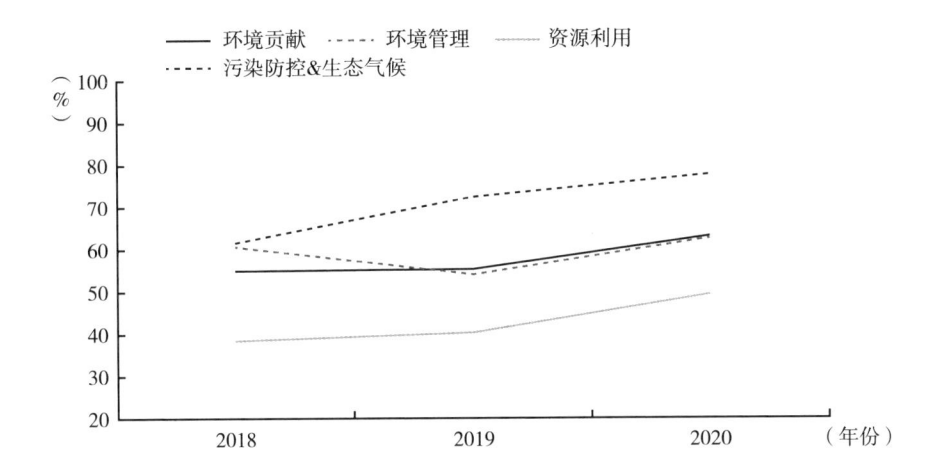

图7 2018~2020年能源行业效益|转化力下环境贡献及其三级指标得分率情况

资料来源:社投盟。

表4 2020年能源行业环境贡献得分率

单位:%

评估对象	环境管理	资源利用	污染防控	生态气候
能源上榜公司	62.24	63.84	94.64	71.43
能源行业	62.62	49.38	96.25	59.38
沪深300	53.53	40.55	71.38	26.75

资料来源:社投盟。

值得一提的是,能源行业在环境贡献指标下的数据完备度领先沪深300高达20.86个百分点(见表5)。能源行业本身环境风险较高,污染排放和应对气候变化等环境问题也是能源公司利益相关方最为关切的议题之一。这表明能源公司更加注重环境业绩改善和相关信息披露,以响应各方关切。

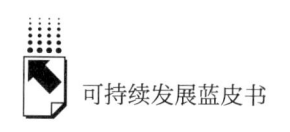

表5　2020年能源行业环境贡献数据完备度

单位：%

评估对象	环境贡献	环境管理	资源利用	污染防控	气候变化
能源上榜公司	83.93	69.64	76.79	100.00	89.29
能源行业	76.88	66.25	61.25	100.00	80.00
沪深300	56.02	55.29	50.42	73.86	44.50

资料来源：社投盟。

三　能源行业可持续发展特征及贡献

（一）转型升级：高质量发展和智能化建设

为应对传统化石能源产能过剩、能源系统整体效率较低、能源清洁替代任务艰巨等问题，我国能源公司采用多种方式和举措，推动产业转型升级。

1. 产品质量升级，多元协同发展

沪深300能源公司响应国家能源供给侧结构性改革政策，通过对自营业务的结构性调整，促进产品质量升级、实现各业务板块多元协同发展。

煤炭公司采取的行动主要有淘汰落后产能、进一步发展煤炭清洁化生产和高质量煤化工产品生产、"煤电一体化"协同以及煤机装备技术升级等。在煤炭开采、生产业务方面，上榜4家煤炭公司均进行了低碳化、清洁化生产改革；拥有煤化工业务的兖州煤业、中煤能源明确披露煤化工产品高质量发展，向高端精细化过渡的相关措施；拥有煤电业务的中国神华、中煤能源推动"煤电一体化"项目建设，提高煤炭就地转化比例。

油气公司采取的行动主要有推动油品质量升级、大力发展天然气以及优质石油化工产品、发展油气开采生产技术等。上榜的3家油气公司中，拥有油气勘探开采业务的中国石化、中国石油加强高质量勘探开发，天然气产量比例不断提高，中国石化还加快布局高性能碳纤维、高端合成材料等领域，促进石化产品环保、低碳、高端化升级；拥有油气勘探开采技术业务的中海油服通过加强核心产品技术攻关，助力其他公司的油气勘探开采业务清洁高效进行。

部分能源公司还通过发展新能源来调整业务结构。沪深300能源公司中，有5家已经发展了新能源相关业务，其中4家是上榜公司。例如，中国石化2019年光伏发电量达692万千瓦时，生产氢气超过300万吨；响应发展新能源汽车的政策，加快充换电站等配套设施建设，2019年建成12座充换电站，为新能源汽车供电超过620万千瓦时。

2. 创新商业模式，寻求新增长点

能源公司在商业模式上的创新总体呈现"一体化运营，精益化营销，多业态融合"的特点。在一体化运营方面，推进"产学研用"联合攻关模式，强调产业链一体化，加强产销衔接，提升物流效率，实现物流、现金流、信息流"三流"融合，单一技术服务和一体化作业服务并存；在精益化营销方面，稳定基础产品市场（商品煤、成品油等），拓展高端产品市场（优质煤化、煤电、石化产品），精准实施市场行动，采取差异化营销策略；在多业态融合方面，部分能源公司如中国石化、中国石油布局多能源综合服务，如终端销售采用"加油+加氢+加电"模式，发展非油业务，如餐饮、便利店、电商平台、金融服务等，通过将多种业态与主营业务有机整合，探索公司业务新的增长点。

3. 开展智能化建设，生产提质增效

能源公司的智能化建设主要体现在对能源开采、加工及利用全链条的数字化、智能化改造，对生产监测、管理和调度体系的网络化改造，建设市场导向的生产计划决策平台与智能化信息管理系统，完善生产安全及排放监测体系，以互联网手段促进能源供需高效匹配、运营集约高效，实现能源绿色、清洁和高效生产。[①] 沪深300能源公司均进行了不同程度的智能化建设，其中油气公司的智能化建设主要体现在智能油气田、智能运输管网、智

---

① 国家发展改革委员会等：《关于推进"互联网+"智慧能源发展的指导意见》，中国政府网，2016年2月24日。

能炼化工厂的建设等，煤炭公司的智能化建设主要体现在推广无人开采技术，建设智能化煤矿、智能化铁路运输、智能化产供销平台等，部分能源公司还完成了 ERP 系统建设、智慧销售平台建设以及物联网系统建设等。

4. 加大科研投入，强化成果转化

为实现《能源技术革命创新行动计划（2016～2030 年）》的目标，能源公司通过加大科研投入、创设科研平台、培养科研人才、强化关键技术成果转化等措施，支持公司自身高质量发展，驱动产业转型升级。

在研发投入方面，大部分上榜公司科研投入高于未上榜公司，油气公司研发投入总体高于煤炭公司。中国石油和中国石化两家公司规模优势极为明显，研发投入金额远远领先其他 8 家能源公司（见图 8）。煤炭公司总体增长率较 2018 年更高，反映出煤炭公司在转型升级过程中日益重视技术研发。

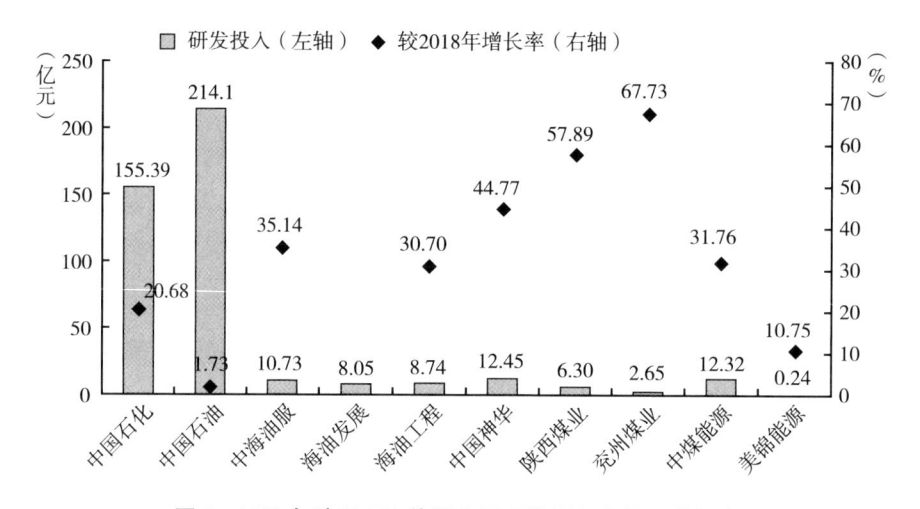

图 8　2019 年沪深 300 能源公司研发投入金额及增长率

注：海油发展 2019 年第一次发布年报，缺少 2018 年数据，故不计算增长率。
资料来源：公司年报，社投盟整理。

从科研成果来看，如图 9 所示，沪深 300 能源公司均通过成立科研平台，开展科研项目，取得专利授权和科研奖项，实现关键技术突破，部分公司还参与制定国内、国际行业标准，为我国能源行业提升业态影响力。

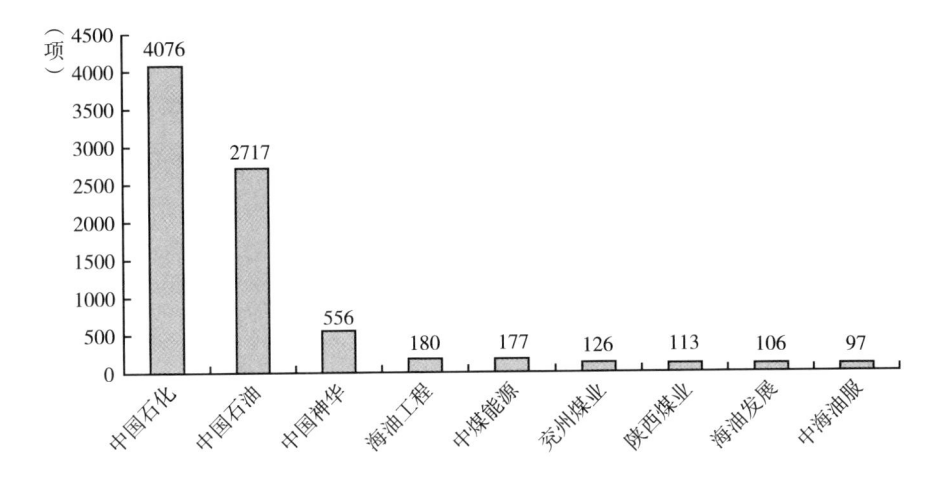

图9 2019年沪深300能源公司新增专利授权数

资料来源：公司年报，社投盟整理。

（二）责任管理：合规运营和供应链合作

能源公司通过建设完善的合规管理体系，以及对供应链合作方进行全方位责任要求，真正做到负责任、可持续经营。

1. 规范化管理，建设依法合规公司

在合规风险识别方面，沪深300能源公司在其报告中均不同程度地提及舞弊与腐败、财税风险、信息公开、反垄断与反不正当竞争、跨境交易与反洗钱、海外合规风险、知识产权风险等（见图10），其中，中国石化和中国神华的合规风险识别最为完整。舞弊与腐败风险和财税风险是沪深300能源公司最关注的问题，公司分别通过开展反腐倡廉治理行动和加强内部审计监督来应对这两项风险。拥有海外业务的中国石化、中国石油、中海油服等公司也针对海外合规风险进行了识别和应对，例如中海油服向境外机构派驻合规监督员，完善境外合规监督体制并组织员工签订合规承诺书。然而，10家能源公司中仅有3家披露了知识产权风险，随着能源技术的不断发展，各公司科研成果的不断更新，知识产权管理将成为能源公司合规管理中重要的一部分，需要引起重视。

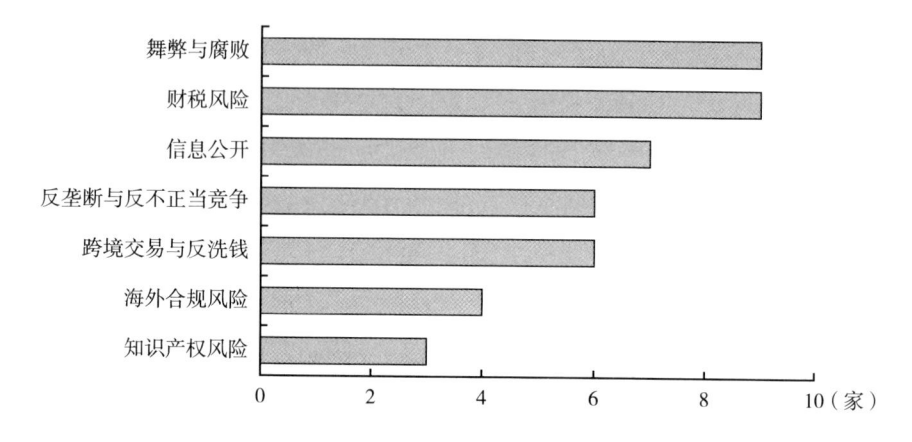

图10 2019年沪深300能源公司合规风险识别情况

资料来源：公司社会责任报告，社投盟整理。

在合规工作开展方面，沪深300能源公司均开展了党风廉政建设，有7家公司开展了合规培训或廉洁教育，有6家开展了内部合规排查或第三方调查，有5家编制了员工合规行为准则，有5家开设了投诉或举报平台以加强群众监督，有4家对公司信息公开的工作机制进行了详细披露。

2. 全方位管理，打造责任供应链

能源公司除了对自身责任进行管理之外，还对供应链中的合作方从资质、合规、安全和环境管理等方面提出了全方位的标准和要求，运用自身能力和资源对供应商、承包商展开教育培训、经验分享和战略合作，促使供应商、承包商在不断提高产品和服务质量的同时，提高安全环保意识，与合作方共同打造负责任供应链。

沪深300的10家能源公司中，有9家披露了供应链管理相关措施，有5家明确披露供应链管理绩效，其中4家为上榜公司；在供应链管理信息披露方面，油气公司总体好于煤炭公司；有5家还明确提及了对供应商的健康、安全或环境管理，其中4家为上榜公司；有6家为供应链合作伙伴提供了教育培训、经验分享或沟通协作平台等支持，其中5家为上榜公司。

在管理措施方面，能源公司倡导"阳光采购、责任采购"理念，将健康、安全、环保、诚信理念融入供应链管理体系，在采购前对供应商进行实地调研，要求供应商提供质量、环境及职业健康安全等认证证书，优先采购在生产安全和绿色环保方面做得较好的供应商，成立供应商定期考评体系。部分公司还聘请第三方专家或机构评定供应商资质，对发现质量、安全、环保、诚信、腐败等问题的违规供应商进行处罚或清退处理。在管理效果上，进行披露的公司总体实现了对供应商100%评估，供应商资质基本达标。违规的供应商、承包商受到了相应的处罚。

（三）安全运营：生产安全与职业健康

有效管控重点领域和关键环节的安全风险、保障职工的健康安全，是能源行业持续健康发展的基础。在沪深300的10家能源公司对于公司价值观的陈述中，有7家着重强调了安全理念，体现其对安全管理的重视，其中6家为上榜公司，如中国石化坚守"发展决不能以牺牲安全为代价"，中国神华秉持"一切风险皆可控制，一切事故皆可避免"的理念。以沪深300能源公司为样本，我们观察到能源公司主要在以下两个方面进行了安全管理。

1. 强化安全管控，严防事故隐患

能源行业安全风险较高，但是能源公司通过建设完善的安全管理体系和安全风险管控机制，在防止安全事故、排查安全隐患方面卓有成效。

在安全管理方面，各公司都形成了独特的管理体系，如中国神华形成"总部监管、公司负责、齐抓共管、全员参与"的三级安全管理体系，陕西煤业完善NOSA五星安健环综合风险管理体系，中国石化形成HSSE（健康、安全、公共安全、环境）管理体系。在安全风险管控方面，能源公司普遍注重安全责任落实、风险隐患预防、职业环境危险因素排查和应急演练。

在沪深300能源公司中，煤炭公司安全投入水平总体高于油气公司，侧面反映出煤炭公司的安全责任更为重大，近些年来也更受重视。多家上榜煤炭公司有较好的安全绩效，例如中国神华、中煤能源2019年实现煤炭生产百万吨死亡率为0；中煤能源13处矿山达到国家一级安全生产标准化水平，

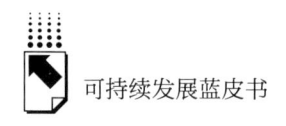

3家化工厂达到国家二级安全生产标准化水平；陕西煤业实现瓦斯"零超限"、煤层"零突出"、冲击"零事故"，排查隐患整改率为99%。

2. 保障职工安全，关爱职业健康

生命安全和职业健康保障是员工的基本权益。为此能源行业着重开展员工安全培训、职业健康管理和心理健康疏导等活动。沪深300能源公司中有9家开展了各类安全培训、安全竞赛，帮助员工提升安全素质，树立正确的安全价值观，7家上榜公司全部在列。在职业健康管理方面，各公司确保了作业场所定期检测和职业健康体检。其中，10家公司中有4家员工职业健康检查率超过99%，均为上榜公司；有5家体检健康档案覆盖率达到100%，其中4家为上榜公司；有6家对员工开展了心理健康疏导，其中5家为上榜公司。

同时，能源公司还从源头对职业病危害因素进行排查，在生产过程中严格把控，规范职工管理，完善防护装备。以兖州煤业为例，公司通过多种方式告知员工职业病的危害因素，将员工职业卫生信息纳入职业卫生信息系统进行统一管理，并为可能受到职业健康危害的员工配备符合国家和公司要求的劳动防护用品，定期开展职业病体检。2019年公司职业病发生人数为0，职业健康体检筛查覆盖率100%。

（四）环保贡献：清洁生产与节能减排

随着全球对环境保护的日益重视，建设清洁绿色公司已成为能源行业的共识，我们观察到能源公司主要在以下3个方面做出了环保贡献。

1. 引领能源变革，发展清洁产品

能源作为众多行业的上游行业，通过提供更清洁的能源产品，从供给端改善下游产业的污染排放问题。煤炭公司聚焦生产低硫煤等更清洁的商品煤；油气公司一方面加大天然气开发投入、提升非常规天然气的占比，另一方面为社会提供清洁优质油品和绿色高性能化工产品，同时积极发展新的清洁能源。以中国石化为例，公司2019年生产天然气296.7亿立方米，其中生产页岩气73.43亿立方米；推广利用餐厨废弃油脂加工的B5

生物柴油，全年累计销售35.2万吨；自主研发的生物航煤已实现商业载客飞行，成为中国首家拥有生物航煤自主研发生产技术的公司；相继在广东、浙江、上海等地建成4座油氢合建站，实现了油、氢、电能源的一体化供给。

2. 推广综合利用，实现节能降耗

能源行业生产过程中需要消耗的资源可分为综合能源、水资源、物料和土地资源四大类，其中综合能源可细分为原煤、原油、天然气和电气等。能源公司十分重视节能降耗，已上榜的7家公司都披露了详细的节能降耗措施。

以中国石化为例，在能耗管理方面，实施"能效提升计划"，全系统完成国家第六阶段油品质量升级任务，控制煤炭消耗总量与能源强度，关停与淘汰小型燃煤锅炉，持续推进大气污染源达标排放，2019年万元产值综合能耗同比下降0.4%；在水资源管理方面，实施严格的用水计划和目标管理，推进新鲜水资源替代工作，加大推进公司污（废）水回用力度等；在物料消耗管理方面，加大液袋等环保型包装的使用力度，协同地方环保部门，推进废桶清洗、废油回收等业务开展；在土地资源管理方面，对大部分不征用的土地严格按照国家有关规定进行复垦，退还农民耕种，创新"母子井场"布井方式等。

部分能源公司的节能降耗措施取得了较好的成效。2019年，沪深300能源公司中有2家综合能耗下降，均为上榜的煤炭公司，其中陕西煤业下降了32.91%，节能降耗成效显著（见图11）；有4家减少了水资源消耗，均为上榜公司，其中1家为煤炭公司。

3. 降低污染排放，发展碳回收与交易

能源公司在生产能源的过程中，会排放出大量的废水、废气、固体废弃物和温室气体。对此，能源公司通过了一系列措施降低环境污染和温室气体排放。

在废水管理方面，公司遵守排放法规，通过升级改造污水、实施节能项目等进行废水排放管理；在废气管理方面，公司主要从制定减排目标、

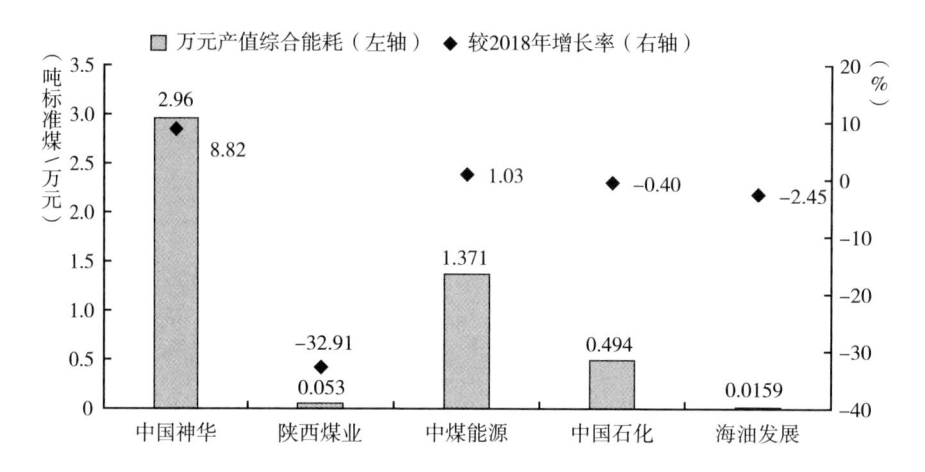

图 11　2019 年部分沪深 300 能源公司万元产值综合能耗及增长率

资料来源：公司年报，社投盟整理。

现场审核指导废气排放和环保设施升级改造等方面进行减少有害气体的排放；在固定废弃物管理方面，煤炭公司如兖州煤业通过开展井下煤矸分离、充填开采技术的研究与应用，从源头减少煤矸石排放，同时将煤矸石用于发电、建材制造、建设回填及土地复垦等方面，使煤矸石得到充分的利用。

能源行业整体对污染排放的管理效果较为显著，例如中国石油排放的化学需氧量下降 4.8%，氨氮总量下降 13.4%；中国石化公司固体废弃物产生量同比减少 5.1%，综合利用率同比增加 5.7%，危险废弃物妥善处理处置率达 100%。

在二氧化碳等温室气体的回收与利用方面，规模较大的公司如中国神华、中国石化和中国石油都十分注重碳捕集、利用与封存（CCS/CCUS）。以中国神华为例，旗下公司二氧化碳捕集、利用和封存全流程示范项目正式开工，整体性能指标达到国际领先水平，项目分离出的工业级液态二氧化碳通过球罐储存，可应用于油田驱油、咸水层封存等工业方向，推进环境效益与社会效益的同步提升。

部分上榜公司注重发展碳交易与碳资产管理，有 4 家公司披露参与碳交易,且近年都在严格按照试点市场规则开展交易,展开相关培训,完成碳配额履约任务等。以兖州煤业为例,公司密切关注全球气候变化和对公司可持续发展所造成的长远影响,努力提升碳排放管理能力,减少化石能源的使用,促进循环经济,为应对气候变化做出贡献;还委派专人负责,开展碳管理、碳盘查、碳交易和气候变化相关讲座与培训,为深入开展系统化的碳排放管理奠定基础。

四 能源行业可持续发展价值展望

我国未来对能源的需求量仍然较大,但由于资源禀赋、发展阶段与市场约束,太阳能、风能和生物质能的商业化在当前技术水平下仍难以实现大规模替代。我国中长期内仍要依赖以煤炭、油气为主的化石能源。以"义利99"上榜公司为代表的能源公司,不仅仍将是国民经济发展的重要支柱,还将在应对气候变化、环境保护、提升社会福祉等方面发挥重要作用。

2020年是"十三五"规划收官之年,也是众多能源公司战略规划的一个重要时间节点。能源行业在我国政策导向和市场力量共同促进下,向多元、清洁、低碳、高效转型变革取得了有效进展,公司的可持续发展水平与综合竞争力得到不断提升。

未来我国能源结构向清洁化、低碳化和可再生方向转变是必然趋势,尤其是我国进一步提出的"2030年前达到二氧化碳排放峰值,2060年前实现碳中和"目标,对于传统能源企业而言无疑是更大的挑战。因此,能源公司需要进一步加快自身的产品、业务结构和运营模式的转型,加大对清洁能源的投入,加强能源勘探、开采及产品生产相关技术的研发,提高风险管理水平。能源公司还需加强数字化、智能化建设,以实现更加高效的能源资源调配和集约化运营,减少生产过程中安全事故的发生,提升应急响应能力,在更高层次上实现可持续发展。

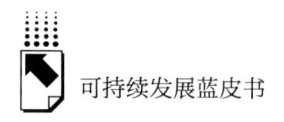

参考文献

BP p. l. c., "Statistical Review of World Energy 2020 (69th edition)," June 2020.

国家发展改革委员会、国家能源局:《能源发展"十三五"规划》,2016年12月。

国家统计局:《能源发展实现历史巨变　节能降耗唱响时代旋律——新中国成立70周年经济社会发展成就系列报告之四》,2019年7月18日。

国家发展改革委员会、国家能源局:《能源技术革命创新行动计划(2016~2030年)》,2016年3月。

德勤:《依法治企,合规经营——国企改革系列白皮书之六》,2017年3月27日。

B.3
2020年工业行业可持续发展价值评估报告*

陶林林　巫佳琦　李扬

摘　要： 工业行业是国民经济发展的支柱产业，其可持续发展价值不容忽视。工业行业总体在2020年"义利99"榜单中居第3位。本报告以沪深300中的52家工业公司为样本进行可持续发展价值分析，评估结果表明，我国工业行业综合能耗逐步下降、能源消费结构逐渐优化；各工业公司通过技术创新促进本行业的转型升级；工业行业在安全运营方面表现出众；员工权益保障的全面性与盈利能力有较强的正相关性；工业行业在供应链管理上持续发力，发挥出工业行业的社会基础性作用。

关键词： 工业　综合能耗　创新　安全　供应链　可持续发展价值

一　工业行业概况

（一）工业行业界定

工业主要指原料采集与产品加工制造的产业或工程。

---

* 苏霭欣在数据收集、信息录入过程中亦作出了贡献。

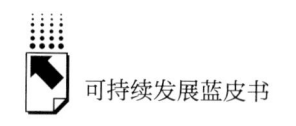

根据中证指数公司行业分类标准，工业行业下设 3 个二级分类、13 个三级分类和 35 个四级分类（见表 1）。截至 2020 年 7 月 31 日，A 股上市公司中，共有 1022 家工业公司；沪深 300 中，有 52 家为工业公司，约占 17.33%，其中有 19 家进入 2020 年"义利 99"榜单。

表 1　工业行业上市公司子行业分布情况

单位：家

一级行业	二级行业	三级行业	四级行业	A 股	沪深 300	"义利 99"
工业	资本品	航空航天与国防	航空航天与国防	61	6	0
		建筑产品	建筑产品	33	0	0
		建筑与工程	土木工程	59	9	6
			建筑装修	25	0	0
			园林工程	16	0	0
		电气设备	电气部件与设备	131	4	2
			重型电气设备	4	0	0
			新能源设备	88	5	3
		工业集团企业	工业集团企业	5	0	0
		机械制造	通用机械	119	2	1
			工程机械	24	3	1
			商用货车	1	0	0
			农用机械	4	0	0
			铁路设备	13	1	1
			船舶制造	9	2	0
			其他机械设备	127	1	0
		环保设备、工程与服务	环保设备	24	0	0
			环保工程	8	0	0
			环保服务	52	0	0
	商业服务与用品	商业服务与用品	商业印刷	13	0	0
			市场服务	9	1	0
			办公服务与用品	3	1	0
			工业品贸易	39	0	0
			其他商业服务	43	0	0

续表

一级行业	二级行业	三级行业	四级行业	A股	沪深300	"义利99"
工业	交通运输	航空货运与物流	航空货运	1	0	0
			物流	34	4	1
		航空公司	航空公司	7	5	1
		航运	航运	11	1	1
		道路运输	铁路运输	5	2	0
			公路运输	7	0	0
			公共交通	4	0	0
		交通基本设施	机场	4	2	0
			高速公路	21	0	0
			铁路	0	0	0
			港口	18	3	2

资料来源：中证指数，社投盟整理。

（二）我国工业行业现状

近年来，在复杂的国内外发展环境下，我国工业总体保持了良好发展形势。工业增加值和工业制成品出口额逐年增加，但规模以上工业企业[①]的利润总额呈减少趋势。

由图1可知，2016年以来，我国工业[②]增加值逐年上升，2019年工业增加值占国内生产总值（按当年价格计算）的32%，为31.71万亿元，同比增长5.70%，增速与2017年、2018年相比均小幅下降。另外，我国工业制成品出口额2016~2019年处于增长的趋势，在2019年达到了2.37万亿美元（见图2）。

从规模以上工业企业指标来看（见图3、图4），2019年我国共有372822家规模以上工业企业，较2018年下降1.48%；在经济效益上，2019

---

① 根据国家统计局，全国规模以上工业企业统计范围自2011年起是指年主营业务收入在2000万元及以上的工业企业。
② 根据《2019中国统计年鉴》，国家统计局统计数据中的"工业"是指从事自然资源的开采，对采掘品和农产品进行加工和再加工的物质生产部门。

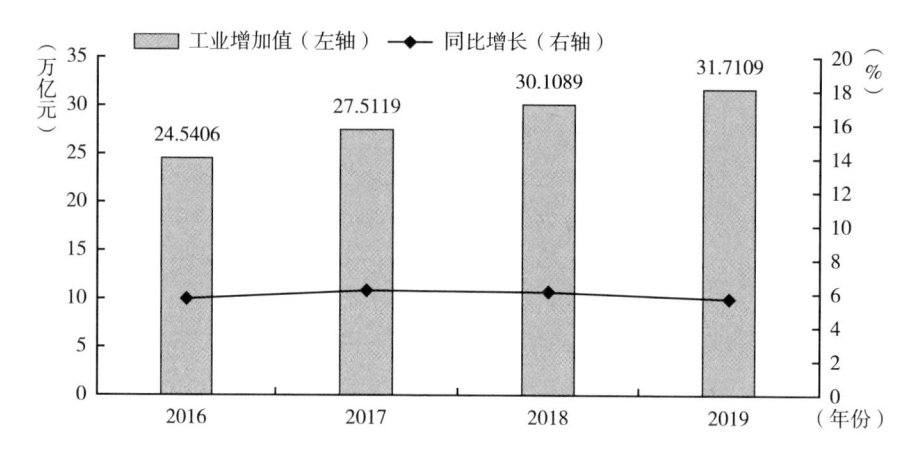

图 1　2016～2019 年我国工业增加值及年度变化率

资料来源：国家统计局，社投盟整理。

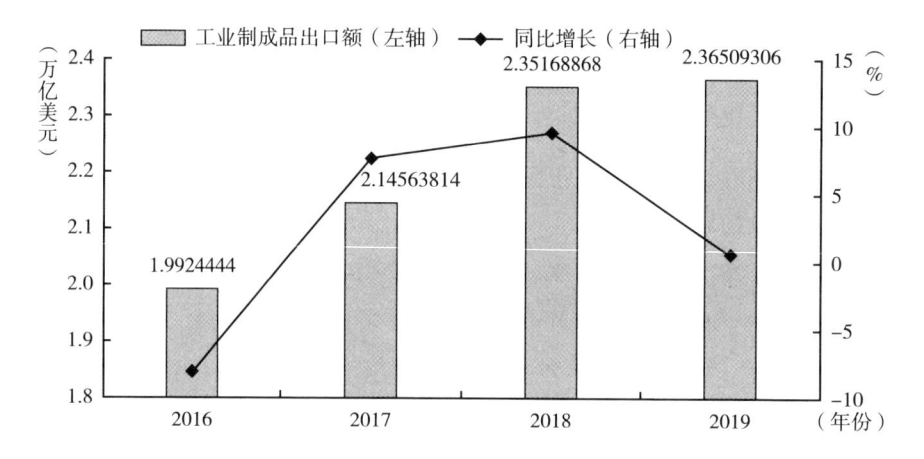

图 2　2016～2019 年我国工业制成品出口额及年度变化率

资料来源：国家统计局，社投盟整理。

年规模以上工业企业利润总额为 61995.5 亿元，同比下降 13.42%。规模以上工业企业利润总额同比下降幅度远远大于企业数量同比下降幅度，可以看出规模以上工业企业的盈利能力下降。

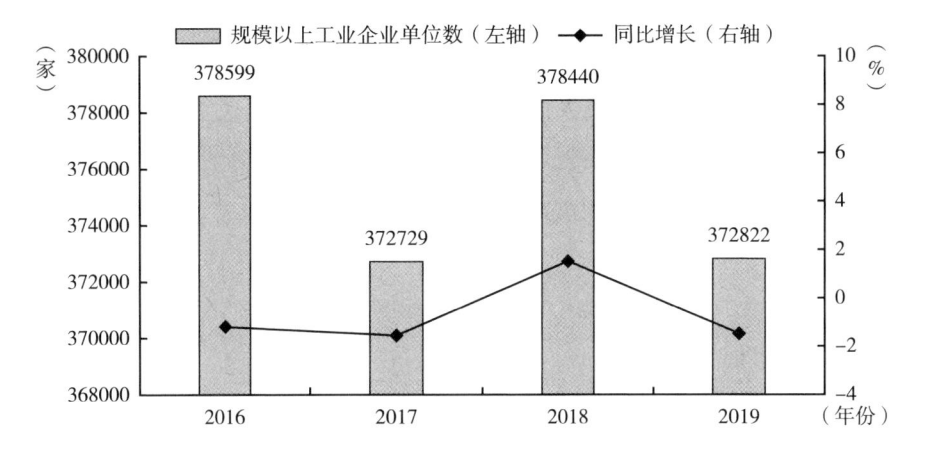

图 3 2016~2019 年我国规模以上工业企业数及年度变化率

资料来源：国家统计局，社投盟整理。

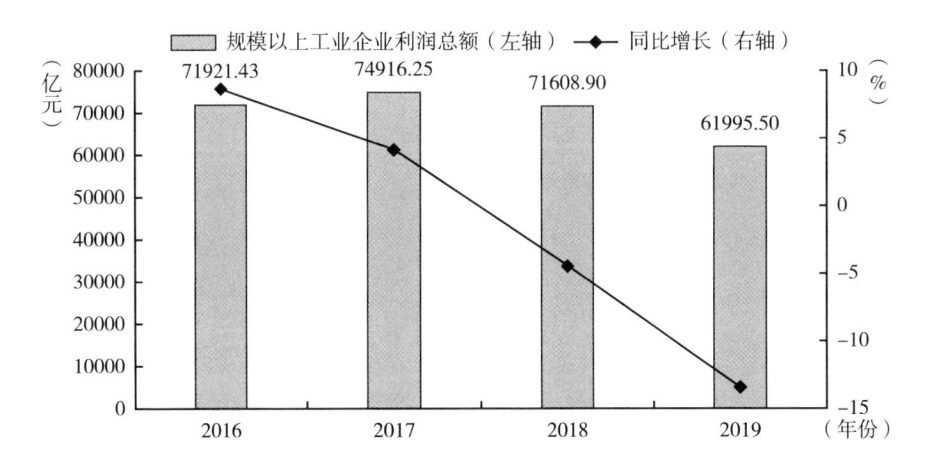

图 4 2016~2019 年我国规模以上工业企业利润总额及年度变化率

资料来源：国家统计局，社投盟整理。

（三）工业行业相关政策

近年来，国家层面持续加大对工业的投入，鼓励并支持工业行业转型升级，加大科研投入，淘汰过剩产能，由高速度发展转向高质量发展。

我国工业政策导向主要体现在以下方面：加快推进工业绿色发展，推进供给侧结构性改革，促进工业稳增长、调结构，以全面支撑制造强国和网络强国建设为目标，着力建设先进网络基础设施，发展工业互联网平台体系，贯彻落实国家大数据发展战略。2015年出台《中国制造业发展纲要（2015~2025）》，明确提出工业4.0战略，推动制造业转型升级；2016年提出《智能制造发展规划（2016~2020年）》，明确提出了制造业转型的方向为智能制造；2018年，工业行业响应国家"供给侧结构性改革"发展战略，转向更高质量的发展（见表2）。

表2 我国工业行业近年来相关政策

时间	政策文件
2015年1月	《中国制造业发展纲要(2015~2025)》
2016年7月	《工业绿色发展规划(2016~2020年)》
2016年12月	《智能制造发展规划(2016~2020年)》
2018年6月	《工业互联网发展行动计划(2018~2020年)》
2020年5月	《工业和信息化部关于工业大数据发展的指导意见》

资料来源：中国政府网，社投盟整理。

二 工业行业可持续发展价值评估

工业行业可持续发展价值评分是指对沪深300中52家工业上市公司的评分。工业行业上榜公司（以下简称"上榜公司"）是指沪深300成分股中进入2020年"义利99"榜单的工业公司。2020年工业行业评分情况如下。

52家公司进入沪深300（占比17.33%）。

19家公司上榜"义利99"（占比19.19%）。

45家公司发布独立的社会责任报告。

1家公司被筛选子模型剔除。

数据完备度79.35%。

可持续发展价值得分率57.24%，排名第3。[①]

目标｜驱动力平均得分率70.83%，排名第4。

方式｜创新力平均得分率57.40%，排名第5。

效益｜转化力平均得分率54.90%，排名第6。

评估亮点：社会贡献排名第3。

评估暗点：模式创新排名第8。

可持续发展价值前三公司：①中国建筑（601668.SH）；②中国铁建（601186.SH）；③顺丰控股（002352.SZ）。

可持续发展价值升幅前三公司：①青岛港（601298.SH）；②中远海控（601919.SH）；③上港集团（600018.SH）。

通过对评分数据的分析，我们发现工业行业的可持续发展价值评分具有以下特征。

（一）营收及利润逐年攀升

工业公司数量在沪深300中占比约两成（17.33%），平均营业收入是沪深300的1.25倍，但平均净利润仅为沪深300的55.68%，平均纳税额也仅为沪深300的61.64%（见表3）。

表3　工业行业与沪深300经济贡献对比情况

单位：家，亿元

评估对象	数量	平均营业收入	平均净利润	平均纳税额
工业	52	1336.39	65.82	54.29
沪深300	300	1065.14	118.22	88.07

资料来源：万得，社投盟整理。

---

① 在11个行业中排名第3，下同。

但从 2016~2019 年的数据来看（见图 5），沪深 300 中的工业行业平均营业收入与平均净利润均逐年攀升。工业行业平均营业收入从 2016 年的 863.76 亿元稳步增长至 2019 年的 1336.39 亿元。虽 2019 年工业行业营业收入的增速有所放缓，但净利润增长率约为 2018 年的 2 倍。相比规模以上工业企业利润总额下降，沪深 300 头部工业公司盈利能力不断提升。

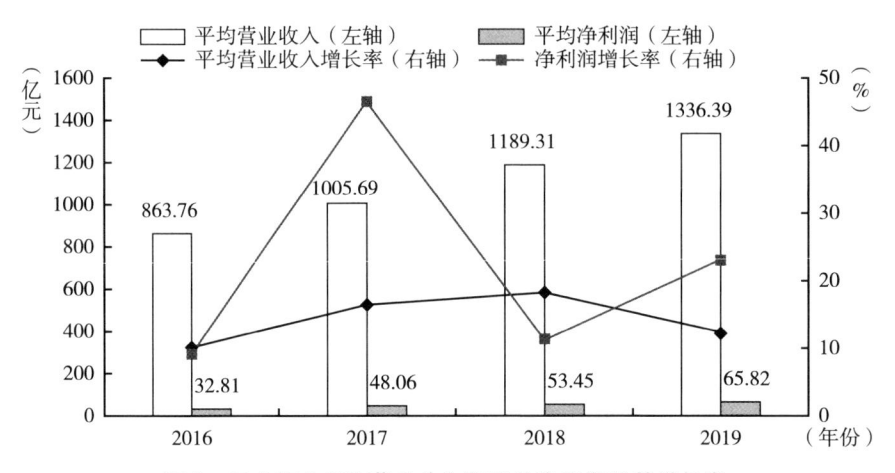

图 5 工业行业平均营业收入和平均净利润及其增长率

资料来源：万得，社投盟整理。

（二）社会贡献表现优异

工业行业社会贡献的各项指标中，除员工权益外，其他 4 项三级指标均优于沪深 300。其中，客户价值差异最为显著，工业行业客户价值得分率较沪深 300 高出 8.34 个百分点（见表 4）。

表 4 工业行业与沪深 300 社会贡献对比情况

单位：%

评估对象	客户价值	员工权益	合作伙伴	安全运营	公益贡献
工业	68.78	61.65	67.52	86.11	59.41
沪深 300	60.44	61.83	63.52	80.59	58.89

资料来源：社投盟。

自 2017 年以来,工业行业的社会贡献三级指标得分率有升有降。除公益贡献相较于 2019 年的得分率有所回落,其他指标均略有上升。其中,安全运营的得分率持续居于 80% 及以上的高位。客户价值、员工权益及合作伙伴 3 项指标均呈小幅微涨的态势。

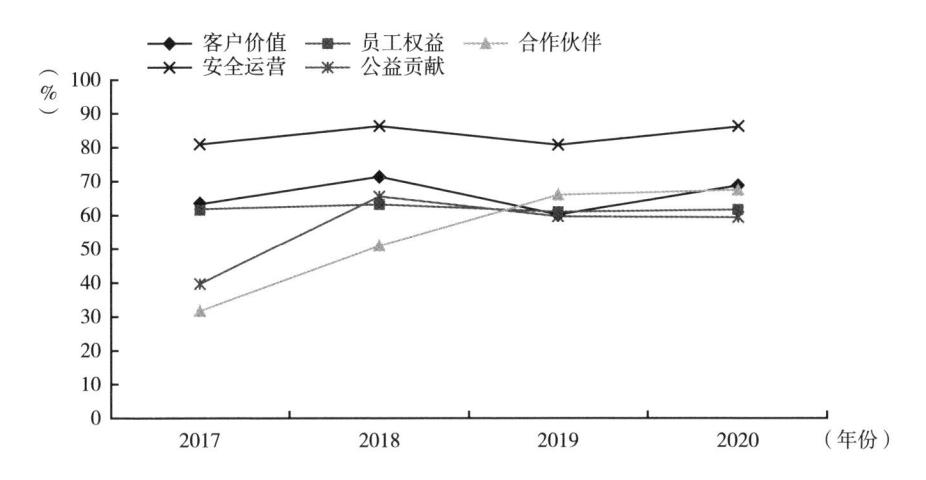

图 6　2017~2020 年工业行业社会贡献指标得分率情况

资料来源:万得,社投盟。

(三)环境贡献有所下降

相较于 2019 年,工业行业 2020 年环境贡献表现有所下降。其中表现较好的是环境管理指标,较沪深 300 高出 6.41 个百分点,但 2019 年工业行业该指标的得分率较沪深 300 高 12.56 个百分点,相比之下 2020 年的表现不够突出。在资源利用、污染防控及生态气候 3 项指标上则落后于沪深 300。

表 5　工业行业与沪深 300 环境贡献对比情况

单位:%

评估对象	环境管理	资源利用	污染防控	生态气候
工业	59.94	32.57	71.15	24.28
沪深 300	53.53	40.55	71.38	26.75

资料来源:社投盟。

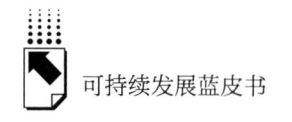

纵向看,近年来工业行业在环境管理与实践方面持续探索。尽管环境管理得分率依然未能达到60%,但过去4年保持了持续提升的趋势。过去4年污染防控指标得分率增幅较为显著,增长约34.25个百分点。生态气候指标在2020年的评分中虽较2019年得分略有提高,但变化并不明显,且持续处于低位。资源利用指标2020年的得分率为32.57%,略低于2019年的得分率。

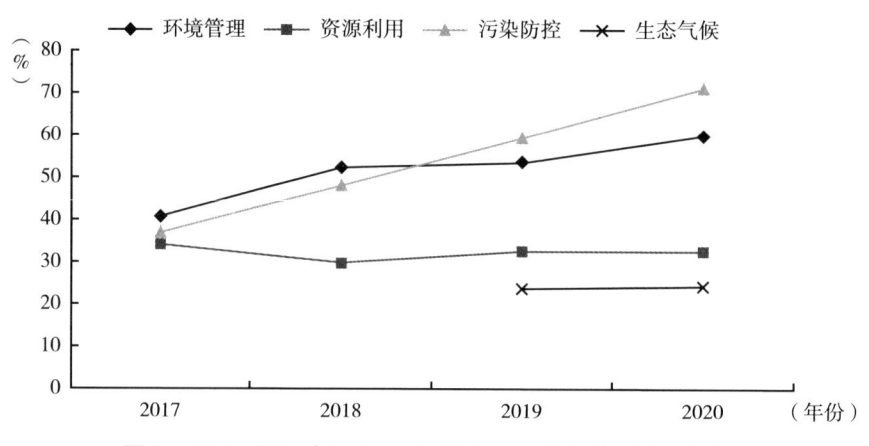

图7 2017～2020年工业行业环境贡献二级指标得分率情况

注:生态气候为2019年新增指标。
资料来源:社投盟。

三 工业行业可持续发展特征及贡献

工业行业的可持续发展特征除了体现在根据政策导向从能源消费角度推动绿色工业发展以及加大创新投入用以驱动转型升级之外,还体现在促进安全生产运营以及供应链协同发展方面。本部分将从以下四个方面展开分析。

(一)行业综合能耗下降

节约资源和保护环境是我国的基本国策。《中华人民共和国环境保护法》规定,一切单位和个人都有保护环境的义务,企业应当防止、减少环境污染和生态破坏;《建设项目环境保护管理条例》规定,工业建设项目应当采用能耗物耗小、污染物产生量少的清洁生产工艺,合理利用自然资源,防止环境污染和生态破坏。上述法律法规对工业行业公司的环境风险管控提出了要求,也明确了工业行业公司的工作重点和努力方向——降低综合能耗、提高清洁能源使用比例。

1. 综合能耗整体呈下降趋势

2019年作为"十三五"能源节约与环境保护工作的关键一年,各家工业行业公司也在努力降低生产活动中的综合能耗。表6列举了中国铁建和金风科技2017~2019年的万元营业收入综合能耗值,可以看出,数值总体呈下降趋势。

表6 2017~2019年中国铁建和金风科技综合能耗值

单位:吨标准煤/万元

公司	2017年	2018年	2019年
中国铁建	0.0891	0.0864	0.0807
金风科技	0.0153	0.0167	0.0154

资料来源:中国铁建和金风科技2019年社会责任报告,社投盟整理。

许多工业公司的综合能耗呈下降趋势,图8展示了部分工业公司2019年万元营业收入综合能耗同比下降比例。

中国铁建加大节能减排宣传教育和培训工作力度,2019年,公司举办的节能环保管理干部培训覆盖率达到90%以上,通过普及节能减排知识,提升员工节能减排意识,促进节能减排在日常工作中得到落实。另外,公司还倡导低碳节能的生产方式和消费模式,积极推广应用节能环保新技术、新设备、新材料、新工艺,提升能源利用率,减少能源消耗,取得了万元营业收入综合能耗同比下降6.59%的成绩。

中国建筑通过积极探索节能环保产业发展方式,充分发挥自身优势推进能源节约、污染防治等领域的专业化整合,重点聚焦建筑垃圾资源化利用、

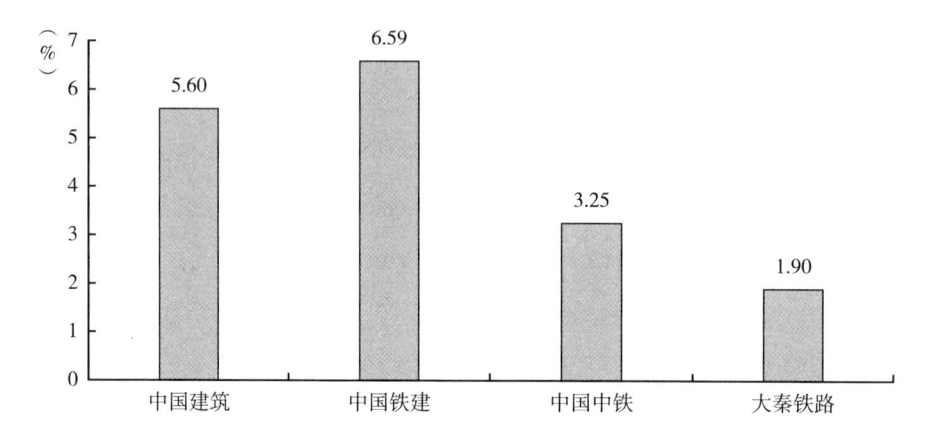

图 8　部分公司 2019 年万元营业收入综合能耗同比下降比例

资料来源：各工业公司 2019 年社会责任报告，社投盟整理。

海绵城市建设等"大环保"业务，实施了一系列创新示范环保项目。

中国中铁持续完善环境管理工作体系，坚持"属地管理""预防为主、防治结合""谁污染谁治理"的原则，实行公司统一领导，各子、分公司逐级负责的管理模式，确保环境保护工作有序可控。同时，利用能源资源节约与生态环境保护考核奖惩体系，严肃生态环保问题问责。

2. 能源消费结构逐渐优化

我国工业行业从高投入、高消耗、高排放的传统发展模式转向大数据、智能化的发展模式。正是这样的使命赋予了工业行业更大的环境保护和资源管理的责任。

近年来，我国工业行业能源消费总量小幅波动。根据国家统计局的数据，我国工业行业 2014~2015 年的能源消费总量出现小幅下降，降幅为 1.90%，2016~2017 年小幅回升，上升幅度为 1.46%。与此同时，工业行业能源消费结构逐步优化。如图 9 所示，在工业行业能源消费量中，天然气与电力两大清洁能源的占比呈逐渐上升趋势。由此可见，工业行业的资源结构在近年来一直在优化，而这与工业企业日益增强的环保意识与严格的管理措施是密不可分的。

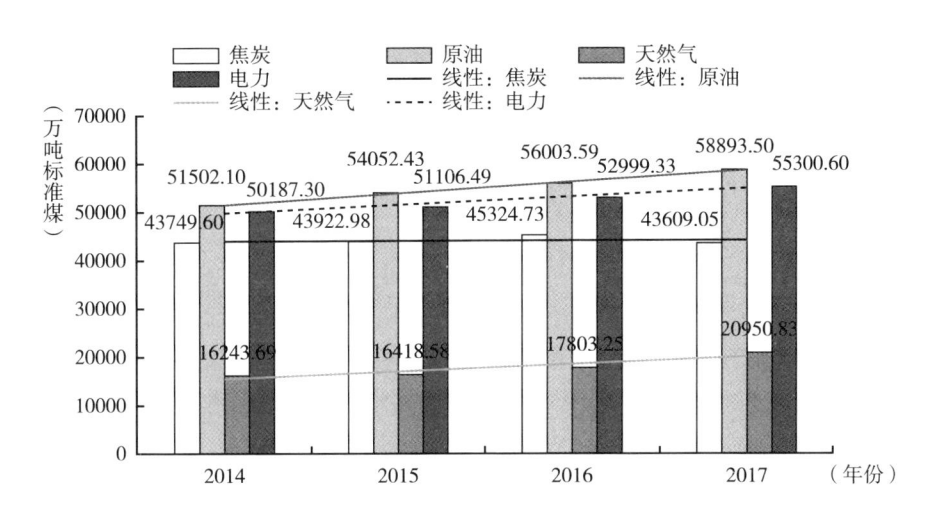

图9　2014～2017年工业行业焦炭、原油、天然气、电力的消费量

注：1亿千瓦时电力＝1.23万吨标准煤；1亿立方米天然气＝13.3万吨标准煤。
资料来源：国家统计局，社投盟整理。

金风科技在工业行业中可持续发展价值得分排名第5，在2020年"义利99"榜单中排名第25。公司倡导智慧用能，凭借在可再生能源领域积累的经验和优势，以互联网、可再生能源使用等技术为基础，积极推广使用可再生能源，结合其他清洁能源，提升能源使用效率，降低用能成本。金风科技使用风电、光伏电力等可再生能源比例高达65%。

（二）创新驱动产业转型升级

工业企业通过在研发上加大投入，引进现代信息技术，促进工业这一基础性行业向智能化方向发展。

1. 规模以上工业企业研发投入加大

从图10可以看出，2011～2018年规模以上工业企业研发人员全时当量[①]

---

① R&D人员全时当量是指全时人员数加非全时人员按工作量折算为全时人员数的总和。例如，有两个全时人员和三个非全时人员（工作时间分别为20%、30%和70%），则全时当量为2＋0.2＋0.3＋0.7＝3.2人年。这是国际上比较科技人力投入而制定的可比指标。

呈增长趋势,在全国企业中所占比例则呈现先上升后下降的趋势,但2018年的占比仍高于2014年。

图10 2011~2018年规模以上工业企业R&D人员全时当量情况

资料来源:国家统计局,社投盟整理。

另外,由图11可知,规模以上工业企业投资建设研发机构的数量和有R&D活动企业的比重持续增长。

图11 2011~2018年规模以上工业企业办研发机构数及有研发活动企业占比情况

资料来源:国家统计局,社投盟整理。

2. 研发投入与发明专利数均有较大差异

19家工业上榜公司全部披露2019年研发投入占营业收入比例，但差异较大。其中研发投入占比最高的公司是国电南瑞，占比高达6.82%；而研发投入占比最低的公司上港集团只有0.13%，不到1%。披露研发技术人员占比的公司只有16家，差异也较大。研发技术人员占比最高的公司是金风科技，高达31.54%，其约1/3的员工是研发技术人员；而占比最低的公司中远海控只有1.66%。综合两个比例来看，通常研发技术人员占比高的公司，研发投入占比也较高。

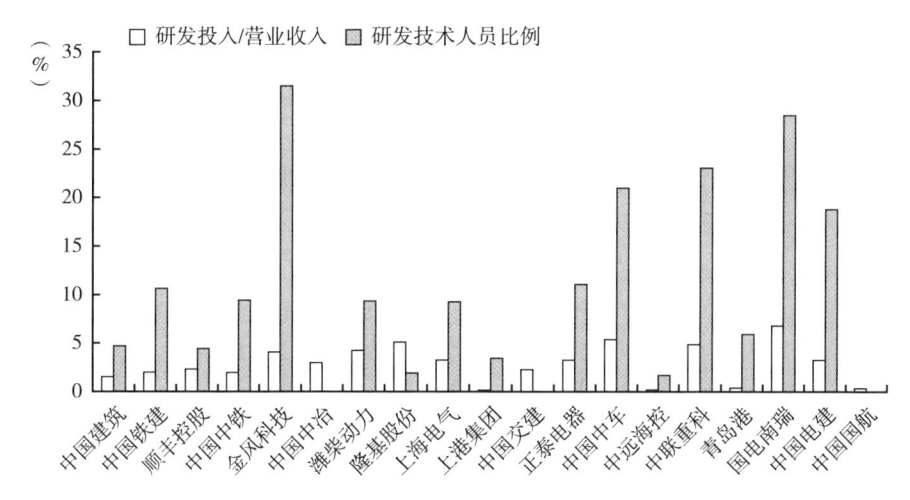

图12 工业上榜公司研发投入占营业收入比例及研发技术人员比例

资料来源：各上榜工业公司2019年年度报告，社投盟整理。

如图13所示，52家工业公司中，共有16家公司在2019年年度报告中披露了2019年新增专利①授权情况。总体来看，工业公司比较重视专利申请，但这16家公司在2019年新增专利授权总数以及新增发明专利授权数占比上差异较大。2019年新增专利授权总数最多的公司是中国中冶，高达4589件，其中147件是发明专利，新增发明专利授权总数占新增专利授权总数的比例为3.20%。2019年新增专利授权总数最少的公司是特变电工，

---

① 我国专利分为发明、实用新型和外观设计三种类型。

只有194件,其中72件是发明专利,新增发明专利授权总数占新增专利授权总数的比例为37.11%。2019年新增发明专利授权总数占新增专利授权总数的比例最高的公司是航发动力,比例高达86.59%。

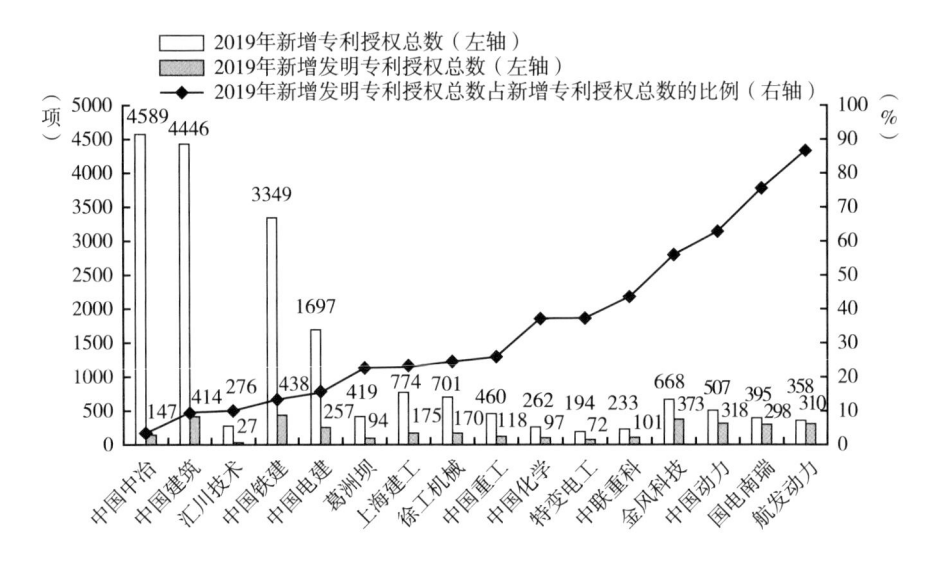

图13　2019年新增授权发明专利与新增授权专利情况

注:沪深300工业公司中只有以上16家同时披露了"新增发明专利授权"与"新增专利授权总数"的数据。

资料来源:各工业公司2019年年度报告与社会责任报告,社投盟整理。

3. 打造智能化技术平台,惠及利益相关方

工业的智能化建设主要体现在技术平台的开发,各工业公司结合自身业务特点,开发智能平台,利用智能化技术带动工业行业转型升级。智能化工业不仅提升了工业公司的核心竞争力,也为员工、客户乃至社会发展带来了益处。

在19家上榜公司中,部分公司已在智能化工业方面取得了成效,例如,中国建筑打造的智能顶升桥塔平台系统控制桥塔的四个支撑点误差在5毫米以内,让工人作业过程更加方便、安全。上港集团的自动化码头相比于传统的集装箱码头,实现了装卸、运输全过程智能化,既降低了运营成本、提高了效率,也推进了码头的绿色低碳,其中洋山四期工程是目前全球一次性建成规模最大的、具有完全知识产权的自动化集装箱码头。为实现数字化转型，顺丰基于"天网"+"地网"两大物流网络构建了"信息网"，"顺丰大数据平台"介于物流的每个环节，实现了全面数字化管理以及更加合理与高效的资源配置。中国中车通过智能设计、智能制造、智能运维、智能检修，搭建了全寿命周期的智能化整体解决方案，为制造业转型升级赋能，构筑智慧交通、智慧城市。

（三）安全保障能力提升

基于行业特点，工业行业较其他行业有更大的安全运营压力，保障生产安全和职工的健康安全是该行业需重点关切的社会责任和可持续发展议题。

1. 安全运营进步显著

我国应急管理部披露的数据显示，2019年前三季度，全国各类生产安全事故起数和死亡人数同比分别下降20.3%和18.5%。其中，较大事故起数和死亡人数同比分别下降18.5%和22.5%，重特大事故起数同比减少1起。全国大部分行业领域事故呈下降态势。煤矿、烟花爆竹、工贸、建筑等行业领域实现事故起数和死亡人数同比"双下降"或持平。

从2019年全年的情况来看，我国生产行业在安全运营方面取得了一定的成效，死亡人数与安全事故起数均呈下降趋势。例如，上港集团通过加强安全生产管理，根据相关职业卫生技术服务机构提供的检测报告改进岗位环境，针对各类板块业务需要开展安全培训与举办安全竞赛，并开展了诸如防台防汛、反恐防恐的应急演练，2019年实现了零死亡与零重伤，相比2017年和2018年有很大改善。国电南瑞通过大力推进安全生产标准化建设，持续完善安全责任体系，改善生产作业环境，实现了2019年的五个安全生产目标。①

---

① 国电南瑞2019年安全生产目标为：不发生人身死亡事故；不发生较大以上设备事故；不发生因产品质量、基建施工、代运代维、技术服务等造成同等以上责任的较大以上电网事故；不发生对公司造成重大影响的产品质量、环保、消防、交通、食品卫生等事件；最终产品一次交检合格率不低于99%。

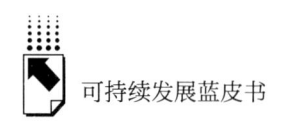

2. 员工安全保障增强

社投盟统计数据显示，沪深 300 中共有 52 家工业公司，其中 43 家进行了员工安全培训，34 家进行了安全应急演练。

以机械制造业为代表，2019 年中国中车、中联重科、中国重工、中国动力、徐工机械的员工培训总投入均超过 1000 万元。中国重工与徐工机械分别高达 2368.94 万元与 2253.2 万元。未做培训投入披露的潍柴动力与三一重工，全年参与培训人次分别为 15 万人次和近 27 万人次。这表明机械制造业较为重视员工安全培训和安全保障。

此外，在应急演练方面，潍柴动力、中国中车、中联重科、中国重工和中国动力分别开展了 120 余次、1549 次、70 次、40 余次和 12 次。中国中车作为全球规模最大的轨道交通装备供应商，对安全应急管理要求更高。

（四）打造责任供应链，促进伙伴共赢

在目前激烈的全球商业竞争中，公司需要对市场做出快速反应并专注于核心业务，整合供应商网络有助于公司快速、准确地做出决策，这使得供应商关系管理在新时代变得更加重要，可以为公司提供充足、可靠、低成本的材料，从而形成竞争优势。

1. 规范供应链管理

随着供应链管理在行业竞争中的重要性日趋提升，许多公司加强了对供应链管理的重视程度，分别在供应商准入、供应商行为、供应链信息管理、阳光采购等层面制定了相应制度。

图 14 展示了沪深 300 的 52 家工业公司和 2020 年上榜的 19 家工业公司制定各类供应链制度的公司数量及其占比。可以看出，供应链管理制度化的条件较为良好，但更多公司是从供应商管理制度（包括准入/退出、日常管理、绩效评估、分类分级等）入手；制定的合规采购的相关政策还是偏少，仍需加强。同时，上榜工业公司制定供应商管理制度、阳光/合规采购、集中采购与信息化平台等三类制度的比例均比沪深 300 工业企业高。

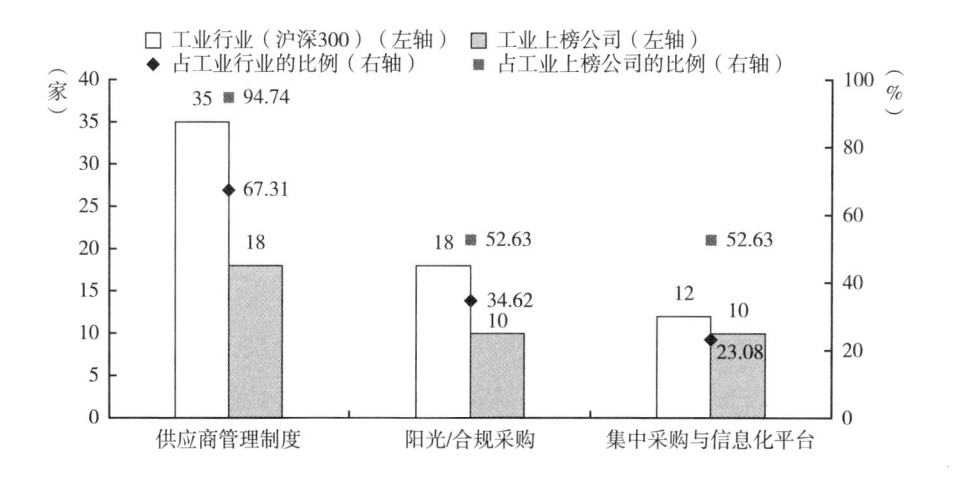

图14　制定各类供应链制度的工业公司数量及其占比

资料来源：各工业公司2019年年度报告与社会责任报告。

2. 实施属地化采购

工业行业企业涉及的上下游公司数量十分庞大，供应商众多。工业公司积极实行属地化采购，不仅构建了有利于自身发展的分供商网络，也带动了所在区域的上下游企业共同发展。

2019年中国建筑的年度报告显示，公司前5名供应商的采购金额占营业成本的比例均小于1.5%，供应商集中度较低，这或许与公司的营业规模和多元化的业务结构有关。中建南洋公司长期坚持属地化采购策略，2019年庭·维苑项目本地供应商的采购率就达到99%以上。同时，公司不断完善供应商决策评估系统，逐步形成标准化合约体系，在与本地供应商共同发展的同时也带动了产业链发展。

例如，葛洲坝集团的本地化采购主要是各项目部在所在国设备物资材料的采购以及当地劳务的吸纳，通过制订相应管理办法以及采购合同的详细条款，满足了采购需求，这不仅有利于公司提高管理效能，也促进了当地就业，推动了资源配置国际化进程。

四 工业行业可持续发展价值展望

结合本报告对A股上市公司龙头企业可持续发展价值的评估分析，我们认为工业行业未来可持续发展将需要从以下几个方面着力。

工业作为传统行业也是国民经济的基础行业，在未来发展中，要进一步落实国家智能制造战略规划，坚持创新引领，加大研发人才培养力度和资金投入，在一些基础核心技术研究应用方面有所建树和突破，通过与信息科技行业的跨界融合推动转型升级，以提高核心竞争力和可持续发展价值。

随着国内外社会对气候变化和污染防控议题重视程度的提升，以及我国对2060年前实现"碳中和"承诺的提出，工业行业面临着越来越大的环保压力。提高清洁能源的利用率、降低产业能耗、加强对"三废"的合规处理等目标，将成为工业行业降低运营风险、提质增效的重要履责要求。

新常态下经济发展应更加注重以人为本。工业行业作为人力密集型产业，应继续加强对各利益相关方，特别是员工权益的关注，提升安全运营绩效，完善员工权益保障制度，增进对员工的关怀，为其他行业做出表率。

参考文献

工业和信息化部赛迪研究院、工业技术创新形势分析课题组：《2016年中国工业技术创新发展形势展望》，赛迪智库，https：//mp. weixin. qq. com/s/N19DylWtoGVD－9cg8v_MqQ，2015年12月15日。

鲍盛、朱书琴：《研究供应商关系管理的重要性》，《现代盐化工》2019年第1期。

张晓强：《找准中国基础设施投资着力点》，https：//mp. weixin. qq. com/s/3ls T3 NBRKGIfS1uiBpJGEw，2020年3月22日。

杨飞虎、晏朝飞：《公共基础设施投资能够促进就业增长吗？——基于面板双重门限模型的实证分析》，《云南财经大学学报》2018年第7期。

中华人民共和国工业与信息化部网：《工业绿色发展规划（2016～2020年）》，http：//www. miit. gov. cn/n1146285/n1146352/n3054355/n3057542/n3057544/c5142900/content. html，

2016年7月18日。

文天股份:《港珠澳大桥对经济发展有什么好处?》,https://www.sohu.com/a/270880374_99920765,2018年10月23日。

中国信息通信研究院:《中国工业发展研究报告(2019年)》,http://www.caict.ac.cn/kxyj/qwfb/bps/201911/t20191113_269402.htm,2019年11月13日。

B.4 2020年金融行业可持续发展价值评估报告[*]

白 虹 陶林林 樊姝雅

摘　要： 在沪深300上市公司所属的11个行业中，金融行业的可持续发展价值平均得分率排名第7。本报告聚焦沪深300与"义利99"榜单中的金融公司，从普惠金融、绿色金融、金融扶贫和风险管理等方面探讨金融行业可持续发展价值。该行业公司通过积极发行小微企业贷款、普惠保险等方式发展普惠金融，提高小微企业、"三农"等领域的金融可得水平；通过创新、发行绿色投融资产品和环境风险管理等产品发展绿色金融，促进产业结构升级；通过精准扶贫贷款、扶贫小额信贷、保险扶贫等方式发展金融扶贫，助力群众美好生活；通过合规经营体系、风险管控和对客户的信息安全管理增强自身风险管理，保障公司稳步经营。在将来，行业会加深金融科技的应用，建立更加智能化和数字化的管理体系，推动行业的可持续发展。

关键词： 沪深300上市公司　普惠金融　绿色金融　风险管理　可持续发展价值

---

[*] 朱星遥、张万里亦在数据收集、信息录入过程中做出了贡献。

一 金融行业概况

(一) 金融行业界定

中证指数有限公司行业分类标准下,金融行业与地产行业在一级行业分类中同属于"金融地产",而本报告专注研究经营金融商品的金融行业,行业可细分为银行业、保险业、资本市场业和其他金融业。截至2020年6月,沪深300上市公司中共有金融公司64家,"义利99"榜单中共有金融公司17家,较上年增加了7家,行业上榜公司数量变化较大,具体分布情况见表1。

表1 2020年金融行业上市公司分类分布情况

一级行业	二级行业	沪深300	"义利99"
金融	银行业	27	10
	保险业	6	5
	资本市场业	31	2
	其他金融业	0	0
合计		64	17

资料来源:中证指数,社投盟整理。

(二) 我国金融行业概况

2019年我国金融业行业规模稳步增长:银行业总资产突破280万亿元,同比增长8.1%,为供给侧改革保驾护航;保险业全年实现保费收入4.26万亿元,呈现恢复性增长趋势,总资产20.56万亿元,同比增长12.2%;证券公司总资产突破8万亿元大关,同比增长16.6%;基金市场里新基金不断增加。2019年末,我国金融业机构总资产318.69万亿元,同比增长8.6%,总负债289.43万亿元,同比增长8.1%,所有者权益为29.25万亿元,同比增长13.4%。

在行业规模方面,截至2019年末,中国银行业金融机构网点总数达到

22.8万个,自助设备109.35万台,① 保险机构法人数量达240家,证券公司133家,信托公司68家,金融租赁公司70家,行政村基础金融服务覆盖率稳步增长,已达99.2%。

(三)金融行业相关政策

本部分将从普惠金融、绿色金融、金融扶贫和风险管理四个方面对相关政策进行汇总(见表2)。在普惠金融方面,实施定向降准,健全小微金融监管评价体系,支持拓宽普惠金融信贷资金来源,稳步推进业务创新。在绿色金融方面,明确绿色产业内容,要求银行业完善绿色信贷考核办法,加大对重点能效项目的信贷支持力度,明确绿色债券定义与分类,加强绿色债券监管,推动证券市场支持绿色投资,设立绿色发展基金,发展绿色保险,完善环境权益交易市场,丰富融资工具。在金融扶贫方面,确定贫困地区金融支持的重点领域,推动贫困地区金融服务体制机制创新,完善差异化监管政策,提高扶贫信贷总额,放宽扶贫贷款条件。在风险管理方面,推行稳健的风险文化,建立完整风险治理架构,制定清晰的风险管理策略,建立信息科技基础设施,健全数据质量控制机制和信息泄露管理机制。

表2 我国金融行业近年来相关政策

类别	出台时间	政策文件
普惠金融	2016年1月	《国务院关于印发推进普惠金融发展规划(2016~2020年)的通知》
	2019年9月	《关于修订发布〈普惠金融发展专项资金管理办法〉的通知》
	2020年6月	《中国银保监会关于印发商业银行小微企业金融服务监管评价办法(试行)的通知》
绿色金融	2012年1月	《中国银监会关于印发绿色信贷指引的通知》
	2015年8月	《中国银监会 国家发展和改革委员会关于印发能效信贷指引的通知》
	2015年12月	《绿色债券支持项目目录(2015年版)》
	2016年8月	《中国人民银行、财政部、国家发展改革委、环境保护部、银监会、证监会、保监会关于构建绿色金融体系的指导意见》
	2019年3月	《绿色产业指导目录(2019年版)》

---

① 2020年3月11日中国银行业协会发布的《2019年中国银行业服务报告》中披露。

续表

类别	出台时间	政策文件
金融扶贫	2014年3月	《关于全面做好扶贫开发金融服务工作的指导意见》
	2014年12月	《关于创新发展扶贫小额信贷的指导意见》
	2017年5月	《宁夏回族自治区人民政府办公厅关于印发进一步加强银行业金融机构助推脱贫攻坚实施意见的通知》
	2018年2月	《中国银监会办公厅关于做好2018年三农和扶贫金融服务工作的通知》
风险管理	2016年7月	《银行业金融机构全面风险管理指引》
	2018年2月	《反保险欺诈指引》
	2018年5月	《商业银行银行账簿利率风险管理指引(2018修订)》
	2018年6月	《金融资产投资公司管理办法(试行)》
	2018年9月	《商业银行理财业务监督管理办法》
	2020年7月	《商业银行互联网贷款管理暂行办法》

资料来源：银保监会，中国政府网，社投盟整理。

二 金融行业可持续发展价值评估

金融行业可持续发展价值评分是指对沪深300中64家金融上市公司的评分。金融行业上榜公司（简称"上榜公司"）是指沪深300成分股中进入2020年"义利99"榜单的金融公司。2020年金融行业评分概况如下。

6家公司被筛选子模型剔除。

64家公司进入沪深300（占比21.33%）。

17家公司进入"义利99"（占比17.17%）。

63家公司发布独立社会责任报告。

数据完备度81.99%。

可持续发展价值平均得分率55.95%，排名第7。

目标｜驱动力平均得分率67.58%，排名第8。

方式｜创新力平均得分率52.35%，排名第11。

效益｜转化力平均得分率55.82%，排名第3。

评估亮点：业务驱动、管理创新、环境贡献排名第3。

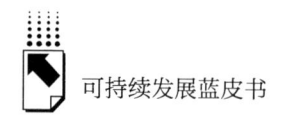

评估暗点：技术创新、模式创新排名第11。

可持续发展价值评分前三公司：①中国平安（601318.SH）；②招商银行（600036.SH）；③工商银行（601398.SH）。

可持续发展价值评分升幅前三公司：①中国人寿（601628.SH）；②广发证券（000776.SZ）；③申万宏源（000166.SZ）。

通过对评分数据的分析，我们发现金融行业的可持续发展价值评分具有以下5个特征。

（一）业务驱动表现良好，价值驱动与战略驱动得分上升

2020年金融行业目标Ⅰ驱动力平均得分率为67.58%，列全行业第8名。从目标Ⅰ驱动力下3个二级指标的得分情况看，2018~2020年，价值驱动得分率持续上升，2020年比沪深300低5.31个百分点，位居行业第9；战略驱动得分率持续上升，2020年比沪深300低1.83个百分点，位居行业第8；业务驱动得分率先升后降，2020年比沪深300高4.38个百分点，三年间表现良好，位居行业第3，拉高了目标Ⅰ驱动力的总体得分。

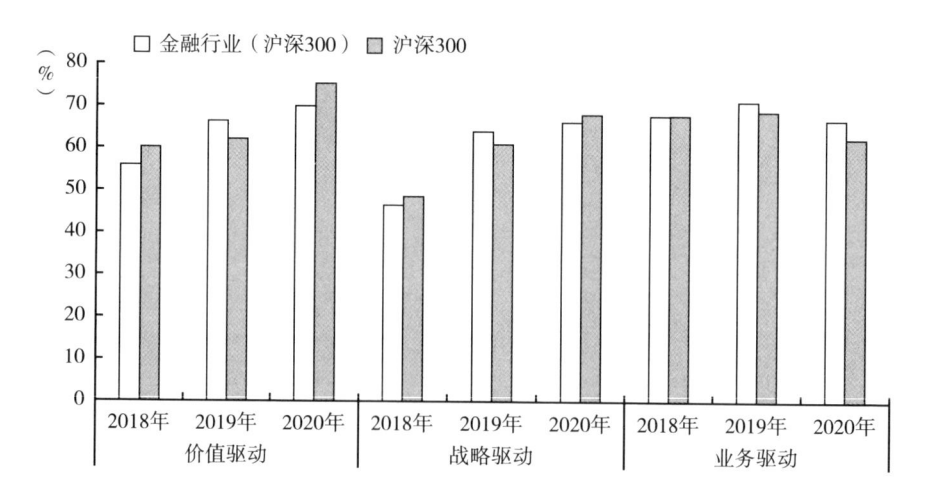

图1 2018~2020年金融行业目标Ⅰ驱动力二级指标得分率情况

资料来源：社投盟。

（二）管理创新表现稳定，技术和模式创新得分较低

2020 年，金融行业方式Ⅰ创新力平均得分率为 52.35%，在 11 个行业中排名最后一名。从方式Ⅰ创新力 3 个二级指标的得分情况看，2018～2020 年，技术创新得分率先降后升，2020 年比沪深 300 低 12.07 个百分点，位居行业最末；模式创新得分率先降后升，2020 年比沪深 300 低 6.75 个百分点，位居行业最末；管理创新表现较稳定，虽呈逐年下降的趋势，但幅度很小，2020 年比沪深 300 高 1.88 个百分点，位居行业第 3。

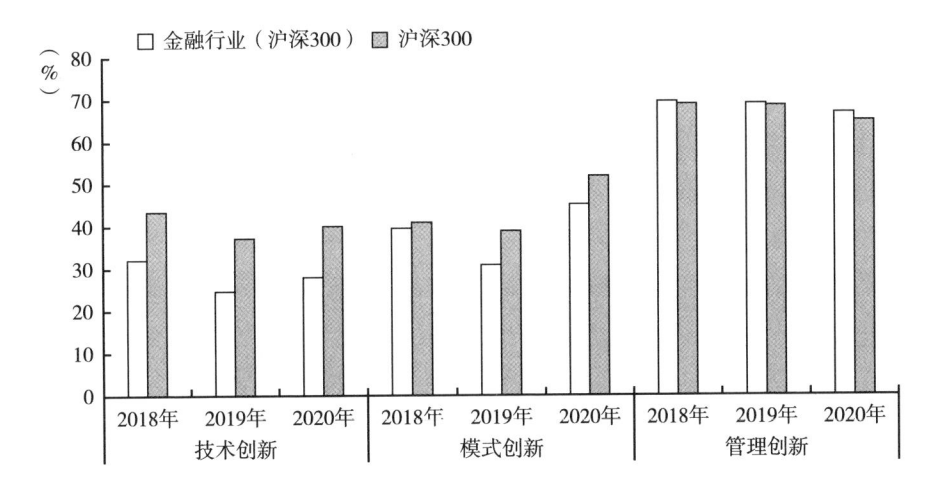

图 2　2018～2020 年金融行业方式Ⅰ创新力二级得分率情况

资料来源：社投盟。

（三）经济贡献得分较高，盈利能力较强

金融行业效益Ⅰ转化力下经济贡献二级指标得分率为 51.76%，比沪深 300 高 0.58 个百分点，位居行业第 5，而金融上榜公司的经济贡献得分排第 2。2018～2020 年，得分率持续下降。从经济贡献下的子指标来看，金融行业整体的盈利能力强于沪深 300，而金融上榜公司的盈利能力显著强于金融未上榜公司。2019 年，金融行业的平均市值是沪深 300 上市公司的 1.95 倍，

平均纳税额是其1.57倍，平均净利润是其2.77倍。金融上榜公司的平均营业收入是金融未上榜公司的8.8倍，平均净利润是其6.68倍（见图3）。

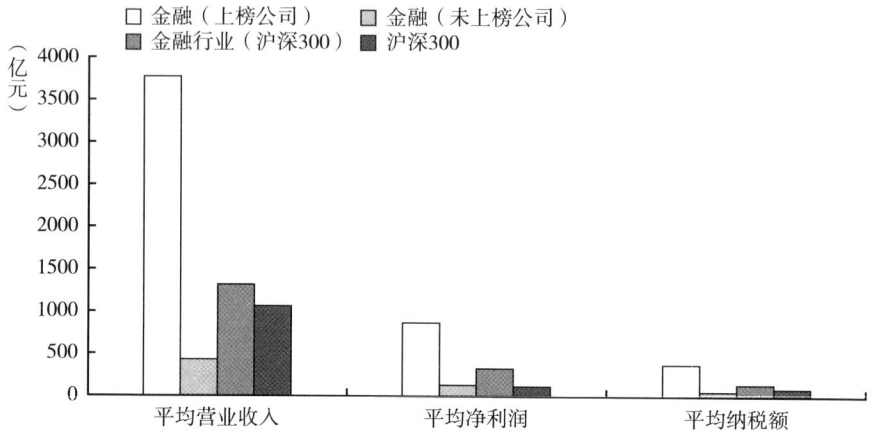

图3 2020年金融行业效益 l 转化力下经济贡献得分率情况

资料来源：社投盟。

（四）社会贡献得分回升，公益贡献表现亮眼

金融行业效益 l 转化力下社会贡献二级指标得分率为67.08%，比沪深300高2.03个百分点，位居行业第4。从社会贡献下的子指标来看，员工权益与公益贡献2个三级指标整体优于沪深300上市企业，分别是其1.21倍和1.25倍，金融上榜与未上榜公司的得分差距很小；在客户价值指标中，金融上榜企业的得分显著高于金融行业整体与沪深300上市公司，得分率分别是其1.35倍和1.37倍；在合作伙伴指标中，金融行业整体得分低于沪深300上市公司；在安全运营指标中，三者得分差距很小，说明上市公司对安全运营问题普遍重视。

（五）环境贡献表现良好，资源利用显著优势

金融行业效益 l 转化力下环境贡献二级指标得分率为52.66%，比沪深300高2.45个百分点，位居行业第3。由于金融行业的特殊性，环境贡献下的子指标定义与其他行业不同，在此不与沪深300做比较。金融行业资源利

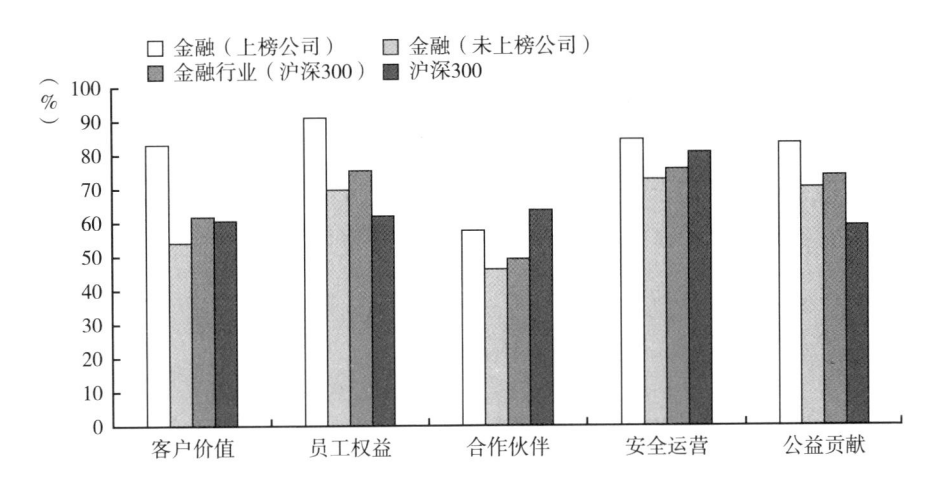

图 4　2020 年金融行业效益Ⅰ转化力下社会贡献得分率情况

资料来源：社投盟。

用得分率最高，为68.95%，而金融上榜公司得分率为90.44%，显著高于行业平均水平。其他三级指标，例如环境管理、绿色金融和生态气候，金融上榜公司同样显示出优势，得分明显高于未上榜公司和行业整体。这说明金融行业环境贡献方面的差距显著，上榜公司可以起到带头作用，带动金融行业在环境方面做出更多贡献。

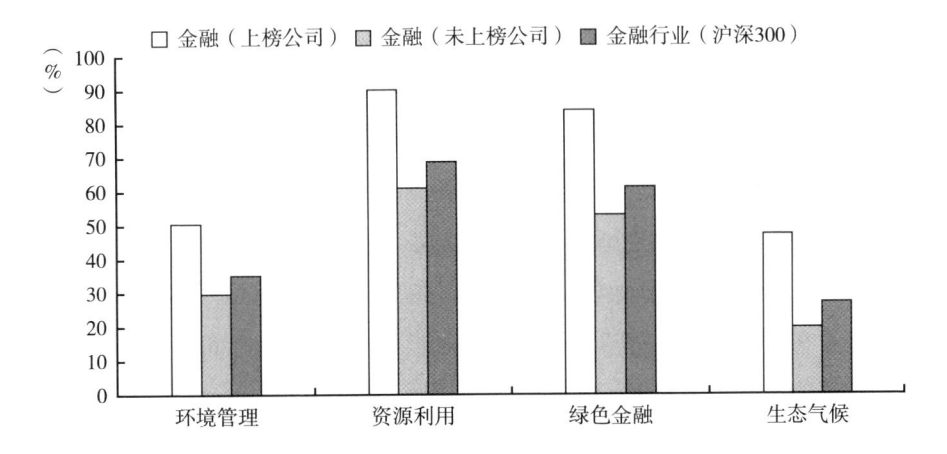

图 5　2020 年金融行业效益Ⅰ转化力下环境贡献得分率情况

资料来源：社投盟。

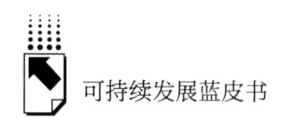

三 金融行业可持续发展特征及贡献

金融行业有着聚合、配置社会资本的特殊功能，通过优化资源配置，畅通国民经济流转，促进国家社会的健康可持续发展。本部分将从普惠金融、绿色金融、金融扶贫和风险管理四个方面出发，分析金融行业下不同类别的公司在推进各分类发展时提出的举措和取得的成果。

（一）普惠金融：扩大受益人群

普惠金融是指立足机会平等要求和商业可持续原则，以可负担的成本为有金融服务需求的社会各阶层和群体提供适当、有效的金融服务。近年来，在政策引导和金融行业各公司的努力下，基础金融服务覆盖面不断扩大，银行业机构网点数量逐年增加，2019年乡镇覆盖率达95%；薄弱领域金融可得性持续提升，小微企业和"三农"等领域融资难、融资慢、融资贵的问题得到缓解；金融服务效率和质量明显提高。

1. 小微企业贷款，助力小微企业发展

小微企业贷款的量在增长，质在提高。银保监会最新数据显示，截至2020年6月末，银行业金融机构普惠型小微企业贷款①余额13.7万亿元，同比增长28.4%，较各项贷款高15.3个百分点。其中工农中交建邮六大行普惠型小微企业贷款新增1.0039万亿元，期末普惠型小微企业贷款余额共计达到4.26万亿元，较上年末平均增长31%，大幅超过同期贷款总额增速。与此同时，新发放普惠型小微企业贷款平均利率5.94%，较2019年全年平均利率下降0.76个百分点。不良普惠型小微贷款余额0.4万亿元，较年初增长9.25%，不良率2.99%，较各项贷款不良率高0.88个百分点。上半年疫情的冲击虽然对银行业的收入来源及结构产生了一定影响，但商业银

---

① 自2018年起，进一步聚焦小微企业中的相对薄弱群体，重点监测统计普惠型小微企业贷款，即单户授信总额1000万元以下（含）小微企业贷款。

行在自身社会责任及相关政策的引导下，依旧加大对普惠金融及小微企业的支持力度，积极助力企业复工复产。

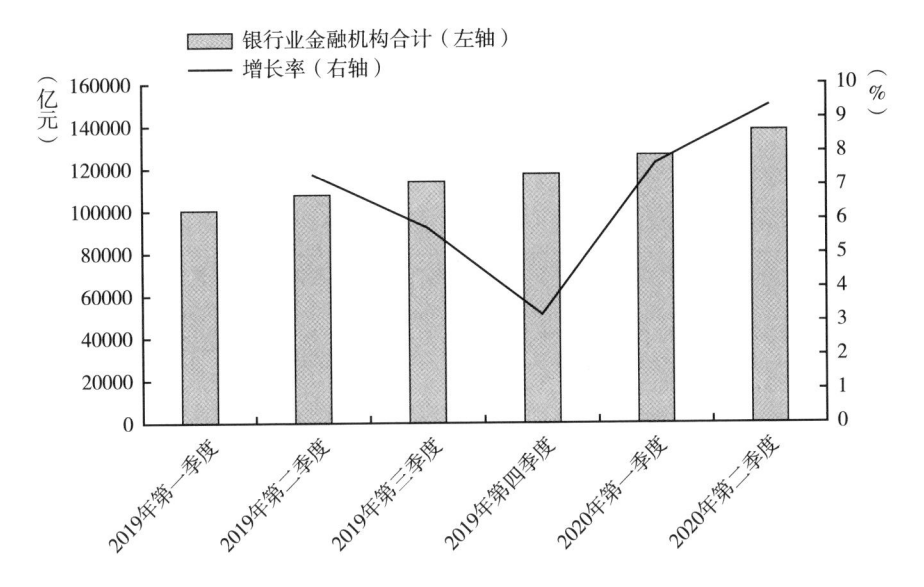

图6　2019~2020年各季度银行业金融机构普惠性小微企业贷款情况

资料来源：银保监会，社投盟整理。

截至2020年上半年，工行新增普惠性小微企业贷款余额6399.29亿元，较年初增长35.7%，新发放普惠性小微企业贷款平均利率4.15%，同比下降37个基点，累计为4805家防疫相关小微企业发放贷款135亿元，累计为33万家复工复产小微企业发放贷款近5300亿元。而农行发放普惠性小微企业贷款余额8661.42亿元，较上年末增加2738.35亿元，增速46.2%，高于全行业增速37.3个百分点。

2. 科技金融贷款，支持科学技术创新

小微企业中特殊的科技型中小企业，具有资产轻、风险高的特性，即使前景再好，拿不出传统模式的担保物，如土地、产权等，也很难从银行申请到贷款。为了加大科技创新投入，破解科技型小微企业融资难题，众多银行纷纷加大了对科技企业的信贷支持力度，推出了"科技贷"业务，以支持

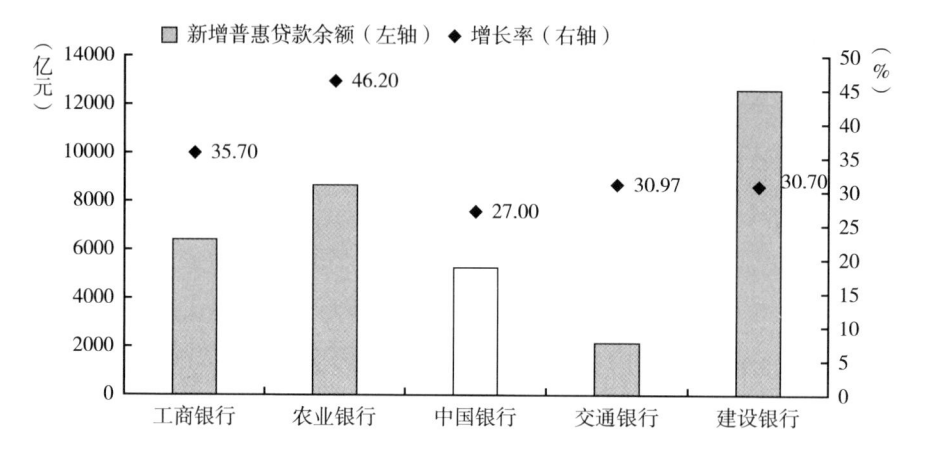

图7　2020年上半年各银行发放普惠性小微企业贷款情况（灰色为上榜企业）

资料来源：银保监会，社投盟整理。

科技创新。截至2019年末，上海银行业科技金融贷款余额近2800亿元，同比增长15.88%，其中投贷联动金额55.63亿元，同比增长42.26%。不良率为0.74%，低于各项贷款不良平均水平。招商银行的"千鹰展翼"计划，关注智能制造、信息技术和新能源等新兴行业中的中小企业，为其提供全成长周期的综合金融服务体系，支持其快速健康发展。截至2019年末，"千鹰展翼"在库培育企业达26000家，提供总额超过2547.32亿元的授信支持，该计划已成功培育超过450家企业在境内A股上市。

3. 普惠保险创新，提升保险服务水平

一直以来，普惠保险的发展重点难点在于对小微企业的扶持、对"三农"问题的解决力度以及对民生改善的支持，近年来均取得了不错的成绩。首先，保险为小微企业提供的融资担保业务、贷款履约保证保险或保单质押业务，得到大力发展；其次，保险机构持续加大对农村保险服务网点的资金、人力和技术投入，为"三农"提供更有针对性、更加便利的保险服务；最后，保险业与医疗和养老产业的发展相适配，随着人口老龄化进程加快，保险业不断创新，通过推动住房反向抵押养老保险、涉老责任险和意外险发展等提升了养老保险的服务水平。以金融行业在榜单中排名第一的中国平安为例，其对小微企业、农业险和特殊群体发放了普惠保险，截至 2019 年末，普惠类保险保费收入 538.11 亿元，保险金额高达 4.08 万亿元，有效承保人次 4870 万人次，有效保单件数 4680 万件。

（二）绿色金融：促进产业结构升级

绿色金融是指为了促进经济、资源与环境协调发展而进行的信贷、债券、股票和保险等金融活动。它一方面实现金融业自身营运的绿色特性，改造金融体系；另一方面，依靠金融手段和金融创新影响企业的投资取向，促进传统产业的生态化和新型绿色生态产业的发展。我国绿色金融体系的作用机制如图 8 所示。随着绿色金融标准体系、绿色数字基础设施、绿色产品创新体系和绿色激励约束机制"四大支柱"的建立和完善，绿色金融已成为中国供给侧结构性改革的重要内容，成为推动中国经济社会高质量发展的强大内生动力。目前，我国主要的绿色金融产品大致可分为绿色融资产品、绿色投资及交易类产品、环境风险管理产品以及环境信息类产品等，其中绿色融资产品包括绿色信贷和绿色债券等。

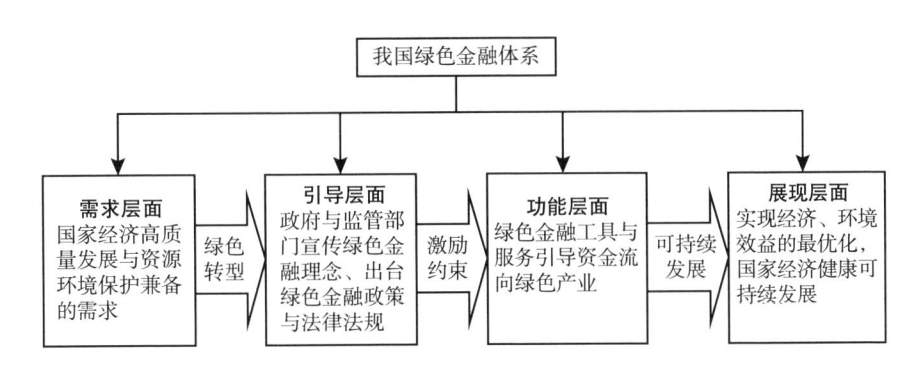

图 8 绿色金融体系的作用机制

1. 绿色信贷余额稳步增长，依旧占据主导地位

截至 2020 年 6 月，绿色信贷业务在我国绿色金融市场仍占主导地位，规模存量在世界排第一，本外币绿色贷款余额已超过 11 万亿元，主要金融机构本外币绿色贷款余额稳步增长，年均增速 12.8%，但余额占比较低，仅6.5%左右，且近年来未出现明显增长趋势（见图9）。此外，绿色信贷的审核标准十分严格，资产质量较高。2019年，农业银行实行环保"一票否决制"，通过加强绿色信贷政策指导、创新区域信贷产品、加强环境社会风险管理和夯实业务基础管理等开展绿色信贷工作，全年绿色信贷业务贷款余额1.19万亿元，折合节约标准煤3367万吨，减排二氧化碳当量7494万吨，减排化学需氧量42万吨，减排氨氮4万吨，减排二氧化硫89万吨，减排氮氧化物162万吨，节水3179万吨。此外，上榜公司中，招商银行和浦发银行的绿色信贷余额体量也较大，分别为1767.73亿元和2260亿元。

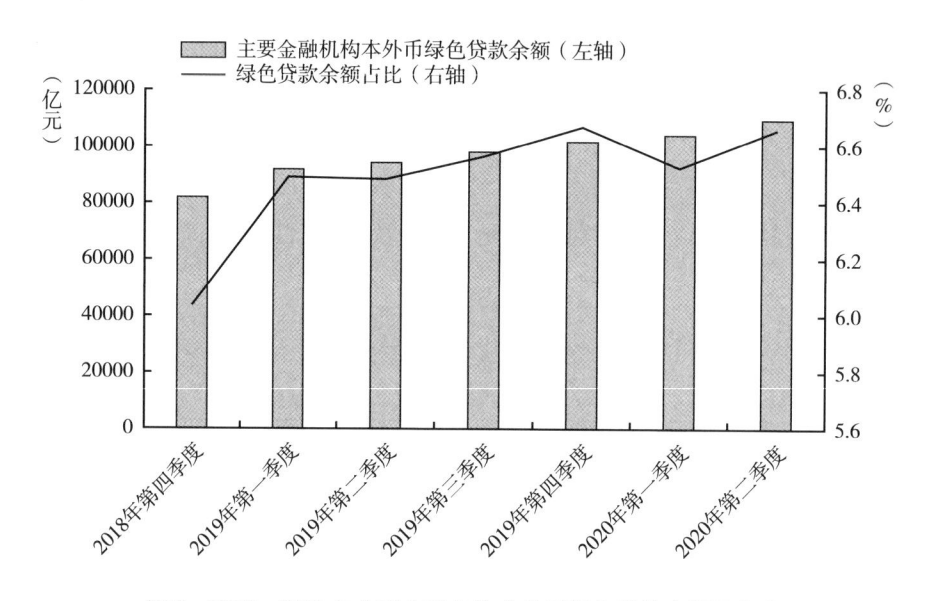

图9　2018~2020年主要金融机构本外币绿色贷款余额及占比

资料来源：万得，社投盟整理。

2. 绿色债券存量发展迅猛，总量全球位列第一

绿色债券具有主题鲜明、发行成本低、期限较长等优势，是近年来发展较为迅速的一种绿色融资方式。中国贴标绿色债券发行总量在全球始终位列第一，存量在世界排第二位。截至2020年6月末，2020年我国境内外累计发行绿色债券规模达1173.91亿元。其中，境内市场发行普通贴标绿色债券

募集资金985.53亿元，绿色资产证券化产品①募集资金128.98亿元，中资主体赴海外发行募集资金约合人民币59.4亿元。尽管境内外发行总规模相较上年同期1651.44亿元有所下降，但绿色债券发行数量有所增加，品种创新更为多元，非贴标绿色债券投向绿色产业规模超过万亿元，接近2019年全年的2倍。2019年，作为中国首家赤道银行②，兴业银行累计发行1300亿元绿色金融债，是上榜公司中发行金额最多的公司。值得注意的是，2018年金融行业发行的绿色债券占总发行额的62.36%，2019年该比例下降到了31.62%，而在2020年上半年，该比例下降到了16.2%，说明绿色债券在非金融机构中的认可度与参与度越来越高。在贴标绿色债券和绿色资产证券化承销上，证券公司累计承销份额占市场总额的75%，体现了证券公司对于绿色债券市场的重视，在沪深300的公司中，4家银行和6家证券公司在市场排名前20位以内，其中2家银行和1家证券公司属于上榜公司。

（三）金融扶贫：助力群众美好生活

在脱贫攻坚的过程中，金融扶贫占据着生力军的地位。近年来，金融精准扶贫覆盖面逐步扩大，基础金融服务明显改善，扶贫效果逐渐显现，主要体现在以下三个方面。

1. 金融精准扶贫贷款稳步增长，基础金融服务覆盖面持续扩大

截至2020年6月末，金融精准扶贫贷款余额4.21万亿元，较2020年初增加3100多亿元。银行业等金融机构认真贯彻落实决策部署，加强组织领导，完善支持政策，加大投入力度，聚焦深度贫困地区，较好地完成了全年扶贫工作目标任务，为高质量打赢脱贫攻坚战提供了有力支撑。在沪深

---

① 绿色产业领域的基础资产占全部入池资产比例不低于70%；募集资金投资于绿色项目金额不低于总额的70%；原始权益人主营业务属于绿色产业领域，绿色业务收入占比超过50%，或绿色业务收入和利润占比超过30%，且70%的募集资金用于企业绿色业务发展。符合以上三项条件之一，即可认定为绿色ABS。

② 指已宣布在项目融资中采纳赤道原则的银行。赤道原则是参照国际金融公司（IFC）的可持续发展政策与指南建立的一套自愿性金融行业准则。

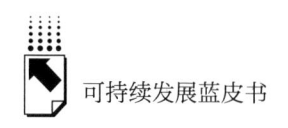

300的银行公司里,农业银行精准扶贫贷款余额和增量较大,2019年贷款余额为3941.9亿元,较2018年末增长19.4%。银行业金融机构通过机构网点、机具服务、流动服务等方式,将基础金融服务覆盖到832个国家扶贫开发重点县的17.55万个行政村,覆盖率达99.60%;832个国家扶贫开发重点县中,438个县设立了村镇银行,覆盖率超过50%。保险服务覆盖到全国3.12万个乡镇,覆盖率达99.90%。

2. 信贷扶贫力度加大,扶贫小额信贷健康发展

截至2020年6月末,全国334个深度贫困县各项贷款余额2.99万亿元,较2020年初增加3057亿元,增长11.75%,增速高于全国贷款增速3.73个百分点。有深度贫困县的21个中西部省份中,20个省份实现了深度贫困地区各项贷款平均增速高于全省贷款增速的目标。全国扶贫小额信贷累计发放4735.4亿元,余额1675.9亿元;累计支持建档立卡贫困户1137.4万户次,覆盖全国建档立卡贫困户的1/3以上,余额覆盖户数434.7万户。2019年,中国平安的"村官工程"计划累计发放扶贫资金157.45亿元,帮扶建档立卡贫困户53813户,惠及贫困人口超50万人。

3. 保险扶贫成效显著,创新扶贫模式助力民众脱贫

在保险扶贫方面,农业保险是保险业精准扶贫的主力军。截至2020年6月末,农业保险为贫困户提供风险保障金额497亿元,覆盖贫困户733.6万户次,贫困户农业保险保费收入19.3亿元、支付赔款6.1亿元,受益贫困户43.8万户次。在上榜公司中,中国人保为8870万户次农户提供风险保障金额2.3万亿元,是为贫困户提供风险保障金额较大的公司。此外,各个公司都在积极探索切实有效的扶贫模式。以中国平安为例,2019年,中国平安在全国21个省或自治区落地"三村工程",并探索出一条"扶智培训、产业造血、一村一品、产销赋能"的创新扶贫模式,打造以铜川模式为代表的"三村工程"典型样板,面向贫困地区深度推进产业、健康、教育三个方向的智慧扶贫模式落地,在支持贫困地区脱贫的同时,促进乡村的可持续发展。

（四）风险管理：保障公司稳步经营

近年来，金融科技的广泛应用在为人们节省人力物力的同时，也对金融风险管理能力提出了更高的要求。有效防控金融风险是金融行业高质量发展的前提和基础，目前金融行业对风险的管理可分为以下两个方面。

1. 完善风险管理体系

在合规经营方面，公司会通过优化管理制度、开展"乱象"治理、建立合规风险评估测试体系、加强法制合规建设、深化境外机构合规管理机制建设和优化责任追究流程等措施，加强公司各层级内部控制体系建设，完善体制机制。在风险管控方面，除了建立风险管理组织架构，设立风险管理委员会、风险管理部等之外，各公司分别针对信用风险、操作风险和市场风险等采取不同的措施。对于信用风险，公司在不同程度上强化资产质量管控工作部署和责任落实，完善经济资本计量；对于操作风险，优化操作风险管理信息系统，整合深化操作风险管理工具应用；对于市场风险，完善市场风险管理制度体系，加强对金融市场业务与理财业务的管理。以银行业为例，资本充足率、不良贷款率和拨备覆盖率是衡量银行业风险级别的重要指标。2017～2020年，商业银行一级资本充足率趋于稳定，基本维持在10%左右（见图10），高于《巴塞尔协议Ⅲ》规定的下限；① 不良贷款比率受疫情影响，截至2020年第二季度，已达到1.94%，同比增加7.18%，但依然在可控水平；拨备覆盖率在175%～190%之间波动，保持了较强的损失吸收能力（见图11）。

2. 重视客户信息保护

由于金融信息的价值密度比较高，金融领域一直是侵犯个人信息的重灾区，金融行业也十分重视对客户信息的保护，在信息披露度上，银行业、保险业和资本市场对于保护客户隐私都有详细的披露。公司按照法律要求和行业规范，逐步建立起一套成熟、完善的信息安全运营体系，基本覆盖事前威

---

① 《巴塞尔协议Ⅲ》规定，截至2015年1月，全球各商业银行的一级资本充足率下限为6%。

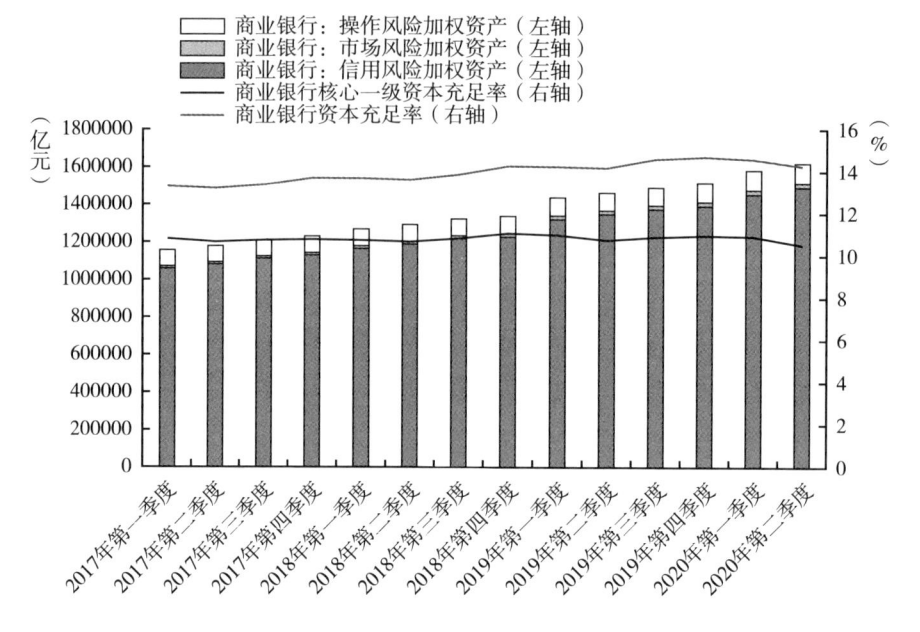

图10　2017～2020年商业银行资本充足率和风险加权资产情况

资料来源：万得，社投盟整理。

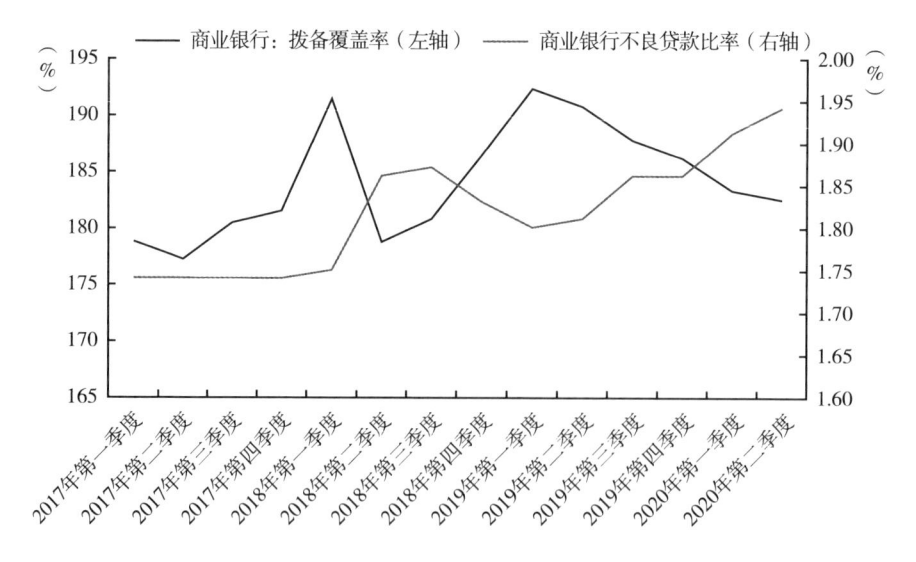

图11　2017～2020年商业银行不良贷款比率和拨备覆盖率

资料来源：万得，社投盟整理。

胁预警、事中安全响应和事后安全处置的完整流程。在事前威胁预警方面，公司主要通过制订相应管理章程和加强数据安全培训，明确处理、收集、保护个人信息方面的权利与义务、提升员工数据安全和隐私保护意识。例如在2019年，中国建设银行制定《中国建设银行个人客户信息管理办法（2019年版）》，完善客户信息管理、职责分工、应急处置的要求和原则。在事中安全响应方面，公司会搭建面向各专业公司的应急响应联络渠道，争取对上报的信息安全风险隐患开展及时的响应和处置。例如中国人寿综合运用云计算、大数据等新兴技术，同步规划建设了安全态势感知平台，实现各类安全风险的集中分析和联动处置。在事后安全处置方面，公司会定期审视信息安全体系建设及执行情况，开展内外部风险评估，不断提升信息安全风险管理能力。例如中国平安通过开展个人信息保护项目"泰山计划"，重点针对客户、用户授权管理、App个人信息收集、数据安全风险隐患等方面进行排查整改，确保信息在"收集、保存、管理、使用"的全流程中实现依法依规与安全。

四　金融行业可持续发展价值展望

2020年，我国处于疫情后加快全面建成小康社会的特殊时期，又处于"十三五"收官、"十四五"起航之际，绿色金融发展使命重大。未来，在政府不断完善绿色发展的法律政策保障前提下，绿色金融向高质量可持续发展，并强化现代数字化手段运用，发展数字绿色金融；利用金融科技推动环境信息披露与共享，降低金融机构与绿色主体之间的信息不对称；加快绿色金融标准体系构建，拓展绿色金融业绩评价应用场景。

新冠疫情暴发将激发金融行业对发展模式的深度思考，促进行业向稳定、灵活和可持续发展方向发展，尤其是实现惠普金融业务的数字化转型。未来，金融行业实现数字化转型可以有多方面的探索：扩展多方资源，发挥差异化优势，构建开放和多元的业务模式，快速聚合资源，识别和响应客户个性化需求，形成特色服务优势；加速金融科技与普惠金融业务模式的整合应用，在获客、产品、风控和运营四大领域加快金融科技能力的建设和应

用；构建线上化、数字化、智能化、开放型的系统平台架构，打造"业务+科技+风控"的敏捷组织体系与标准化、自动化的运营管理流程，实现强大的中后台服务支撑能力，为重大突发情况下金融机构灵活扩展服务与产品提供有力支撑。

在强化金融风险坚韧性管理方面，金融行业仍需要提升内控水平，加强业者伦理道德约束，强化合规运营，完善顶层设计，打造全方位的安全保障体系，发展大数据风控模型技术，加强数据安全防护，有效抵御数据安全威胁，加强保护公民个人隐私，提升金融风险防控能力。

在决胜脱贫攻坚关键阶段，探索多样化金融工具与贫困地区的深度融合，提供多层次、立体化的金融支持体系，创新有特色的金融产品和服务方式，不断拓展金融扶贫的广度和深度，这是对金融业提出的更高发展要求。

参考资料

徐绍峰：《普惠金融靠什么实现精准滴灌》，中国金融新闻网，2020年9月3日。
IIGF中央财经大学绿色金融国际研究院：《〈地方绿色金融发展指数与评估报告〉摘编：绿色债券与绿色股票发展评价》，微信公众号，2020年7月3日。
IIGF中央财经大学绿色金融国际研究院：《〈地方绿色金融发展指数与评估报告〉摘编：绿色信贷》，微信公众号，2020年6月19日。
云祉婷：《中国绿色债券市场2020年上半年度发展情况分析报告》，中央财经大学绿色金融国际研究院微信公众号，2020年8月25日。
《上半年金融精准扶贫覆盖面持续扩大 效果逐渐显现》，《上海证券报》2020年8月19日。
《毕马威KPMG：共度时艰，展望未来——重大疫情下对普惠金融数字化转型的长远思考》，和讯网，2020年2月25日。
《急"输血"长"造血"金融扶贫两手抓》，新浪财经综合，2020年6月1日。
《2020年中国金融行业分析报告——市场规模现状与发展潜力评估》，中国报告网，2020年4月14日。
施燕：《大数据时代银行业风险管理的挑战与展望》，《经济导刊》2019年第10期。
曹倩：《我国绿色金融体系创新路径探析》，《金融发展研究》2019年第3期。

B.5
2020年医药卫生行业可持续发展价值评估报告

陶林林　谭　宣　曹漫玉

摘　要： 本报告以医药卫生行业发展情况为背景，以沪深300中的26家医药卫生公司为样本，探讨医药卫生行业可持续发展价值。该行业可持续发展价值平均得分率在11个行业中排名第10，"义利99"上榜公司只有5家，且体量不大，经济贡献不突出。医药卫生行业可持续发展价值具有以下特点：医药卫生属于高新技术行业，行业创新开始步入快车道；医药卫生的产品服务关系生命健康安全，公司通过多种方式加强产品质量安全管理；"互联网+"等模式创新带动行业转型升级，提高消费者的健康可及性；行业抗疫贡献较大，但需要加强风险防控措施；行业对环境管理与信息披露仍需加强。

关键词： 医药卫生　科研创新　健康可及性　质量安全管理　环境治理

一　医药卫生行业概况

（一）医药卫生行业界定及现状

医药卫生行业与人类生命健康息息相关，是国家稳定发展与人民健康生活的重要基石。我国人口老龄化不断加剧，人均寿命不断提高，居民对医疗健康服务的重视程度与支付能力不断提升,使得整体需求不断上升。随着政府产业政策和监管政策的不断推动和引导,医药技术的发展与互联网运用使其供给产品更优质、服务覆盖面更广,我国医药卫生行业已走上规范发展道路。

根据中证指数公司行业分类,医药卫生行业下设2个细分行业,包括医药生物和医疗器械与服务。截至2020年6月30日,沪深300中共有26家医药卫生行业公司,其中22家属于医药生物,4家属于医疗器械与服务。2020年"义利99"上榜公司(以下简称"上榜公司")有5家,其中,4家属于医药生物、1家属于医疗器械与服务。

表1 行业上市公司分布情况

单位:家

一级行业	二级行业	三级行业	四级行业	A股	沪深300	"义利99"
医药卫生	医疗器械与服务	医疗器械	医疗器械	48	1	0
		医疗用品与服务提供商	医疗保健服务	5	1	0
			医疗保健机构	8	1	1
			医疗保健技术	6	1	0
			医疗用品经销商	1	0	0
	医药生物	生物科技	生物科技	55	8	0
		制药	化学药	122	5	1
			药品经销商	27	3	1
			中药	67	5	2
		制药与生物科技服务	制药与生物科技服务	10	1	0

资料来源:中证指数公司,社投盟整理。

1. 需求端:行业需求不断增加

国家统计局数据显示,居民人均医疗保健消费支出在居民人均消费支出中占比逐年增加,由2013年的6.90%增长到2019年的8.82%。同时,我国卫生总费用也不断上涨,社投盟统计数据显示,2010~2018年年均增速超过10%。

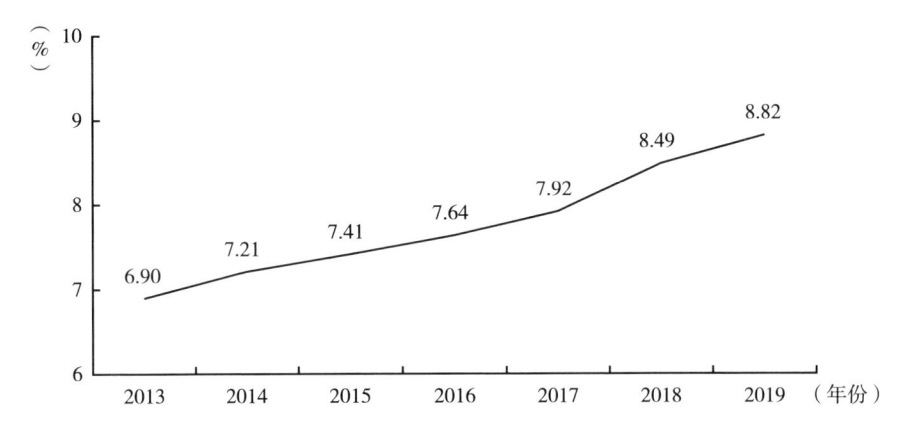

图1　2013~2019年我国居民人均医疗保健消费支出占比

资料来源：国家统计局，社投盟整理。

2. 供给端：服务能力不断提升

以医疗卫生机构床位数为例，2010~2018年，我国医疗卫生机构床位数增长了68.38%，每万人医疗卫生机构床位数增长了75.57%，年增长率均超过5%。2019年，我国医院每千人口医疗卫生机构床位数已达到6.3张，超过高收入国家标准4.1张。[①]

此外，我国每万人拥有卫生技术人员数、每万人拥有执业（助理）医师数、每万人拥有注册护士数均逐渐增加。2010~2018年，每万人拥有注册护士数增长93.33%，每万人拥有卫生技术人员数增长54.55%，每万人拥有执业（助理）医师数增长44.44%（见图2）。

（二）产业政策促进行业健康发展

近年来，国家对医药行业的监管与扶持力度不断加大，医疗政策频频落地，着重优化产业结构、解决内部矛盾，促进行业健康发展。

从行业中观层面的长期趋势来看，近10年行业发展大致经历了两个阶段，当前处于医保基金收入高增速结束后进入改革深水区的阶段。

---

① 《2019国际统计年鉴》。

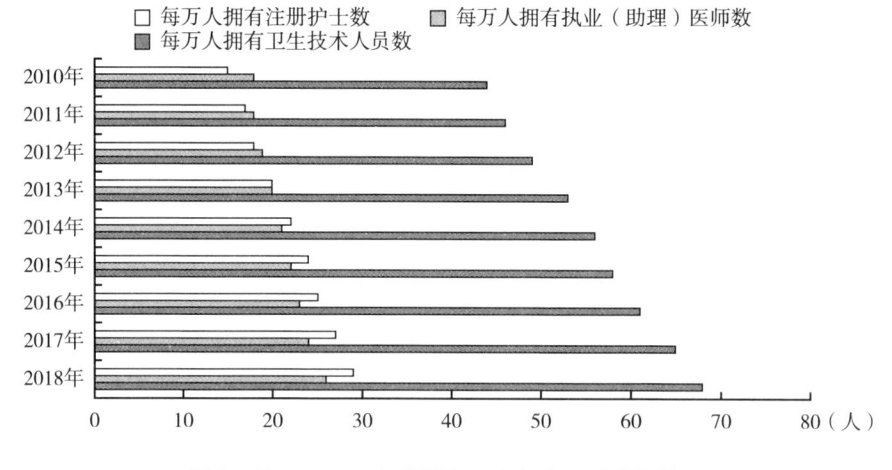

图 2　2010~2018 年我国每万人拥有医疗资源情况

资料来源：国家统计局，社投盟整理。

2011 年之前为行业发展的黄金期，行业随着中国医保体系的扩容而快速发展。2011 年之后，随着新农合和城镇居民医保体系基本达到全覆盖，筹资水平开始上规模，中国的医保体系总筹资增速下降。医药行业面临的控费、降价等压力凸显，行业增速从 2012 年之后明显下台阶。2016 年至今为改革政策密集落地期，公立医院改革、药监体系改革及药品耗材招标制度改革陆续推进，行业内部分化进一步加剧（见图 3）。

1. 推动医药流通转型升级

为了解决医药流通领域存在的管理标准不统一、工作推进不平衡、协调联动不到位、结果应用不充分等问题，2018 年，国家出台了《全国零售药店分类分级管理指导意见（征求意见稿）》，以规范全国零售药店分类分级管理体系。新的体系对促进零售药店规范化经营、推动药品零售行业转型升级、提升药品流通监管效率、保障公众用药安全将发挥积极作用。

2. 提高医疗健康服务可及性

为了解决"看病难"问题，国家积极促进分级诊疗与"互联网+医疗健康"发展，促进医疗资源合理配置，精准对接和满足群众个性化的健康需求，提高医疗资源利用效率与服务效率，不断提升医疗服务均等化、普惠

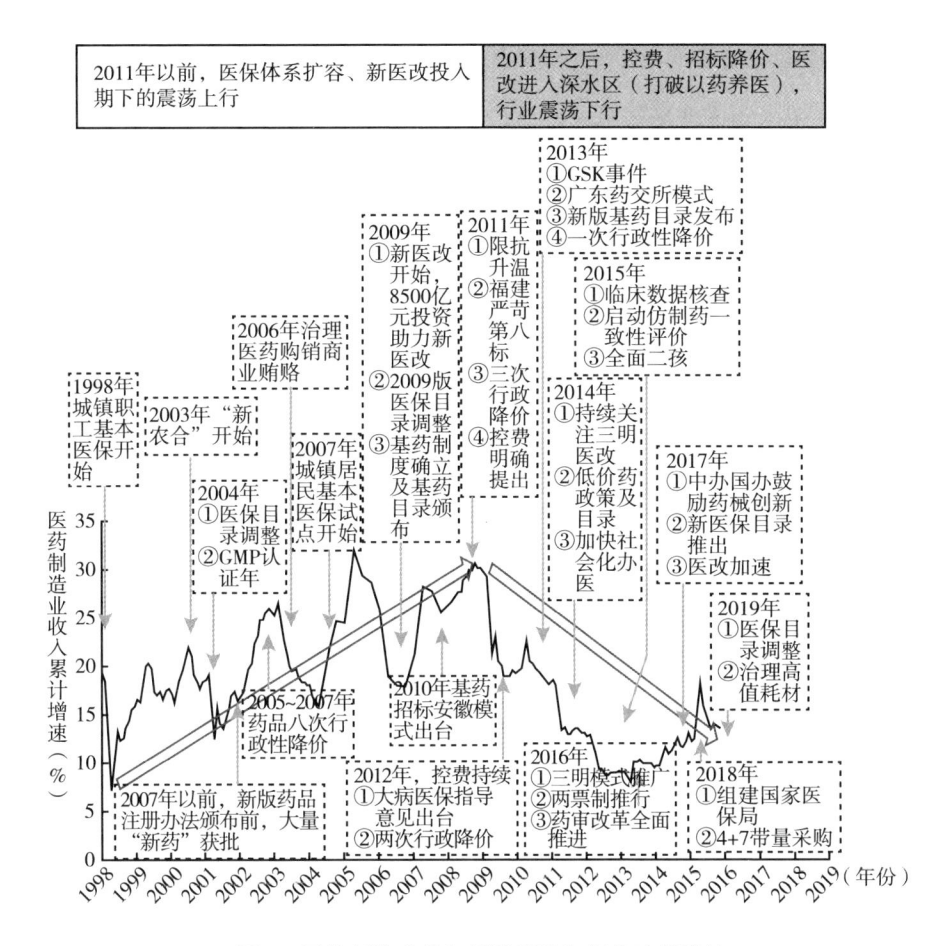

图3 医药制造业收入累计增速与行业政策统计

资料来源：国家统计局、中国政府网、国务院官网、国家医疗保障局官网、国家卫健委官网，社投盟整理。

化、便捷化水平。

为了解决"看病贵"问题，国家努力推进带量采购、两票制与DRGs付费。① 带量采购可以大幅降低采购药品的价格，促进公司提高药品质量。两

---

① 疾病诊断相关组（Diagnosis Related Groups，DRGs）是一种病例组合分类方案，即根据年龄、疾病诊断、合并症、并发症、治疗方式、病症严重程度及转归和资源消耗等因素，将患者分入若干诊断组进行管理的体系。疾病诊断相关组—预付费（DRGs - PPS）是对各疾病诊断相关组确定支付标准、预付医疗费用的付费方式。

票制可以减少药品流通环节，使中间加价透明化，降低药品虚高价格，减轻患者用药负担。DRGs让医院在保证医疗质量前提下自愿控费，降低非人工费用，提高医保基金使用率，优化医疗资源配置，为患者提供高质低价的医疗服务。

3. 加强产品服务质量安全

国家为了保障医药卫生行业产品服务质量安全，积极推进一致性评价与新版《药品管理法》，加强对药品质量安全、供货资质、采购招标等方面的管控，使患者可以用上更高质量、更低价格的药品。

4. 提升公共卫生安全防控能力

2020年新冠肺炎疫情暴发，国家出台《公共卫生防控救治能力建设方案》，旨在补齐新冠肺炎疫情中暴露出的公共卫生特别是重大疫情防控救治能力短板，提高国家的公共卫生安全防控能力。

在疫情防控的同时，行业会逐渐步入常态化发展，对行业影响较大的部分政策将重启，包括第三批药品带量采购方案、高值耗材国家集采试点方案以及新一轮医保目录谈判工作等。

二 医药卫生行业可持续发展价值评估

医药卫生行业可持续发展价值评分是指对沪深300中26家医药卫生上市公司的评分。2020年行业评分概况如下。

0家公司被筛选子模型剔除。

26家公司进入沪深300（占比8.67%）。

5家公司上榜"义利99"（占比5.05%）。

22家公司发布独立的社会责任报告。

数据完备度74.50%。

可持续发展价值平均得分率54.45%，排名第10。

目标Ⅰ驱动力平均得分率70.83%，排名第4。

方式Ⅰ创新力平均得分率52.48%，排名第8。

效益丨转化力平均得分率52.21%，排名第9。

评估亮点：价值驱动、业务驱动排名第4，管理创新排名第5。

评估暗点：经济贡献、社会贡献排名第9，模式创新排名第10。

可持续发展价值前三公司：①复星医药（600196.SH）；②爱尔眼科（300015.SZ）；③云南白药（000538.SZ）。

可持续发展价值升幅前三公司：①片仔癀（600436.SH）；②长春高新（000661.SZ）；③爱尔眼科（300015.SZ）。

通过对评分、数据的分析，我们发现医药卫生行业的可持续发展价值评分具有以下4个特征。

（一）行业可持续发展价值评分同比有所下降

相较2019年数据，2020年医药卫生行业可持续发展价值评估表现整体一般。这也符合前面提到的医药行业处于改革深水区的判断。

2019年沪深300中29家医药卫生公司中10家公司上榜"义利99"，而2020年26家医药卫生公司中只有5家上榜"义利99"，上榜率由34.48%降到19.23%，且2020年上榜率排名行业倒数第一。行业整体可持续发展价值得分率由54.90%降为54.45%。就行业得分最高公司而言，2020年行业表现整体弱于2019年。2019年得分最高的康弘药业可持续发展价值得分率为71.21%，在"义利99"中排名第12，可持续发展价值评级为AA-；2020年得分最高的复星医药得分率为64.77%，在"义利99"中排名第61，可持续发展价值评级为A（见表2）。

表2 2019年与2020年医药卫生可持续发展价值评分对比

年份	沪深300医药公司数（家）	"义利99"上榜公司数（家）	行业可持续发展价值得分率（%）	得分最高公司可持续发展价值得分率（%）	得分最高公司在"义利99"中的排名	得分最高公司可持续发展价值评级
2019	29	10	54.90	71.21	12	AA-
2020	26	5	54.45	64.77	61	A

资料来源：社投盟。

（二）上榜公司体量总体不大，经济贡献不突出

行业经济贡献低于沪深300，平均得分在11个行业中排名第9，较为靠后。整体来看，医药卫生行业的公司规模较小，平均市值约为沪深300平均市值的一半；盈利能力低于沪深300均值，平均营业收入约为沪深300的1/5，平均净利润约为沪深300的1/6；平均股息率低于沪深300；平均纳税额约为沪深300的1/8（见表3）。

表3 医药卫生行业经济贡献构成

评估对象	数量（家）	平均营业收入（亿元）	平均净利润（亿元）	平均市值（亿元）	平均市盈率（倍）	平均股息率（%）	平均纳税额（亿元）
医药卫生	26	231.31	18.75	714.14	47.43	0.98	11.59
沪深300	300	1065.14	118.22	1303.14	47.99	1.62	88.07

资料来源：万得，社投盟整理。

（三）社会贡献中仅"合作伙伴"表现高于沪深300

医药卫生行业的社会贡献得分在沪深300的11个行业中排名第9。在社会贡献的三级指标中，客户价值、员工权益、安全运营、公益贡献方面，医药卫生行业的得分率均低于沪深300；只有在合作伙伴方面，医药卫生行业得分率高于沪深300，这源于其对产业链上下游的责任管理，如对供应商的审计及对客户的风险提示（见表4）。

表4 医药卫生行业社会贡献构成

单位：%

评估对象	客户价值	员工权益	合作伙伴	安全运营	公益贡献
医药卫生	57.48	50.21	67.09	78.21	47.94
沪深300	60.44	61.83	63.52	80.59	58.89

资料来源：社投盟。

（四）方式 | 创新力得分在全行业中排名靠后

从行业整体看，2018 年以来，在药品带量采购、一致性评价、辅助用药等负向因素影响下，部分公司的传统利益品种销售受到较大影响，行业整体开始向创新转型。目前，行业创新投入进入快速增长期。考虑到投入产出的时滞，虽然创新成果不断出现，但是尚未在现有数据中得到体现，相信未来医药卫生行业的创新能力将会走出低谷。

2020 年医药卫生行业的方式 | 创新力在 11 个行业中排名第 8，其中技术创新与模式创新得分率均低于沪深 300 公司，管理创新略高于沪深 300 得分均值（见表 5）。

表 5　医药卫生行业与沪深 300 方式 | 创新力二级指标得分率对标

单位：%

评估对象	技术创新	模式创新	管理创新
医药卫生	33.36	48.08	65.57
沪深 300	40.23	52.06	65.20

资料来源：社投盟。

2018~2020 年，医药卫生行业技术创新与管理创新得分率逐年下降，其中，技术创新得分率下降的幅度较大，2020 年得分率为 33.36%，较 2018 年下降了 19.91 个百分点；管理创新得分率由 2018 年的 72.02% 下降到 2020 年的 65.57%。模式创新得分率先下降后上升，2020 达到了 48.08%，较 2018 年上升了 8.31 个百分点（见图 4）。

三　医药卫生行业可持续发展特征及贡献

（一）研发投入增长明显

医药卫生行业的创新研发是核心竞争力的重要体现，也是全行业可持续

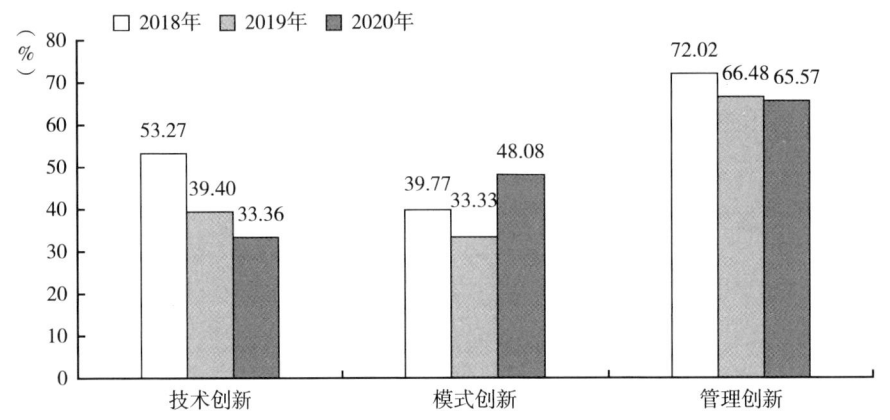

图 4　2018~2020 年医药卫生行业方式 I 创新力得分率变化情况

资料来源：社投盟。

发展程度的重要衡量指标之一。以下从公司研发投入、科研人员管理及研发成果来做进一步分析。

1. 研发投入逐渐上升

根据前瞻产业研究院的数据，2013 年至 2019 年前三季度中国医药上市公司研发投入费用持续增长，2019 年前三季度的研发投入达到了 290 亿元，较 2018 年增长 57%（见图 5）。2019 年年报显示，在"义利 99"的 5 家上

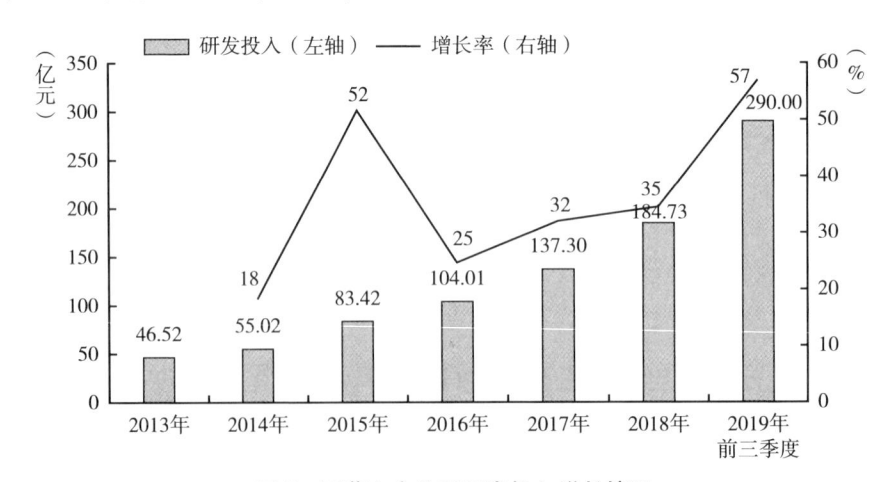

图 5　医药上市公司研发投入增长情况

资料来源：前瞻产业研究院，社投盟整理。

榜公司中,每家公司研发投入同比均有大幅度增长,幅度最小的一家也增长了38%,而康弘药业的研发投入增长率则高达125.74%。①

2. 加强科研人员创新管理

科研人员是公司创新发展的基石,行业步入创新增长阶段,公司对所招募科研人员的数量与要求也随之提升。在医药卫生行业上榜公司中,有4家公司研发人员数量较2018年有所上升,有3家公司研发人员占集团总人数比例上升,其中华东医药的研发人员人数比例增加最快,由2018年的6.52%增加至2019年的11.31%。同时,各公司广纳贤才,招募的科研人员学历比以往更高。截至2019年末,复星医药博士人数达到350人,同比增长6.71%,硕士人数达到3312人,同比增长13.35%,本科学历及以上人员占比达到44.32%,科研人员学历水平进一步提高。

为了激励及保留科研人才,提升研发质量与研发效率,该行业的公司多采取研发激励政策。2019年,在沪深300的26家医药卫生公司中,有7家设立了直接的创新激励奖励,有8家设立了员工股权激励计划。

3. 研发成果数量增长较快

根据前瞻产业研究院的数据,2017~2019年,首次在中国获批的新药数量逐年增加,2017年42个新药首次在中国获批,2018年获批48个,2019年已增长到60个。

2019年年报显示,医药卫生行业上榜公司的研发成果丰硕,复星医药与爱尔眼科表现尤为亮眼。复星医药在药品制造与研发板块专利申请量达136项。爱尔眼科获批科研项目99项,包括国家级项目6项;集团专家主编和参编专著27部;参与8个行业专家共识的编写工作;申请专利23项,获专利授权50项,获计算机软件著作权21项;发表SCI/MEDLINE论文71篇,发表中文核心期刊/中国科技论文统计源期刊论文138篇。②

---

① 复星医药、康弘药业、华东医药、爱尔眼科、云南白药2019年年度报告。
② 爱尔眼科2019年年度报告。

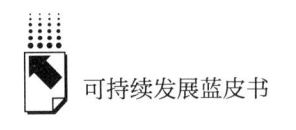

（二）质量安全管理绩效良好

医药卫生行业服务与产品的质量安全关系消费者的生命健康安全，加强质量管理与质量风险防控是医药卫生行业的特殊可持续发展贡献。

1. 多举措加强产品质量安全管理

在沪深300的医药卫生行业公司中，多数公司制定了药品全生命周期管理体系，对药品的每一个环节进行把控，并对产品进行全产业链质量追溯，提升产品的质量管理水平。经统计，沪深300的医药卫生公司中，通过GMP认证的医药卫生公司共有19家，占比为73.1%。同时，多数公司制定了严格且明确的供应商管理体系，确保公平选择供应商，华东医药甚至进行供应商绩效评估与社会责任审计，并前往重要原辅物料供应商进行现场审计。

在上榜的5家医药卫生公司中，有4家公司建立了风险监测体系，如药物警戒机制及不良反应监测体系，或制定了应对紧急事故发生的处理制度和预案，如不良反应应急处理制度与产品召回制度等。

2. 安全管理效果总体优良

据国家药品监督管理局的数据，2019年，全国药品不良反应检测网络收到《药品不良反应/事件报告表》151.4万份，为近20年中较低水平。同期，国家药品监督管理局公示的医疗器械不良事件通报共3起，处于较低水平。

从上榜公司看，医药卫生行业5家上榜公司质量安全管理效果总体优良。其中，华东医药所有工厂放行产品合格率100%；产品接受药监部门抽检62次，均无异常情形，无产品召回情形；各厂区接受药监部门检查6次，覆盖所有工厂和不良反应监测体系，均一次性通过。

（三）多种方式扩展健康服务受众

促进医疗健康服务均等化是近年来我国医疗卫生体制改革的重要目标之一，也是医药卫生行业可持续发展的重要关注点之一。

1. "互联网+医疗健康"打破时空限制

"互联网+医疗健康"可以充分发挥互联网的高效、便捷优势，优化资源配置，创新服务模式，提高服务效率，有利于降低营销成本，提高公司的声誉。另外，"互联网+医疗健康"可以精准对接和满足群众多层次、多样化、个性化的健康需求，可以不断提升医疗服务均等化、普惠化、便捷化水平。如九州通就充分利用互联网医疗技术助力基层医疗的发展。

在"互联网+"的助力下，健康管理正逐步迈向个性化、精确化。在新冠肺炎疫情下，互联网医疗发挥了其独一无二的优势，大量公立医院加快了互联网化进程，线上服务、线下配送避免了交叉感染，减小了患者感染病毒的风险。

2. 普惠医疗服务惠及更多患者

普惠医疗是指让更多人享受到医疗服务，惠及更多患者，让基本医疗服务面向基层、面向广大普通家庭。普惠医疗的基本目标是保证医疗公平性，尽量减轻患者负担，让所有人病有所医。

以爱尔眼科为例，公司建立了"中心城市医院—省会城市医院—地级市医院—县级医院"的分级连锁模式。截至目前，爱尔眼科疑难眼底病分级诊疗平台的诊疗范围覆盖30个省区市，可惠及患者数千万人，是目前全国最大疑难眼底病分级诊疗平台。

3. 健康扶贫阻止家庭因病致贫

医药卫生公司通过健康扶贫可以改善贫困地区的医疗卫生条件，提高医疗的可及性。截至2019年12月底，全国已有1600多万贫困人口得到基本救治和管理服务，贫困人口县域内就诊率达到90%以上，已有997万因病致贫返贫贫困户实现脱贫。

以复星医药为例，公司积极参与"乡村医生健康扶贫"项目，截至2019年12月，"乡村医生健康扶贫"项目已经覆盖60个国家级贫困县，帮扶了超过7669个行政村卫生室，覆盖了25751名乡村医生。此外，2019年公司"名医下乡"项目举办了5场培训，覆盖超过100个县级医院的医生、超过500名村医，公益义诊1000名患者。

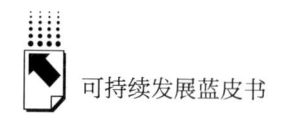

（四）亟待提升公共卫生安全应急处置能力

尽管多数公司并未建立公共卫生防范措施，但疫情暴发后，它们积极行动，主动承担社会责任，在抗击疫情中做出了积极贡献。

1. 抗疫表现较为突出

医药卫生行业有12家企业参与抗击疫情，包括派遣医生深入抗疫一线，援助短缺的医疗物资，保障各地口罩、温度计等供应等。社投盟统计数据显示，12家企业共捐款6700万元、捐赠价值6933万元的防疫物资、派出744名医护人员驰援武汉。此外，医药卫生企业还通过提前复工复产生产抗疫药品、线上义诊、加快抗疫药品研发等方式参与抗击疫情。表6展示了部分医药卫生企业抗击疫情的情况。

表6 部分医药卫生企业抗击疫情行动

公司	捐款金额（万元）	派遣医护人员数量（人）	物资捐赠	其他抗疫贡献
爱尔眼科	5180	230	向海外捐助了50万个口罩、防护服1.1万套、外科手套1万副、护目镜1万多副	通过急诊通道、专家咨询等方式为患者提供诊疗服务；将李文亮烈士的妻子列入员工关爱计划，支付其两个孩子的生活津贴及学费；向其他国家的医院分享新冠肺炎防控经验
美年健康	未提及	200	价值1800万元的9.06万人份的新冠肺炎试剂及仪器；合计约61吨的抗疫医疗物资	启动线上专家免费咨询及义诊；安排6人于武汉留院观察者观察点开展胸部CT筛查工作；首席科学家宁毅博士通过国家权威媒体动员大家做好防疫准备；志愿者社区宣传抗疫知识、发放酒精及体温计等
九州通	1000	0	价值10万余元的消毒液、手套、板蓝根与价值13万元的中药预防药方；防护服、N95口罩等急需紧缺物资共计120万余元；16.8万盒中成药，生产、煎煮、配送中药汤药41.2万副；提供10万份营养餐、600万元共计145吨冷冻预制食品	紧急召回员工复工生产；旗下物流公司协助红十字会进行指定库房的捐赠物资和药品的仓储管理工作；提供线上购药服务；支援和保障援鄂医疗队后勤；旗下子公司承担了13个区的中成药配送以及6个区的中药汤药生产供应工作

续表

公司	捐款金额（万元）	派遣医护人员数量（人）	物资捐赠	其他抗疫贡献
科伦药业	未提及	0	累计捐赠价值数千万元的医疗物资	紧急复工生产；帮助全国66个医疗队运输紧缺防护物资84次；获得武汉新型冠状病毒基因序列信息后，紧急组建药物研发攻关小组全速推进涵盖预防及治疗作用的1个创新多肽药物和3个仿制药物的研究
乐普医疗	100	8	价值100余万元的2000支电子体温计与700台指夹血氧仪，200余万元抗击疫情急需的医疗物资与100万元的器械设备	紧急复工生产；发起"健康通州"防疫控疫的志愿行动；上线"乐普医生"在线义诊项目；爱普益医学检验中心入选北京市第三批开展新型冠状病毒核酸检测单位；自主研发生产的"全自动化学发光免疫分析仪——ADCCLIA系列"入选《关于推荐新冠肺炎疫情防治急需医学装备的通知》推荐清单

资料来源：各企业2019年年度报告与社会责任报告，社投盟整理。

2. 公共卫生风险防控措施较为缺乏

突发性公共卫生事件[①]具有偶然性，它给国家和企业带来的损失是巨大的。2020年新冠肺炎疫情的暴发，暴露了我国公共卫生特别是重大疫情防控救治能力的短板。医药卫生行业在公共卫生风险防控中扮演着重要的角色，但此次疫情下暴露出多数医药卫生公司角色缺位，26家医药卫生公司仅有2家公司在报告中评估了突发性公共卫生风险，且并没有公司建立公共卫生安全风险管理体系。

（五）环境管理信息披露有待加强

2019年，行业环境贡献排名第6，但平均得分率只有50.11%。就社会

[①] 突发性公共卫生事件是指突然发生、造成或者可能造成社会公众健康严重损害的重大传染病疫情、群体性不明原因疾病、重大食物和职业中毒以及其他严重影响公众健康的事件。

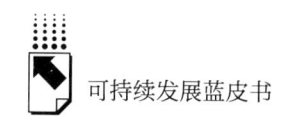

责任报告披露而言，只有 15 家公司有效披露了与环境保护有关的信息，只有 6 家公司披露了污染物排放及环境治理的详细数据，占总数的 23.1%。医药卫生公司应更加重视环境治理，加大对环境治理相关信息的披露力度，及时披露能源消耗和污染物排放相关数据。

沪深 300 医药卫生行业共有 10 家公司通过 ISO14001 环境管理认证，占总数的 38.5%；只有 6 家公司建立了完善的 EHS 体系来治理环境。另外，全年无公司发生环境违法事件被行政处罚，无公司发生重大环境事故（见表 7）。

表 7　沪深 300 医药卫生公司环境指标数据

单位：家，%

指标名称	数量	占比
通过 ISO14001 环境管理认证	10	38.5
建立 EHS 体系	6	23.1
产品通过 GMP 认证	19	73.1
发生环境违法事件与环境事故	0	0

资料来源：各公司年报及可持续发展报告，社投盟整理。

四　行业可持续发展价值展望

2019 年，医药卫生行业发展水平不断提升，为消费者乃至全社会可持续发展做出了巨大的贡献。结合"义利 99"评分与行业可持续发展价值贡献，未来行业的可持续发展价值将会在以下几个方面得到进一步提升。

技术创新与模式创新将不断驱动医药卫生行业发展。技术创新方面，近年来，医药卫生公司持续增加研发投入，加强对研发人才的激励，研发成果也不断涌现。结合"义利 99"评分，行业创新研发水平上升空间广阔，有望在未来进一步提高。在模式创新上，"互联网+"模式将不断提高医药卫生产品与服务的均等化、普惠化、便捷化水平，带动行业发展升级。互联网技术在医药卫生行业的运用与相关政策的发布将不断助力消费者健康可及性提升。

医药卫生行业的质量安全风险评估与检测是事关患者生命健康安全和行业自身可持续发展重要的议题，2020年暴发的新冠疫情更说明该行业在公共卫生安全风险应急预案和处置能力方面加大投入的重要性与必要性。

参考文献

焦开山：《健康不平等影响因素研究》，《社会学研究》2014年第5期。

句华：《关于建立城乡普惠医疗制度的探讨》，《经济研究参考》2017年第8期。

赖娇娇：《关于扶贫对公司财务绩效影响的综述》，《农村经济与科技》2020年第7期。

麻宝斌、杜平：《医疗卫生服务可及性如何影响民众的公共医疗公平感——基于七省市问卷调查数据的分析》，《甘肃行政学院学报》2019年第1期。

韦婷：《2020年中国创新药市场发展现状与趋势分析 中国新生力量崛起》，https://www.qianzhan.com/analyst/detail/220/200302-b2c9cbc6.html，2020年3月3日。

张曾莲、董志愿：《参与精准扶贫对公司绩效的溢出效应》，《山西财经大学学报》2020年第5期。

赵峥：《"互联网+"医疗模式的构建研究》，《网络安全技术与应用》2020年第5期。

《2019年全国医疗损害责任纠纷案件大数据报告》，医法汇，2020年2月24日。

袁精华：《当前国内外医药行业的形势及特点》，《中国经贸》2007年第11期。

《中华人民共和国国务院令第376号》，中央政府门户网站，2005年5月20日。

《2019年度互联网医疗市场数据报告》，网经社，2020年7月29日。

《我国每千人口病床数6.3张，已超高收入国家标准！》，搜狐网，2020年6月6日。

专题篇

Special Reports

B.6 2020年A股上市公司践行联合国可持续发展目标报告*

卢轲 刘乙旭 杨晓旭

摘 要： 本报告以沪深300公司为样本，研究A股上市公司对SDGs（联合国2030年可持续发展目标）的认知、实践和创新，并给出了具体建议。分析显示，2020年沪深300公司中20%关注SDGs，相比上年13%的关注比例有所增加，其中35家公司系统披露其SDGs实践信息，而"义利99"上榜公司相比未上榜公司对SDGs的认知更深入；35家系统披露SDGs实践信息的公司普遍围绕SDG1（无贫穷）、SDG9（产业创新和基础设施）、SDG12（负责任的消费和生产）这三个目标开展了深入实践。报告建议更多企业推动实现SDGs以获得利益相

---

* 冯思月亦在数据收集及初步分析中做出了贡献。

关方认可,并以 SDGs 为框架系统披露可持续发展实践信息以促进协作共赢。

关键词: SDGs 沪深 300 可持续发展

以沪深 300 公司为代表的 A 股上市公司对中国的可持续发展至关重要。2019 年,A 股上市公司增加值占中国 GDP 的 12.32%,而沪深 300 公司增加值占 GDP 的 8.97%。本报告在可持续发展价值评估的基础上,进一步考察了 A 股上市公司在联合国 2030 年可持续发展目标(Sustainable Development Goals,SDGs)关键议题、实践活动和信息披露等方面的表现,旨在促进中国乃至全球企业积极推动 SDGs 的发展进程。

图 1 联合国 2030 年可持续发展目标(SDGs)

为厘清 A 股上市公司践行 SDGs 的表现,本报告依据认知度的高低将其分为五类(见图 2)。第一类为"不关注可持续发展议题",该类公司在公开披露信息中未明确提及"可持续发展",对 SDGs 认知程度最低;第二类为"涉及可持续发展理念但不关注 SDGs",该类公司在公开披露信息中提及"可持续发展"理念,但并未表明对 SDGs 的关注,实践活动也并未与

SDGs 结合；第三类为"仅提及 SDGs"，这类公司在公开披露信息中已经关注到 SDGs，但并未将 SDGs 与实践行为对应；第四类为"非系统披露 SDGs"，这类公司重视 SDGs，并已经将部分实践行为与 SDGs 进行了勾连，但信息披露较零散，不成体系；第五类为"系统披露 SDGs"，该类公司以 SDGs 为框架对实践行为进行了系统披露，其实践行为对 SDGs 所能带来的贡献清晰明确。除第一类外，其余四类公司都关注可持续发展，第三类、第四类、第五类公司将对可持续发展的关注具体化为对 SDGs 的关注和实践。

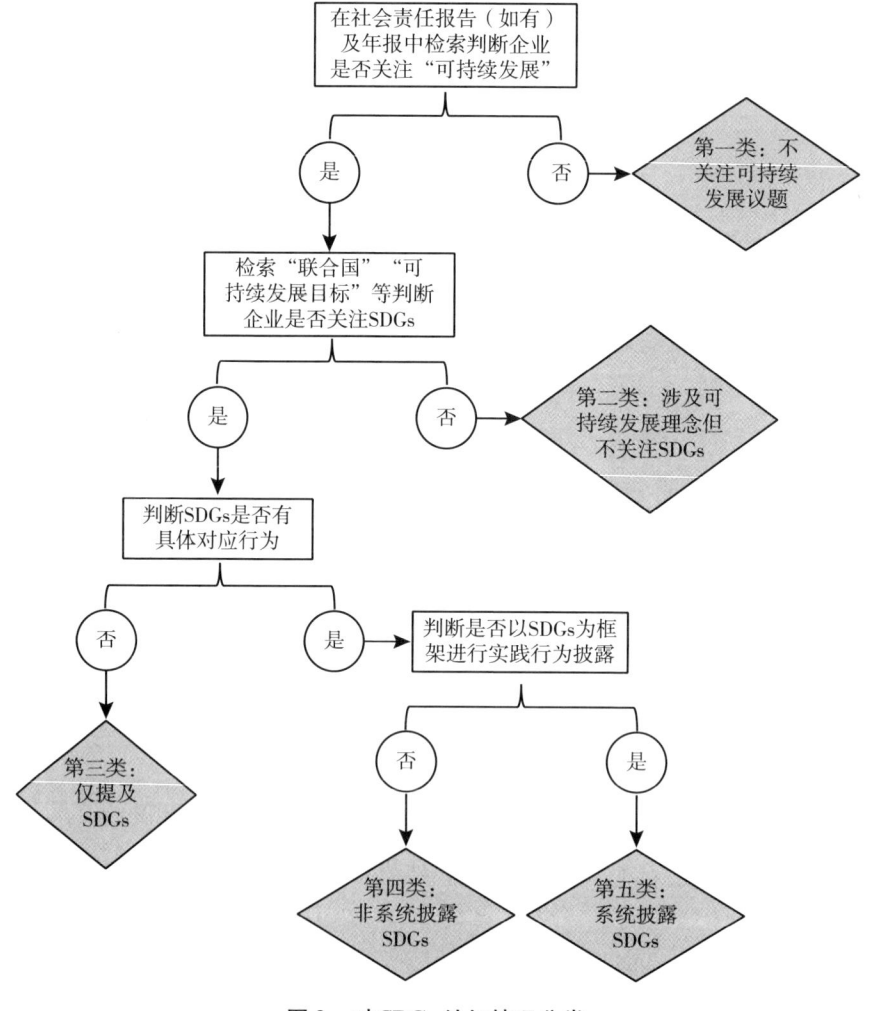

图 2 对 SDGs 认知情况分类

（一）SDGs 相关信息披露分类表现

根据以上分类，本报告首先就沪深 300 公司对 SDGs 的认知情况进行了定量分析。随后，报告基于广泛的权威公开信息（包括年报、责任报告、ESG 报告、可持续发展报告、官网、权威媒体等），就其中披露方式最佳的 35 家公司（第五类公司，称为"SDGs 最佳披露 35"，见表 1）的 SDGs 的实践程度和 SDGs 的创新实践两个方面进行了深入分析。

表 1 "SDGs 最佳披露 35"（按可持续发展价值评分排序）

证券简称	"义利 99"排名	企业性质	中证一级行业
中国建筑	1	央企	工业
中国石化	2	央企	能源
中国平安	7	地方国企	金融
招商蛇口	10	央企	地产
海尔智家	11	民企	可选消费
中国石油	13	央企	能源
中兴通讯	15	央企	电信业务
伊利股份	17	其他企业	主要消费
顺丰控股	18	民企	工业
兴业银行	19	其他企业	金融
深南电路	21	央企	信息技术
京东方 A	22	地方国企	信息技术
金风科技	25	其他企业	工业
中国人保	27	央企	金融
中国人寿	29	央企	金融
中国中冶	31	央企	工业
中国核电	53	央企	公共事业
兖州煤业	62	地方国企	能源
中国广核	65	央企	公共事业
三七互娱	73	民企	信息技术
视源股份	74	民企	信息技术
赣锋锂业	76	民企	原材料
TCL 科技	84	其他企业	可选消费
康弘药业	88	民企	医药卫生

续表

证券简称	"义利99"排名	企业性质	中证一级行业
中国国航	96	央企	工业
环旭电子	—	民企	信息技术
用友网络	—	民企	信息技术
东方航空	—	央企	工业
药明康德	—	民企	医药卫生
中信证券	—	央企	金融
恒逸石化	—	民企	原材料
上海临港	—	地方国企	地产
南方航空	—	央企	工业
财通证券	—	地方国企	金融

（二）沪深300公司对SDGs关注度较上年提升

沪深300公司中，86%关注可持续发展议题，且不少公司会在战略层面整合可持续发展观念，如伊利集团制定"伊利集团可持续发展纲领"。而沪深300中20%的公司关注SDGs，相比2019年版报告中13%的沪深300公司有了大幅增加。其中，4%的公司仅提及了SDGs并未与实践情况做对应，4%的企业对SDGs实践情况进行了不系统的披露，系统披露SDGs实践情况的公司占12%（见图3）。这体现了大部分沪深300公司已经融合了可持续发展理念，部分优秀公司重视可持续发展方向性共识SDGs，并尝试系统披露SDGs相关实践情况。

（三）"义利99"对SDGs认知度更强

"义利99"上榜公司是沪深300成分股公司中所选择出的99家可持续发展价值评分最高的公司，沪深300中其余201家被筛选子模型剔除或者可持续发展价值评分较低的公司为未上榜公司。

上榜公司中，95%的公司都关注可持续发展，而未上榜公司该比例为81%。同时，35%的上榜公司关注SDGs，而仅有11%的未上榜公司关注SDGs。此外，上榜公司中系统披露SDGs实践情况的比例为25%，是未上榜

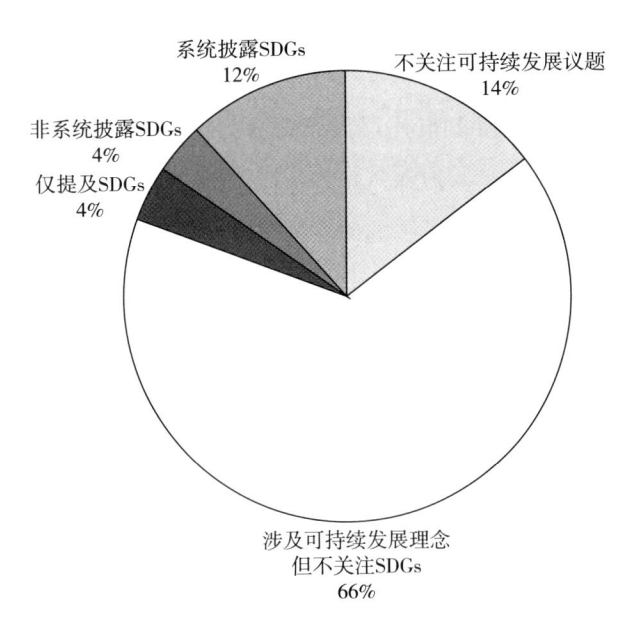

图 3　沪深 300 公司 SDGs 认知情况各类型所占比重

公司（5%）的 5 倍（见图 4）。整体而言，上榜公司对可持续发展和 SDGs 的认知与披露表现更佳，印证了可持续发展价值评估模型和 SDGs 的对应关系和评估的有效性。

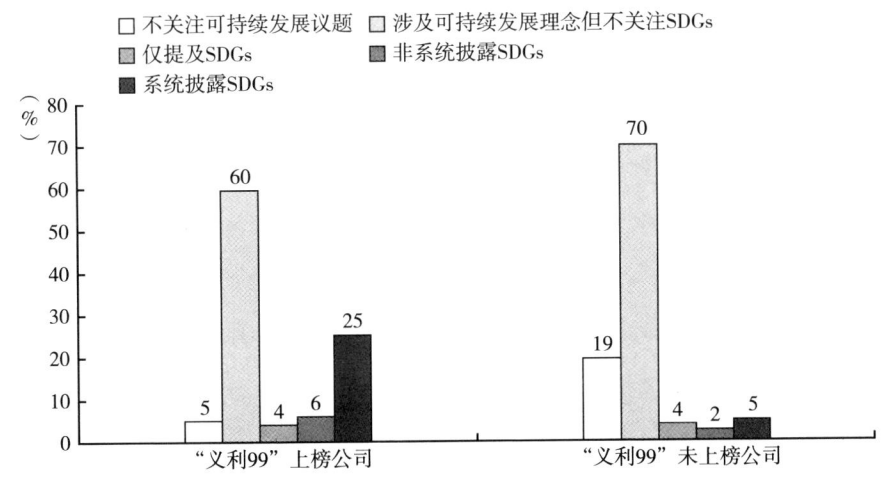

图 4　"义利 99" 上榜公司与未上榜公司 SDGs 认知情况各类型所占比重

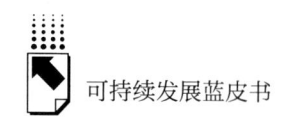

（四）能源与电信业务对SDGs关注度最高

中证指数有限公司将上市公司行业划分为11个类别。[①] 根据该分类表现出以下特征：总体而言，沪深300各个行业的大部分公司都关注可持续发展。公用事业公司对可持续发展的关注最普遍，该行业的全部9家公司均关注可持续发展，其次是金融（94%），原材料、能源和可选消费三个行业均有约90%的公司关注可持续发展。而关注可持续发展的公司比例最低的三个行业依次是信息技术（67%）、医药卫生（73%）、地产（78%）。信息技术行业较少关注可持续发展或与其行业特性——低污染、低能耗且员工数量较少相关，其对可持续发展的潜在负面影响较小，这方面受到的社会监督较少。能源与电信业务两个行业的公司关注SDGs（30%）比例最高，其次是金融业（25%）和工业（23%），对SDGs关注比例最低的为医药行业（8%）。"SDGs最佳披露35"分布在全部11个行业，其中占比最高的前五行业依次为能源（30%）、公用事业（22%）、地产（14%）、可选消费（10%）与医药卫生（8%）。各个行业的"SDGs最佳披露35"可以作为行业的SDGs实践范本，为该行业公司做出切合行业情况的指引（见图5）。

（五）国企对SDGs关注度略高

基于万得数据库的分类，公司的所有制类型被划分为国企（157家）和非国企（143家，包含民企、外资企业、集体企业以及公众企业）两种。

整体而言，国有企业更加关注可持续发展（92%），也有78%的非国企关注可持续发展。关注SDGs的国企占比达到了25%，关注SDGs的非国企占比为13%。而在"SDGs最佳披露35"中，国企（13%）和非国企（10%）比例非常接近（见图6）。总体而言，不论是国企还是非国企，大

[①] 在中证指数有限公司行业分类标准下（将其中的"地产金融"拆分为"地产"和"金融"两个行业），沪深300公司11个行业中有能源10家、电信业务10家、医药卫生26家、工业52家、主要消费19家、可选消费29家、原材料31家、信息技术36家、公用事业9家、地产14家、金融64家。

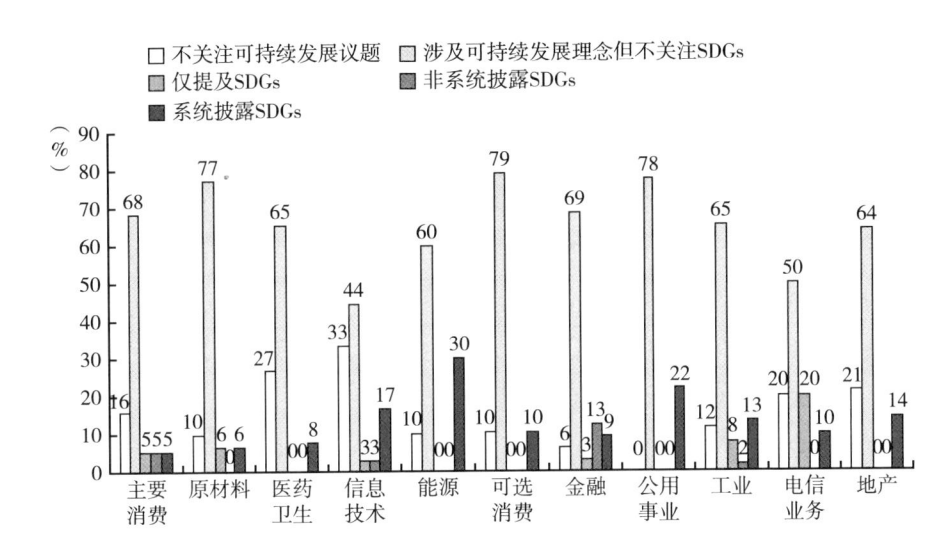

图 5 沪深 300 全行业公司 SDGs 认知情况各类型所占比重

多数公司都关注可持续发展，非国企中已有一批优秀企业关注 SDGs 并系统披露，而国企关注和系统披露 SDGs 的比例更高。这一现象或因为许多国有企业设立本身就带有解决国计民生的使命，因此也更积极与国家政策保持一致，积极响应国家在可持续发展议题方面提出的倡议。

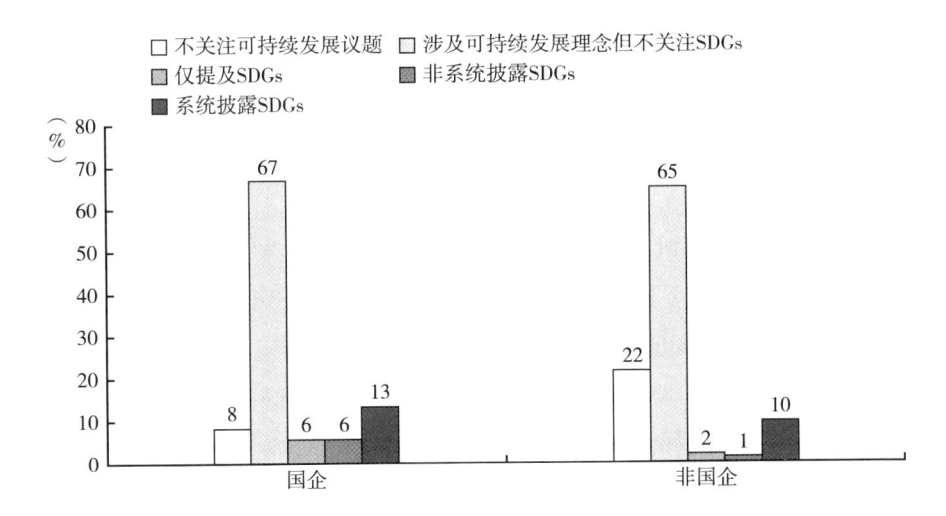

图 6 不同所有制公司 SDGs 认知情况各类型所占比重

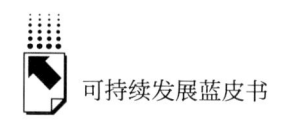

二 A股上市公司SDGs实践程度

报告采用ABC框架来评估"SDGs最佳披露35"对17个可持续发展目标的实践程度,此方法基于影响管理项目(IMP)的"基础资产的影响类别"评估框架,[①] 是国际通用的SDGs实践评估方式。报告根据ABC框架将"SDGs最佳披露35"对可持续发展目标的实践,从低到高分为以下四级。

0级:企业在该目标下无相关实践。

A级:企业在相应可持续发展目标下仅不作恶(Act to Avoid Harm),避免了对环境社会造成的某种负面影响,或保障和维护了利益相关方的基本权益。

B级:企业在相应可持续发展目标下做到了惠及利益相关方(Benefit Stakeholders),对利益相关方产生了积极的影响。

C级:企业在相应可持续发展目标下贡献了解决方案(Contribute to Solutions),有完善的执行体系或具备融合了业务的独特创新思路、关注少数人群或领域缺口,围绕该目标形成了解决方案,并对所在行业和社会产生了重大影响。

(一)对SDGs不同议题的实践程度差异明显

图7展示了35家公司在不同目标下不同实践级别(0、A、B、C)的比例。例如,有18家公司在目标1下的评级为C,则目标1下C的比例为54%。

由图7可知,"SDGs最佳披露35"在不同可持续发展目标下达到不同实践程度的公司比例差异明显,表明即使是系统披露SDGs实践情况的实践者对SDGs仍然有不同的选择。下文选取每个层级下对应比例最高的三个可持续发展目标,探究"SDGs最佳披露35"实践SDGs的具体差异。

---

① Impact Management Project, A Guide to Classifying the Impact of an Investment, https://impactmanagementproject.com/wp-content/uploads/A-Guide-to-Classifying-the-Impact-of-an-Investment-3.pdf, 2018年4月。

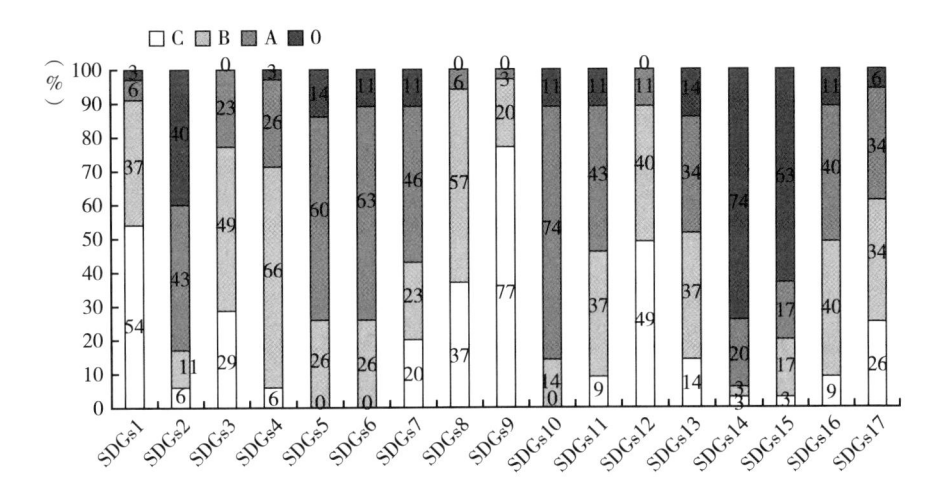

图 7 "SDGs 最佳披露 35"的 ABC 实践层级在可持续发展目标下所占比重

(二) 对 SDG9、SDG1 和 SDG12 主动提供解决方案

实践达到 C 层级公司所占比例最高的三个可持续发展目标，分别是 SDG9 产业创新和基础设施（77%）、SDG1 无贫穷（54%）、SDG12 负责任的消费和生产（49%）。企业对这些目标采取了深入而影响较大的实践方式。

SDG9 产业创新和基础设施成为企业最关注的目标，表明企业结合自身业务特色来促进技术进步和提高生产力，进行业务更新和转型，获得竞争优势，追求可持续发展。同时，SDG9 与产业创新相关，为中国目前提倡的发展重点之一，具体实践方式包括公司进行数字化创新改革、加大研发投入和研发力度、优待创新研发人员、立足新基建和区块链等技术进行产业创新。例如，中兴通讯充分发挥 5G 技术优势，与鞍钢信息产业集团合作，引入全球首个 5G+智慧钢铁方案，包含设备的生命周期管理系统、缺陷检测系统、机器视觉安全管理系统、设备远程操控系统等。

SDG1 无贫穷获得"SDGs 最佳披露 35"高度关注并且实践程度最高的原因，可能与中国当前全面建成小康社会的政策背景有关。2020 年是中国

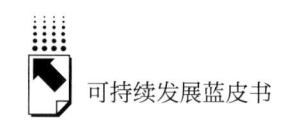

脱贫攻坚收官年，国务院颁布的《"十三五"脱贫攻坚规划》中强调了市场机制对于扶贫事业的重要性，该项工作是重中之重。因此，沪深300作为中国上市企业的典型代表和龙头企业，前瞻性地主动选择到贫困地区开拓业务，通过发挥资金、人才、技术、管理等优势，以多元、创新化等有效模式参与扶贫工作，发挥辐射与带动作用。在SDG1的实践中，企业多通过医疗扶贫、教育扶贫、产业扶贫、创新扶贫以及基建扶贫等方式落实全方位、多角度的扶贫政策。例如，部分企业利用金融创新帮扶，提供体系化、多途径的金融服务，实现对贫困地区的产业帮扶，开展农产品的场外期权、"保险+期货"扶贫项目，并与县、乡政府及农业合作社合作，通过寻找潜在商业机会，建立资源关系，服务"三农"，帮助农民分散、转移农产品价格风险。

通过深度实践SDG12确保可持续的消费和生产模式，减少对外污染、增强员工可持续发展的意识，为企业节省成本，保持更高效的运营，同时也说明了中国市场消费者消费意识的增强，责任消费的观念已经开始形成，企业为了争取消费者而进行努力。如环旭电子围绕绿色产品生态化设计三大主轴——电子产品有害物质、电子产品回收管理和产品生态化能源设计，不断提升产品，以满足市场对绿色产品的需求，研发符合全球法规的绿色产品。SDG9产业创新和基础设施和SDG12负责任的消费和生产这两个目标达到C层级的公司比例较高，可能是因为其与企业的发展密切相关。

（三）对SDG4、SDG8和SDG3关注相关利益

B层级所占比例最高的三个可持续发展目标，分别为SDG4优质教育（66%）、SDG8体面工作和经济增长（57%）、SDG3良好的健康与福祉（49%）。在这几个目标下，大部分"SDGs最佳披露35"对利益相关方产生了积极的影响。

这三个目标关联程度紧密。在企业的生产活动中，SDG8是与企业重要利益相关方员工紧密关联的可持续发展目标。企业在保障员工基本权益的基础上，为员工提供了与其劳动付出相匹配的工资和发展机会，并且通常会结合提供心理健康咨询、体检等涉及SDG3和进行员工技能培训等涉及SDGs4

的措施作为员工福利。因此，大多数企业对这三个可持续发展目标的实践达到了 B 层次。企业可考虑对更为广泛的利益相关方如所在社区的弱势群体，提供更深入的在教育、健康、经济增长等方面的帮助。

（四）对 SDG10、SDG6 和 SDG5 采纳不作恶原则

A 层级所占比例最高的三个可持续发展目标，分别为 SDG10 减少不平等（74%）、SDG6 清洁饮水和卫生设施（63%）、SDG5 性别平等（60%）。大部分案例企业在这几个目标上的实践主要为避免负面影响。

对于 SDG10，企业的实践主要关注保障公平就业、同工同酬、民主沟通、保障合理的员工结构等，对更广泛的不平等问题较少涉及。对于 SDG6，企业普遍采取的实践主要为制定节约用水规则、宣传节水知识、水循环和减少排污，鲜少出现为社区提供清洁饮水设施、净化污水废水等高于 A 层级的实践行为。企业对于 SDGs5 的实践行为，现阶段主要关注女性员工的薪酬平等、产假和孕期福利等，缺乏对性别问题的系统解决方案。

（五）对 SDG14、SDG15 和 SDG2 实践活动较少

0 层级所占比例最高的三个可持续发展目标，分别为 SDG14 水下生物（74%）和 SDG15 陆地生物（63%）、SDG2 零饥饿（43%）。企业较少对这些目标付诸实践。

企业较少基于 SDG2 零饥饿采取实践行动，可能与中国社会主义现代化建设已经基本保障人民温饱有关。《中国的粮食安全》指出，2018 年，我国实现谷物基本自给，自给率超过 95%，居民的健康营养状况明显改善，中国农村贫困人口基本解决了"不愁吃"的问题。值得一提的是，在 40 多年前全国近 1/3 的农村人口仍处在温饱线上挣扎。SDG14 水下生物和 SDG15 陆地生物这两个可持续发展目标为环境类目标，分别和海洋生态、陆地生态等特定领域高度关联，企业关注较少，其与大部分"SDGs 最佳披露 35"公司业务关联弱，也表明在保护生物多样性方面"SDGs 最佳披露 35"公司需要加强意识和采取行动。

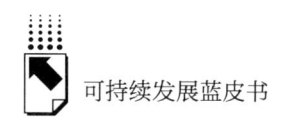

三 践行 SDGs 的价值和意义

以经济、社会、环境为三大支柱的可持续发展理念，正逐步成为企业共识。企业的生存和发展既离不开稳定的社会环境，也离不开和谐的生态环境。达成 SDGs 所指明的目标，不仅是企业公民的责任，也是其健康发展的基础，更是其长期增长的动力。

（一）企业公民的责任

SDGs 框架可帮助企业全面考虑不同利益相关方的需求。企业的主要利益相关方包括政府、员工、合作伙伴、社区、消费者、客户等。SDGs 的 17 个目标涵盖了当今全球共识性的重点发展领域，能够很好地指明不同利益相关方的诉求，如"SDGs 最佳披露 35"在 C 层级最关注的 SDG9 产业创新和基础设施回应了社区和产业发展对企业的期待，SDG1 无贫穷满足了中国政府精准扶贫的政策要求，SDG12 负责任的消费和生产符合了消费者对可持续消费的追求。借助 SDGs，企业可以对其经营和发展中起到关键作用的利益相关方的潜在诉求进行全面考量，获得长远发展机会。

（二）健康发展的基础

SDGs 框架可帮助企业区分战略发展优先级。SDGs Compass 指出，制定具体的、可衡量的、有时限的企业可持续发展目标，有助于在组织内部就优先事项形成共识、推动企业的绩效提升。报告分析显示，因为 SDG1 无贫穷呼应国家当前"精准扶贫"的政策重点，而 SDG12 负责任的消费和生产与企业的市场竞争关系紧密，企业对这两个目标进行了形式多样的深度实践；而对于 SDG14 水下生物和 SDG15 陆地生物而言，因为其与企业业务相关性普遍不高、外部性反馈周期较长，而且不是中国当下的政策重点，在企业当前的实践中关注度不高。因此，企业在实践中可探讨并确认某一阶段对 SDGs 的不同关注层级（参考 IMP 的 ABC 框架），制定实践的具体目标和

KPI，并在报告中披露围绕 SDGs 的实践成果。这一方面可以促进企业为实现 SDGs 做出贡献，有利于社会整体福祉；另一方面可以帮助企业促进经济、社会、环境三方面的均衡发展，达成义利并举。

（三）长期增长的动力

SDGs 是全球 193 个国家于 2015 年达成的，对未来 15 年全球可持续发展的规划。17 项目标指向了多个存在海量需求的领域，这些领域的问题解决有赖于企业的积极投入，在解决这些问题的同时也将为企业带来新的商机。2019 年，有两成沪深 300 公司用 SDGs 指导实践，在关注可持续发展的沪深 300 公司中该比例更是接近九成。2020 年，随着气候变暖、疫情暴露出的常态生活的脆弱性、逆全球化的趋势引起的警醒等，SDGs 有望为更多的企业发展提供重要的方向指引。

四 践行 SDGs 的优化建议

基于全球对标及数据分析，建议中国上市公司在以下几方面加强及优化围绕 SDGs 的实践。

（一）直接贡献 SDGs 的实践活动

企业可以借助"一实践对多目标"或"多实践对一目标"的方式，致力于推动达成可持续发展目标。例如，金风科技借助主营业务能力，为贫困地区安装"智能风机"，并针对贫困人群实行"入股分红"，既促进了环境保护，也实现了精准扶贫。此项实践活动同时对 SDG1 无贫穷、SDG7 经济适用的清洁能源、SDG8 体面工作和经济增长以及 SDG9 产业创新和基础设施做出了直接贡献。

如表 2 所示，通过对中国上市公司 SDGs 的实践方式进行分析，我们总结了能为实现 SDGs 做出贡献的有代表性的实践活动。

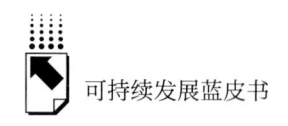

表 2　SDGs 实践方式参考

目标序号	目标内容	实践方式
SDG1	无贫穷	医疗扶贫,教育扶贫,产业扶贫,创新扶贫,基建扶贫
SDG2	零饥饿	食品安全保障,支持农业基建
SDG3	良好的健康与福祉	保障员工健康,公共安全应急,医疗服务
SDG4	优质教育	赋能高等教育,员工培训,教育资助
SDG5	性别平等	同工同酬,平等招聘,披露男女比例
SDG6	清洁饮水和卫生设施	节约用水,负责任排放
SDG7	经济适用的清洁能源	减少耗能,积极利用新能源
SDG8	体面工作和经济增长	员工福利,员工培训,员工安全教育,促进就业
SDG9	产业创新和基础设施	数字转型,研发投入,基础建设,创新开发
SDG10	减少不平等	诚信纳税,男女平等,雇用平等,申请专利
SDG11	可持续城市和社区	灾后援建,智慧交通,文化保护,维护社区安全
SDG12	负责任的消费和生产	绿色供应链管理,排废处理,培养可持续意识,绿色办公
SDG13	气候行动	环保倡议,减碳减排
SDG14	水下生物	减少海洋污染,保护海洋动物
SDG15	陆地生物	保护生态系统(包括土地和生物)
SDG16	和平、正义与强大机构	反腐败反垄断,党建合规,建立工会,保障顾客、股东权益
SDG17	促进目标实现的伙伴关系	供应商管理帮扶,支持"一带一路"等建设,国际援助

（二）清晰呈现 SDGs 贡献的信息披露

在实践 SDGs 的过程中，通过年报、责任报告等渠道和利益相关方进行透明沟通，一方面可以帮助企业呈现其实践成果，获得利益相关方认可；另一方面可以在沟通过程中帮助企业了解其利益相关方的诉求，调整企业发展策略。SDGs 为全球各方交流提供了共通语言，如中国制定了关于 SDGs 实践的国别方案并每两年汇报进展，GRI 等报告披露标准制定机构已将 SDGs 深度融入其披露框架，IRIS + 等评估体系将评估对象的影响领域与 SDGs 进行了对标。因此，我们建议企业参考 SDGs 框架对其可持续发展价值进行有效披露，这有助于各方形成共识、协同共赢。而对"SDGs 最佳披露 35"的研究，也为我们提供了很多优秀的披露范例。

通过对"SDGs 最佳披露 35"可持续发展报告（包括责任报告、ESG 报告等）的研读，本报告将企业系统披露SDGs的方式分为五种（见表3）。其中，9家企业选择使用超过一种的披露方式进行披露。超过一半的企业选择用对应法或章节法进行披露，不到1/3的企业选择用参照法进行披露，而仅1/6的企业会主动识别重点关注的可持续发展目标并进行披露。

表3　SDGs披露方法

方法	内容
对应法	利用图表方式对应当年度实践SDGs的具体行为
参照法	利用已有GRI等相关披露附录对应报告内容进行SDGs的对标
章节法	以章节为单位对公司已识别的SDGs进行报告
重要议题识别法	主动识别并披露企业重点实践目标
其他方式	可持续发展目标画像,可持续发展目标纲领

从目前"SDGs最佳披露35"的情况来看，重要议题识别法要求企业围绕SDGs进行深度理解，推进战略融入的实践，并改进披露方式，要求较高，是有志于大力推动SDGs的企业可参考的方法。对应法、参照法和章节法这三类披露方式可操作性较强，是更多企业可以采用的方法。

在企业实践初级阶段，未以GRI或其他披露框架作为参考的企业可以选择"对应法"进行披露，即在开篇或附录部分通过图表展示企业实践行为和17项可持续发展目标的对应关系。而以GRI或其他披露框架作为参考的企业可以尝试使用"参照法"进行披露。GRI披露标准和SDGs高度兼容。因此，企业可以选择在参照GRI框架的基础上，通过在附录中采用对应的"参照法"进行披露。

在实践的后期阶段，企业可以选择使用"章节法"进行披露。用"章节法"进行披露要求企业在撰写报告前识别自身关注的可持续发展目标，以使整个报告的框架和具体内容与SDGs高度相关，建立清晰的SDGs披露框架，且使用"章节法"让报告具有系统性和战略性，展示企业发展过程中对SDGs的深度融入。

SDGs的实现依赖于企业的积极参与，同时SDGs也将为企业带来新的

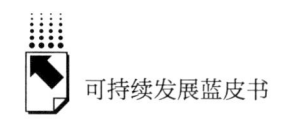

发展机遇。因此，报告建议更多企业考虑以SDGs为指引履行社会责任，此举将会帮助企业获得包括政府、消费者、员工、社区在内的利益相关方的认可，赢得竞争优势。在具体实践中，企业可考虑如何通过创新实践同时促进多个可持续发展目标的达成。在信息披露时，可参考"SDGs最佳披露35"，用对应法、参照法、章节法进行SDGs实践的系统披露。

《联合国2020年可持续发展目标报告》显示，除性别平等、卫生饮用水等方面有一定改善外，大部分目标完成度严重偏离轨道。应对气候变化、消除贫困等方面面临的危机尤为严重。中国是全球唯一提前10年完成SDGs首目标（无贫穷）的国家。在消除贫困方面，以"义利99"为代表的中国上市公司做出了杰出贡献。然而，达成可持续发展目标任重而道远，期待中国上市公司继续做出不懈努力。

参考文献

国务院：《"十三五"脱贫攻坚规划》，www.gov.cn，2016年11月23日。

联合国：《我们共同的未来》，https://sustainabledevelopment.un.org/content/documents/5987our-common-future.pdf，1987年2月。

联合国：《2030年可持续发展议程》，https://www.un.org/zh/documents/view_doc.asp?symbol=A/RES/70/1，2015年9月25日。

SDGs Compass：《SDGs企业行动指南》，https://sdgcompass.org/wp-content/uploads/2016/06/SDG_Compass_Guide_Chinese.pdf，2016。

《2030机遇：渣打银行可持续发展目标投资报告》，渣打银行官网，2020年1月16日。

B.7
2020年A股上市公司扶贫实践报告*

李 文 顾欣科 刘 钊 胡雯淇

摘　要： 新中国成立后，特别是改革开放以来，在中国政府的大力倡导和推进下，社会各方协力参与，脱贫攻坚取得了举世瞩目的成就。在这一伟大进程中，以大型上市公司为代表的中国企业积极响应国家号召，主动承担社会责任，积极投入创新扶贫实践，为打赢脱贫攻坚战和推进实现包括"无贫穷"在内的多项联合国可持续发展目标（SDGs）做出了巨大贡献。本报告将A股沪深300公司作为主要研究对象，结合定量数据分析和创新案例挖掘，从动力、规划、投入、方式、成效等多个维度对上市公司的扶贫行动进行系统研究，并对照SDGs框架探究上市公司扶贫的可持续性和综合社会价值贡献。

关键词： 沪深300公司　精准扶贫　SDGs　可持续发展价值

一　研究背景及研究方法

"消除一切形式的贫困仍然是人类面临的最为艰巨的挑战"。消除贫困被联合国列为17项SDGs中的第一项目标。然而，世界银行2020年发布的《贫困与共享繁荣》显示，受新冠肺炎疫情影响，2020年全球极端贫困人口（每天生活费不足1.90美元）比例将达到9.1%～9.4%，远高于预计的

---

* 周佳欣、杨若煊在数据收集、资料整理工作中亦做作了贡献。

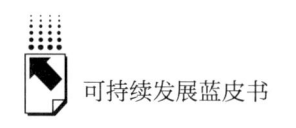

7.9%的水平。照此计算,目前全球仍有超过7亿人饱受贫困困扰。

无论是在新中国成立之后的社会主义建设时期,还是在改革开放后,党和政府始终把脱贫减困作为重要工作持续推进。从1978年到2019年,中国农村贫困人口从7.7亿人减少到了551万人,贫困发生率从97.5%降至0.6%。

这场人类历史上最为辉煌的反贫困斗争,离不开党和政府的英明决策和领导,离不开各方参与和亿万人民的不懈努力,其中各类企业持续、大规模的扶贫投入更是功不可没。

1994年4月国务院发布《国家八七扶贫攻坚计划》,不仅标志着新中国历史上首个"明确目标、明确对象、明确措施和明确期限"的扶贫开发工作纲领的诞生,更创造性地提出了要通过在经济落后地区发展产业以及发达地区企业进行对口援助的方式来解决贫困问题的政策路径。

2001年6月,国务院《中国农村扶贫开发纲要(2001~2020年)》,指出要"鼓励多种所有制经济组织参与扶贫开发",利用商业力量改善贫困地区经济生态,进而推进帮扶对象脱离贫困。

2011年12月,中共中央、国务院印发《中国农村扶贫开发纲要(2011~2020年)》,要求国有大型骨干企业积极开展定点扶贫项目,同时也鼓励、协助非公有制企业承担扶贫工作。而随着2014年中央提出"精准扶贫"理念和2015年11月《中共中央 国务院关于打赢脱贫攻坚战的决定》中十项精准扶贫方略的提出,政府部门强化落实了国有企业的扶贫责任,并进一步引导民营企业以更加多元的方式参与反贫困事业(见表1)。

表1 1994年以来中国主要的企业扶贫政策及特点

项目	"八七"扶贫开发阶段 (1994~2000年)	扶贫成果巩固阶段 (2001~2010年)	新时期精准扶贫与 精准脱贫阶段 (2011~2020年)
重要政策文件	1994年4月15日 《国家八七扶贫攻坚计划》	2001年6月13日 《中国农村扶贫开发纲要(2001~2010年)》	2011年12月1日 《中国农村扶贫开发纲要(2011~2020年)》 2014年5月12日 《建立精准扶贫工作机制实施方案》

续表

项目	"八七"扶贫开发阶段 (1994~2000年)	扶贫成果巩固阶段 (2001~2010年)	新时期精准扶贫与 精准脱贫阶段 (2011~2020年)
扶贫模式特征	外部输血+自我发展	多元造血+可持续性扶贫	多元造血+精准扶贫
企业扶贫特点	由救济式扶贫转变为开发式扶贫，在"八七"扶贫阶段，企业扶贫被正式写入中央一号文件，这一阶段企业扶贫政策特征是鼓励大中型国有企业参与扶贫。主要采用人财物的投入和信息、技术服务，扶贫干部派出等方式，帮扶贫困地区	在新世纪城乡贫富差距扩大的背景下，政策更侧重于向农村贫困人口倾斜。扶贫政策鼓励包括大中型企业在内的多种所有制经济组织以及社会组织共同参与扶贫开发，并开始通过设立税收优惠等政策鼓励扶持企业扶贫	中央提出"精准扶贫"指导思想，企业扶贫进入了定点扶贫、精准扶贫阶段，各种所有制企业在扶贫模式上也日趋成熟，实施了"万企帮万村"等多个企业集体精准扶贫行动，涌现了多种企业创新扶贫的模式，企业扶贫的效率大幅提升，产生的综合社会价值日益显现

资料来源：社投盟整理。

上市公司作为中国市场经济的支柱力量，也被赋予了参与打赢扶贫攻坚战的重大时代使命。2016年9月，中国证监会发布《关于发挥资本市场作用服务国家脱贫攻坚战略的意见》（下文简称《意见》），鼓励上市公司以支持产业发展、结对帮扶等方式支持脱贫工作。同年11月国务院印发《"十三五"脱贫攻坚规划》，再次强调了充分发挥市场机制对于推进扶贫事业的重要性，并列举了开展精准扶贫工作的八个主要方面：产业发展脱贫、转移就业脱贫、易地搬迁脱贫、教育扶贫、健康扶贫、生态保护扶贫、兜底保障、社会扶贫。上市公司积极响应，采取行动，整合自身资源优势，创新工作方式，为脱贫攻坚和实现全民小康做出了重要的贡献。

为贯彻落实国务院《"十三五"脱贫攻坚规划》和证监会《意见》，沪、深交易所于2016年底分别发布了《关于进一步完善上市公司扶贫工作信息披露的通知》和《关于做好上市公司扶贫工作信息披露的通知》，细化了上市公司报告扶贫工作的规范，鼓励公司从精准扶贫规划、年度精准扶贫概要、精准扶贫成效和后续精准扶贫计划等四个维度全面披露报告期内履行扶贫责任的情况。2017年，中国证监会发布《公开发行证券的公司信息披

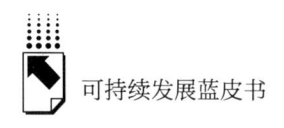

露内容与格式准则第 2 号——年度报告的内容与格式（2017 年修订）》，其中第四十三条提出鼓励公司开展各项精准扶贫工作，并积极披露报告期内扶贫参与情况。

数亿人口的脱贫减困是一项长期的复杂系统工程，不仅需要全社会的群策群力，更需因地制宜创新扶贫方式，解决贫困难题。经过几十年的发展，中国在扶贫领域已经探索形成了以下八种成熟的扶贫方式（见表2）。

表 2 中国上市公司八大主要扶贫领域

扶贫领域	帮扶内容
产业发展脱贫	立足贫困地区资源禀赋，以市场为导向，充分发挥农民合作组织、龙头企业等市场主体作用，建立健全产业到户到人的精准扶持机制，每个贫困县建成一批脱贫带动能力强的特色产业，每个贫困乡、村形成特色拳头产品，贫困人口劳动技能得到提升，贫困户经营性、财产性收入稳定增加
转移就业脱贫	加强贫困人口职业技能培训和就业服务，保障转移就业贫困人口合法权益，开展劳务协作，推进就地就近转移就业，促进已就业贫困人口稳定就业和有序实现市民化、有劳动能力和就业意愿未就业贫困人口实现转移就业
易地搬迁脱贫	组织实施好易地扶贫搬迁工程，确保搬迁群众住房安全得到保障，饮水安全、出行、用电等基本生活条件得到明显改善，享有便利可及的教育、医疗等基本公共服务，迁出区生态环境得到有效治理，确保有劳动能力的贫困家庭后续发展有门路、转移就业有渠道、收入水平不断提高，实现建档立卡搬迁人口搬得出、稳得住、能脱贫
教育扶贫	以提高贫困人口基本文化素质和贫困家庭劳动力技能为抓手，瞄准教育最薄弱领域，阻断贫困的代际传递。到 2020 年，贫困地区基础教育能力明显增强，职业教育体系更加完善，高等教育服务能力明显提升，教育总体质量显著提高，基本公共教育服务水平接近全国平均水平
健康扶贫	改善贫困地区医疗卫生机构条件，提升服务能力，缩小区域间卫生资源配置差距，基本医疗保障制度进一步完善，建档立卡贫困人口大病和慢性病得到及时有效救治，就医费用个人负担大幅减轻，重大传染病和地方病得到有效控制，基本公共卫生服务实现均等化，因病致贫返贫问题得到有效解决
生态保护扶贫	处理好生态保护与扶贫开发的关系，加强贫困地区生态环境保护与治理修复，提升贫困地区可持续发展能力。逐步扩大对贫困地区和贫困人口的生态保护补偿，增设生态公益岗位，使贫困人口通过参与生态保护实现就业脱贫
兜底保障	统筹社会救助体系，促进扶贫开发与社会保障有效衔接，完善农村低保、特困人员救助供养等社会救助制度，健全农村"三留守"人员和残疾人关爱服务体系，实现社会保障兜底
社会扶贫	发挥东西部扶贫协作和中央单位定点帮扶的引领示范作用，凝聚国际国内社会各方面力量，进一步提升贫困人口帮扶精准度和帮扶效果，形成脱贫攻坚强大合力

资料来源：《"十三五"脱贫攻坚规划》，社投盟整理。

本报告将沪深300公司作为分析中国企业扶贫实践的样本，综合考察国内领先企业在扶贫中的卓越贡献，以形成对大型企业的社会价值更为全面的认知和评价。沪深300是沪、深两大证券市场中市值最大、流动性最好的300家公司，其总市值占A股市场的40.1%。[1] 这些上市公司作为中国市场经济中的头部企业，是驱动国民经济增长的核心引擎，也是贯彻国家政策、推进社会全面可持续发展的关键力量。

基于沪深300公司在年度报告、企业社会责任报告、可持续发展报告等官方出版物中主动披露的相关信息，本报告采取全新视角考察中国头部上市公司在扶贫领域的实践情况与社会价值贡献，着重探讨上市公司开展脱贫助弱事业的驱动力，量化统计和多维度分析企业的扶贫规划、投入与产出情况，采用SDGs框架呈现上市公司扶贫实践对于推进社会可持续发展的重要价值，并通过大量实践案例多方位呈现上市公司履行扶贫社会责任时的模式创新。

二 沪深300公司扶贫实践情况分析

本部分将从驱动力、信披、规划、投入及模式等维度综合展现沪深300上市公司的扶贫实践情况。

（一）精准扶贫三大驱动力

通过梳理文献和分析数据，本研究认为企业参与扶贫有三大主要动力：道德驱使、声誉提升、政策响应。Carroll提出的"企业社会责任金字塔模型"将包括扶贫助弱在内的慈善责任置于最高一级，并把它视作一类出于企业自身善念的行为。[2] 而一些学者发现，企业可通过社会履责提高自身的声誉，进而改善其财务业绩，[3] 因而部分公司将开展慈善行动作为提高公司

---

[1] 数据以2020年9月30日收盘价为标准。
[2] Carroll A. B., The Pyramid of Corporate Social Responsibility, "Toward the Moral Management of Organizational Stakeholders," *Business Horizons*, 1991, 34 (4).
[3] Wang H., Qian C., "Corporate Philanthropy and Corporate Financial Performance: The Roles of Stakeholder Response and Political Access," *Academy of Management Journal*, 2011, 54 (6).

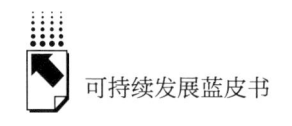

竞争力的策略性手段。① 除了以上两种动因外，在中国的社会环境下，无论是国企还是民营企业均或多或少会受到政府部门相关措施的引导或约束，其扶贫责任的履行还可能是出于对政策的响应。②

本报告就沪深300公司公开披露的数据来看，有137家公司称参与扶贫是由践行社会责任的道德驱使，48家公司明确提及是对国家具体扶贫政策文件的响应，还有16家公司提到扶贫对于提升企业自身形象的作用。

（二）近九成公司披露精准扶贫信息

研究发现，沪深300公司整体上较为积极地响应了国家鼓励企业参与精准扶贫和披露有关信息的政策。沪深300公司中披露有履行精准扶贫社会责任情况的共有267家，占总数的89.0%。③ 在未披露参与扶贫的33家公司中，有20家在年报中明确声称当年度未开展任何精准扶贫工作，其余13家则在披露栏目下称"不适用"，且在当年度企业社会责任报告、可持续发展报告等出版物中未披露企业扶贫信息。

（三）超七成公司制定了精准扶贫规划

是否有一个明确的扶贫规划不仅是影响扶贫目标能否达成的重要因素，也是体现企业在多大程度上重视履行扶贫帮困责任的关键标尺。根据沪深300公司在年度报告中披露的情况，在"上市公司扶贫工作情况"栏目中有"精准扶贫规划"和"后续精准扶贫计划"的有201家，占有扶贫投入公司

---

① Porter M. E., Kramer M. R., "The Competitive Advantage of Corporate Philanthropy," *Harvard Business Review*, 2002, 80 (12).
② Chen Z., Fuller D. B., Zheng L., "Institutional Isomorphism and Chinese Private Corporate Philanthropy: State Coercion, Corruption, and Other Institutional Effects," *Asian Business & Management*, 2018, 17 (2).
③ 部分公司在年度报告的"履行精准扶贫社会责任情况"栏目下称该项目"不适用"，但在企业社会责任报告、可持续发展报告等其他出版物中披露了扶贫投入情况，此类公司亦计算在内。

的75.3%。沪深300上市公司在开展扶贫实践时有着较强的规划意识和可持续性,但还有进一步提升的空间。

(四)精准扶贫总投入超136亿元

通过统计上市公司在年度报告等公开渠道披露的数据发现,沪深300公司2019年度扶贫资金投入达136.58亿元①(含资金投入134.06亿元和物资折款2.52亿元),平均扶贫投入5115.31万元②。

"义利99"上榜公司的年度扶贫资金总投入和平均投入分别为87.96亿元和9457.67万元,显著高于沪深300公司平均水平,其中总投入占到了沪深300公司的64.4%。表3列出了沪深300公司中在2019年度扶贫资金投入最多的10家公司,其中"义利99"上榜公司占六席。新希望、中国建筑和中环股份三家公司分别以26.00亿元、11.76亿元和11.01亿元的扶贫资金投入居前三位。

表3 沪深300公司扶贫资金投入情况(部分)

扶贫投入排名	"义利99"排名	社投盟ESG评级	证券代码	公司简称	中证一级行业	年度扶贫投入(亿元)
1	70	A	000876.SZ	新希望	主要消费	26.00
2	1	AA	601668.SH	中国建筑	工业	11.76
3	—	BB	002129.SZ	中环股份	工业	11.01
4	—	BBB+	600999.SH	招商证券	金融	6.00
5	—	A-	600025.SH	华能水电	公共事业	5.16
6	—	BBB	600027.SH	华电国际	公共事业	4.82
7	40	A+	601939.SH	建设银行	金融	3.33
8	71	A	300498.SZ	温氏股份	主要消费	3.32
9	58	A	600989.SH	宝丰能源	原材料	2.96
10	4	AA	601088.SH	中国神华	能源	2.56

注:中国人寿(601628.SH)2019年累计支出精准扶贫资金约52.64亿元,其中包括各类扶贫保险赔付金额51.46亿元。按照本研究统计口径调整后公司未能上榜。

---

① 精准扶贫年度资金投入额含资金投入及物资折算。精准扶贫贷款、扶贫保险赔付额及保额、扶贫采购支付额等支出均不包含在精准扶贫投入统计中,具体以企业明确披露情况为准。

② 平均投入为总投入除以已披露扶贫情况的公司数。

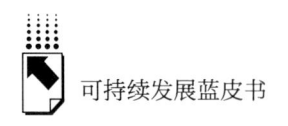

（五）央企扶贫投入均大幅领先

按所有制分①，沪深 300 公司中，央企以 63.31 亿元的总扶贫投入和 7361.92 万元的平均投入高于其他所有制企业；民营企业扶贫参与比例相对较低，但总扶贫投入和平均投入也分别达到了 47.70 亿元和 5482.83 万元，充分彰显其社会担当；地方国有企业虽然在绝对投入上不比中央和民营企业，但其扶贫响应程度最高，有 97.1% 的公司披露了扶贫情况（见图 1）。

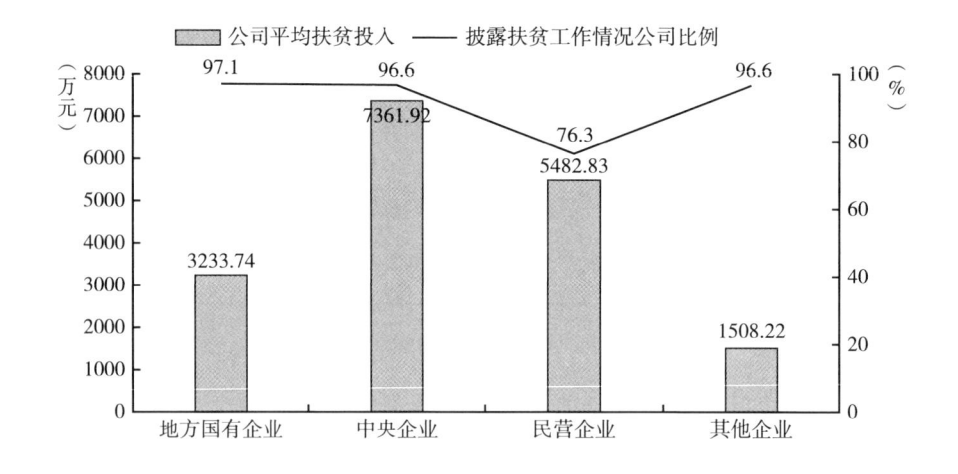

图 1　不同所有制沪深 300 公司扶贫资金投入情况

按行业分，沪深 300 公司中主要消费和公用事业行业的公司平均扶贫投入在所有行业中最高，依次为 1.76 亿元和 1.46 亿元，且所有公司均有扶贫的投入。此外，公用事业、金融和能源等行业的公司，扶贫参与率都达到了 100%（见图 2）。

---

① 上市公司所有制划分参考万得数据库，并以公司实际控制人属性做了调整。其他企业以外资企业、集体企业和公众企业为主。

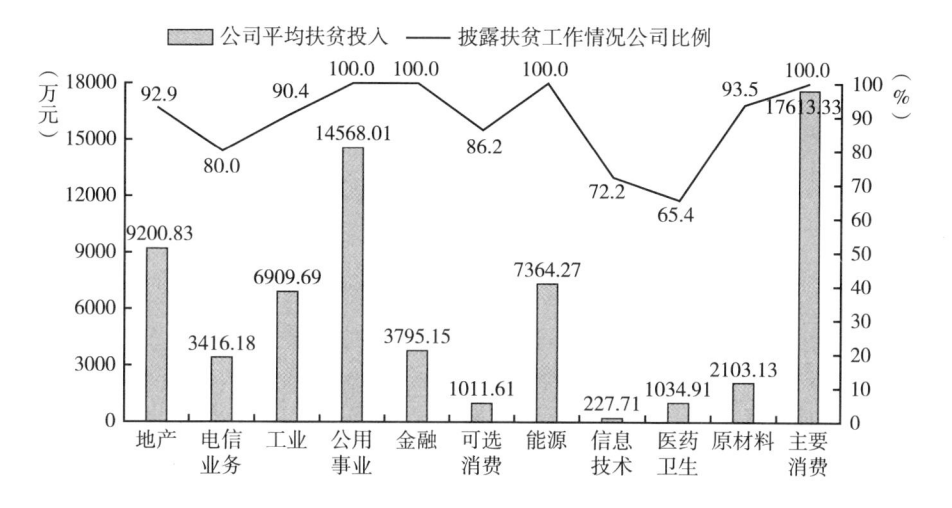

```
     公司平均扶贫投入    —— 披露扶贫工作情况公司比例
```

图2 不同行业沪深300公司扶贫资金投入情况

（六）教育扶贫和产业发展脱贫成为主要模式

大多数披露有扶贫参与的沪深300公司都遵照了证监会和沪深交易所的相关要求，分项汇报了其在产业发展脱贫、转移就业脱贫、易地搬迁脱贫、教育扶贫、健康扶贫、生态保护扶贫、兜底保障、社会扶贫以及其他项目等领域的实践情况。研究发现，沪深300公司最常涉及的扶贫领域是教育扶贫，有157家企业参与（见表4）。其中，伊利股份资助贫困学生数量达45万名，为所有公司中最高。

表4 沪深300公司参与精准扶贫领域分布

单位：家

扶贫领域	产业发展脱贫	转移就业脱贫	易地搬迁脱贫	教育扶贫	健康扶贫	生态保护扶贫	兜底保障	社会扶贫	其他项目
参与公司	141	78	17	157	61	38	53	115	113

产业发展脱贫是另一种企业参与较多的扶贫领域，共有141家沪深300公司致力于通过发展落后地区的产业的方式改善当地民众的生活条件。在这

些公司中，新希望不仅以26.00亿元的产业扶贫投入位居榜首，更是创新了"3+N""4+N"等产业扶贫模式，实现脱贫减困过程中国家、企业、大户与贫困户的共赢，并获得多项国家级扶贫奖项。

三 沪深300扶贫实践对SDGs的贡献

虽然人们常常用收入（或消费）水平作为划分贫困的显性指标，但现实中贫困却往往有着诸多的表现维度。贫困问题的治理也不能仅局限于提高贫困人口的经济收入。政府的扶贫举措从未局限于收入层面，而是从收入、教育、卫生、文化等多个角度切入，全方位赋能贫困人口，实现目标人群的生活水平综合提升。2015年11月，中共中央、国务院发布《关于打赢脱贫攻坚战的决定》，更是提出在精准扶贫中要"做到扶真贫、真扶贫、真脱贫，切实提高扶贫成果可持续性"。

表5 沪深300公司扶贫实践对SDGs的贡献对应情况

目标序号	目标内容	目标主要内涵	对应的扶贫实践（部分）
SDG1	无贫穷	在全世界消除一切形式的贫困	减少绝对贫困
			预防贫困发生
SDG2	零饥饿	消除饥饿，实现粮食安全，改善营养状况和促进可持续农业	消除饥饿与营养不良
			提升农民生产力
SDG3	良好的健康与福祉	确保健康的生活方式，增进各年龄段人群的福祉	改善医疗卫生条件
			预防疾病和健康知识宣传
SDG4	优质教育	确保包容和公平的优质教育，让全民终身享有学习机会	援建教育基础设施
			提高地区教学水平
SDG5	性别平等	实现性别平等，增强所有妇女和女童的权能	针对帮扶贫困地区女性
SDG6	清洁饮水和卫生设施	为所有人提供水和环境卫生，并对其进行可持续管理	搭建安全饮水设施
			搭建污水处理设施
SDG7	经济适用的清洁能源	确保人人获得负担得起的、可靠和可持续的现代能源	提供光伏、水电等能源

续表

目标序号	目标内容	目标主要内涵	对应的扶贫实践(部分)
SDG8	体面工作和经济增长	促进持久、包容和可持续的经济增长,促进充分的生产性就业和人人获得体面工作	提供就业 培养工作技能
SDG9	产业创新和基础设施	建造具备抵御灾害能力的基础设施,促进具有包容性的可持续工业化,推动创新	发展地区经济产业 完善基础设施
SDG10	减少不平等	减少国家内部和国家之间的不平等	东西部扶贫协作 帮扶残障、"三留守"和少数民族
SDG11	可持续城市和社区	建设包容、安全、有抵御灾害能力和可持续的城市和人类住区	推动乡村社区可持续发展 组织贫困人口易地搬迁
SDG12	负责任的消费和生产	采用可持续的消费和生产模式	进行扶贫性采购 发展旅游扶贫项目
SDG13	气候行动	采取紧急行动应对气候变化及其影响	—
SDG14	水下生物	保护和可持续利用海洋和海洋资源以促进可持续发展	
SDG15	陆地生物	保护、恢复和促进可持续利用陆地生态系统,可持续管理森林,防治荒漠化,制止和扭转土地退化,遏制生物多样性的丧失	开展生态扶贫
SDG16	和平、正义与强大机构	创建和平、包容的社会以促进可持续发展,让所有人都能诉诸司法,在各级建立有效、负责和包容的机构	—
SDG17	促进目标实现的伙伴关系	加强执行手段,重振可持续发展全球伙伴关系	开展海外扶贫

以沪深300公司为代表的中国企业的扶贫行动不仅照顾到了贫困人口的各种生存与发展需求,更是将可持续发展理念贯穿扶贫实践全过程,综合提高经济落后地区的可持续发展能力。下文将从17个SDGs的视角出发考察企业扶贫工作的综合社会价值创造。如表5所示,沪深300公司在扶贫过程中至少在14个可持续发展议题上有实质性贡献,这14个可持续发展议题都有若干个具体的企业扶贫实践与之对应。

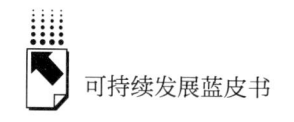

（一）无贫穷

实现"无贫穷"目标既要减少绝对贫困人口的数量，还需预防贫困的发生。根据披露数据，沪深300公司在2019年共计帮助841476名[①]建档立卡贫困人口实现脱贫，占2019年1109万名脱贫人口的7.6%，为全国打赢脱贫攻坚战做出了巨大贡献。

防止返贫同样是赢得这场"战役"中不可或缺的一环。研究发现，有42家沪深300公司在年报、企业社会责任报告、可持续发展报告等公司出版物中明确提出了对"返贫"问题的关注。为贫困或易贫人口购置保险产品是加强经济抗风险能力、防止贫困再度发生的有效手段。沪深300公司中有17家公司为帮扶对象购买了医疗健康保险，5家公司为农户购买了农业或农产品保险，以预防因病、因灾致贫现象的出现。部分金融公司更是结合自身产业优势，专门设计了一系列扶贫金融产品。

中国平安推出了"扶贫保、溯源保、返贫保"系列产品，贯穿扶贫的全流程，截至目前累计发放贷款4.9亿元，惠及贫困户4.6万名。中信建投证券在云南、山东、重庆的多个县试点的"保险+期货"项目惠及农户近18000户，帮助被保农户规避农副产品市场价格波动风险。还有一些公司在扶贫工作中，通过制度机制上的特殊设计减少了返贫情况的发生。例如，山西汾酒结合贫困地区的实际情况与村情民意，针对帮扶村制定了年度"脱贫攻坚巩固提升计划"，成功实现对口帮扶村959户2555人全部脱贫摘帽。

（二）零饥饿

本研究主要从两个角度考察企业在推进"零饥饿"目标上的贡献：一是使贫困人口免于饥饿与营养不良；二是提升经济落后地区农业的生产力及

---

① 该数字由各家公司主动披露的数据加和得出。由于可能存在一名建档立卡贫困人口在多家企业帮扶下实现脱贫的情况，统计时或存在重复计算。

保障农户的权益。有至少18家沪深300公司为贫困户捐献了米面粮油等必需品，有5家公司特别针对贫困地区的儿童实施了营养餐项目或提供了饮食健康方面的教育，改善了当地儿童的营养不良状况。三一重工与上海联劝公益基金会合作，邀请上海纽约大学专家团队，用科学精准的评估，测评"一个鸡蛋"项目对儿童营养状况改善的效果和累积效应。"一个鸡蛋"项目通过为超过1400名贫困地区孩子每天提供一个鸡蛋，致力于提升贫困儿童的营养状况。

在推动地区农业发展方面，沪深300公司中有80家披露了稳定或促进贫困户农产品销售额方面的工作。包钢股份积极推动内部各扶贫单位与被帮扶单位全面对接，形成长期采购合作机制，2019年共计购买价值约32.37万元的农畜产品。芒果超媒则通过投入大量广告资源用于贫困地区农产品的推广和宣传，为贫困偏远地区农产品开拓销路，2019年共实现扶贫销售1.6亿元。

（三）良好的健康与福祉

减少经济落后地区因病致贫和因贫致病现象发生，既可以从患病的贫困和易贫人口提供可获得、可负担的医疗卫生资源入手，还可以"未雨绸缪"地开展体检和健康常识普及活动。

正如前文所述，沪深300公司中共有61家披露了在健康扶贫方面的投入情况，44家企业在精准扶贫规划或扶贫情况概要中强调健康扶贫为公司扶贫工作的重要内容之一。统计发现，有23家和5家沪深300公司分别为贫困地区建造了卫生室和推动了村医工程，切实提高了当地人民的健康水平；与此同时，还有10家企业向贫困户开展健康知识宣传以及12家企业在贫困地区开展了健康检查，提高了当地民众的疾病预防和健康素养，也通过"早发现、早治疗"的方式降低了医疗成本。

医药卫生行业公司基于产业优势，为贫困地区输送慈善性医疗资源。爱尔眼科在25个省区市开展了"眼健康扶贫行动"，在学校及老少边穷地区开展了视力检查和眼健康知识普及活动，针对可避免盲症和视力损害的中小学生及贫困人口进行医疗救助，为超过1.1万名贫困学子提供配镜服务。

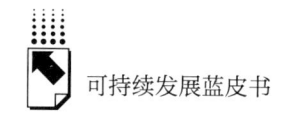

（四）优质教育

治贫先治愚，扶贫先扶智。改善贫困地区义务教育和职业教育资源薄弱的现状，是避免落后地区贫困"代代相传"的有效措施，也是实现高质量和可持续扶贫的关键。2019年，沪深300公司中共有157家披露了教育扶贫方面的实际投入及成效。

在"硬件"资源方面，沪深300公司在经济落后地区进行了教学基础设施投入。其中，有8家公司为当地学校建造了新的教学楼，12家公司建设了图书馆、图书室或图书角，8家公司援建了运动场或体育馆，还有一些公司为学校贫困地区捐献了电脑、桌椅、体育器材等教学物资。

南方航空自2004年以来连续15年资助建设新疆和田市皮山县南航明珠小学和墨玉县南航明珠幼儿园，并在2019年计划出资5800万元在墨玉县新建一所小学，以进一步提升当地基础教育水平。万科A与中国光彩事业基金会共同成立专项基金，计划斥资1.2亿元为福建省宁德市寿宁县援建中学，解决当地近2000名学生的上学难问题，并在贵州和甘肃的五个贫困县投入7500万元用于当地学校的新建、扩建或迁建。截至2019年底，已有一所学校按计划竣工交付，其余五所完成主体施工。

在"软件"资源方面，沪深300公司采用经济激励、教学培训、组织支教、远程教学等措施着力解决贫困地区师资力量相对缺乏的问题。根据有限的统计，至少有24家公司直接为贫困地区的教师进行了资金或物资捐赠，或是设立了专门的奖项，以奖励当地的优秀教师；28家公司为贫困地区师资提供了进修、培训服务；18家公司向支援地区派出了支教团队或志愿者；6家公司通过网络组织线上教学，向欠发达地区输出了优质的教育资源。

中国石油自2015年发起了"益师计划"扶贫公益项目，依托发达地区名校优势、教育资源优势，提高经济落后地区学校的管理和教学水平。2019年，中国石油在河南范县、台前县开展"益师计划"，促进地区教育资源整体优化。

（五）性别平等

在扶贫过程中宣扬性别平等、加强女性权益的保护，既是由于在一些社会环境下处于弱势地位的女性相对更难获得生产资源，进而更易陷入贫困，也是因为贫困妇女脱贫是提高贫困家庭后代教育和健康水平、阻断贫困代际传播的关键。

研究发现，虽然沪深300公司在扶贫时特别关注女性群体权益的公司仅有15家，但它们充分发挥了创新能力，至少从以下三个角度对贫困地区妇女开展了实质性的帮扶行动：经济救助方面，有6家公司定向为贫困地区妇女进行资金或物资援助；能力建设方面，有3家公司采取措施解决贫困地区妇女的就业问题，4家公司为妇女专门开设教育和培训课程；健康保障方面，有4家公司特别为帮扶地女性提供医疗服务。

自2016年起，中国石油在江西横峰县姚家乡琯山村开展"妈妈去哪儿"公益项目，投资建设苗木种植合作社，提供适合妇女的工作岗位。为了方便员工照顾家人，合作社进行工时制度创新，允许妇女推迟一个小时上班或提前一个小时下班。项目运营后，该村外出打工的妇女纷纷选择回到家乡务工，目前该项目已解决了当地80多名妇女的就业问题。

（六）清洁饮水和卫生设施

清洁的饮用水和卫生环境对于贫困地区人口的健康来说至关重要。根据沪深300公司披露的数据，2019年共有42家企业开展了对贫困地区的用水设施援建与改造项目，投入资金近4000万元，惠及13个县、7个乡、52个村。

东方航空公司为解决沧源县班洪乡原饮用水源枯竭、供水管道毁坏的问题，累计投入1077.92万元，预计受益近4000人。5家企业为欠发达地区建设排污和排水设施，改善了当地居民的整体卫生环境。兴业证券在福建省龙岩市上杭石砌村开展了清水治污工程，系统性解决当地污水处理和环境污染问题。

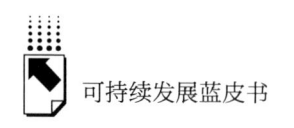

（七）经济适用的清洁能源

能源是现代社会发展的基础和动力，能源的公平获得和使用是脱贫攻坚的重要前提。近年来，中国政府力推能源结构优化和清洁能源普及。如何让贫困地区人口享受到经济适用且清洁的能源的同时跨越传统能源高能耗、高排放的阶段，是发展中国家面临的挑战之一。

以沪深300公司为例，许多企业在贫困地区推动了光伏、水力、风力、天然气、地热等可再生能源项目的落地。其中，在贫困地区搭建光伏电站是一种较为常见的扶贫模式。2019年，共有24家公司参与了光伏扶贫，不仅为当地居民提供了无污染、低成本的生产生活用电，甚至还能带来一定的经济收益。

比如，中国核电依靠在能源领域的专业能力，在西藏、宁夏同心、河北临城、湖南桂东牛郎山等地区建立地热、风电、光伏等多种能源扶贫项目，不仅实现了能源的普惠，扩展了能源网络，也为未来提升市场空间打下了基础。

（八）体面工作和经济增长

使经济落后地区人口"能就业"和"就好业"是"造血"式扶贫的核心。2019年，中国上市公司大力开展就业扶贫工作，通过提供工作机会和培养工作技能等方式解决贫困人口的就业问题。

据统计，沪深300公司2019年共为42070名建档立卡贫困户解决了就业问题。其中中国石化以在经济落后地区发展产业为抓手，共计为10990名贫困户提供了工作岗位，约占沪深300公司贡献总量的1/4。

此外，沪深300公司还共计为164048名贫困地区人口进行职业培训，提升了他们在就业市场中的竞争力。上汽集团在新疆、西藏、内蒙古以及教育部扶贫地区开展校企合作项目，助力当地汽修职业教育专业的发展。截至2019年底，上汽集团的校企合作项目共培养了18000多名专业汽修技师，有20家经销商企业加入深度校企合作项目，合作学校已发展至103所。长江电力在重庆巫山县和奉节县开展旅游、农业、餐饮职业技能培训，孵化职业技术人员 4158 名，提升了目标群体的职业技能和就业能力，以治根治本的方式解决了当地大量低收入或无业群体面临的贫困问题。

（九）产业创新和基础设施

在经济落后地区因地制宜发展产业和援建基础设施是脱贫减困工作中的重要手段。沪深 300 公司在 2019 年共开展扶贫产业扶贫项目 3368 个，通过产业发展扶贫使 386498 名建档立卡贫困人口实现脱贫。①

大量上市公司积极参与贫困地区的基础设施建设，小到修田间水渠，大到造跨江大桥，建筑行业公司凭借独有优势做出了卓越贡献。中国建筑承建了云南省昭通市昭阳区靖安易地扶贫搬迁安置区工程，仅用 173 天就完成了一期一标段共计 36.5 万平方米、33 栋住宅楼的工程；中国铁建与河北省张家口市尚义县水利局合作，为该县南朝碾村铺设连村道路 1.1 公里、硬化街区 7000 平方米，安装路灯 30 盏，为 2 个自然村群众的日常出行提供便利；中国交建援建中交怒江渡口大桥、中交福贡木尼玛大桥，解决 3 万多名易地搬迁群众的出行难问题。

（十）减少不平等

从根本上说，扶贫助困与减少社会不平等二者相辅相成、密不可分。在协助贫困人口脱贫过程中，一些企业还采取了针对性措施进一步减缓资源和机会在不同人群、不同地区间的两极分化。

从宏观、区域层面看，2019 年沪深 300 公司中有 31 家专门披露了东西部扶贫协作的投入金额，东部发达地区辐射带动西部贫困地区发展，缩小了东西部之间的经济差距。

从微观、人的层面看，有 42 家和 39 家上市公司分别披露参与的对"三留守"和残障群体的帮扶项目，为弱势和边缘性群体提供了特殊照顾，促

---

① 该数字由各家公司主动披露的数据加和得出。由于可能存在一名建档立卡贫困人口在多家企业帮扶下实现脱贫的情况，统计时或存在重复计算。

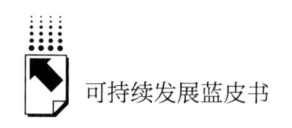

进了社会的和谐。一些公司在偏远的少数民族聚居地区开展了扶贫项目，提高了当地人民的生活水平。华能水电探索出一套"一个民族一个行动计划、一个集团帮扶"的云南脱贫攻坚模式，2019年公司投入资金5亿元，用于帮扶澜沧、沧源、耿马、双江4县拉祜族、佤族聚居区的两个"直过民族"实施精准扶贫精准脱贫，有效改善了贫困群众的住房条件，当地交通、饮水、人居环境等状况进一步改善，人们收入水平进一步提高，村容村貌明显改变，群众脱贫意识进一步增强，地区脱贫步伐进一步加快。

（十一）可持续城市和社区

为贫困人口创造一个良好的社区生活环境是巩固扶贫成效的重要方式。推动这一目标的达成主要有两条路径：一种是在欠发达地区进行可持续社区建设；另一种是将居住在条件恶劣地区的贫困群众搬迁至条件较好地区，并帮助他们融入当地的社区环境。

就前者而言，宽泛地说，大多数企业扶贫措施都在直接或间接地推动经济落后地区的可持续发展。一个值得关注的案例是，2019年7月12日广发证券出资并与中国农业农村部、联合国粮农组织合作发起了建设"联合国可持续发展目标示范村"行动，计划2019~2021年在中国16个贫困村打造"联合国可持续发展目标示范村"，通过"互联网+农业+金融"的扶贫方式，推动中国乡村振兴战略实施，助力实现可持续发展目标，并将与其他发展中国家分享创新扶贫经验。

协助贫困地区人口易地搬迁及妥善安置也是扶贫过程中发展可持续社区的一类方式。面对国内部分地区"一方水土养不起一方人"的现实问题，《"十三五"脱贫攻坚规划》提出"易地扶贫搬迁"的应对策略。据统计，2019年沪深300公司中共有17家企业参与了易地搬迁扶贫项目，帮助6215名易地搬迁人口实现了就业，推动搬迁群众稳定脱贫与社区再造。

（十二）负责任的消费和生产

这一议题与"零饥饿"目标息息相关。从减少浪费的角度来说，许多沪深 300 公司帮助贫困地区农户销售农产品甚至进行定向采购，均可被视为"以销促产"，在采购和消费中融入了扶贫脱困的责任内涵。

2019 年，光大证券采用以购代捐、以买代帮等方式在贫困地区采购农产品价值达 152 万元，并助力其扶贫对象新田县销售农产品 857 万元。除了物质产品，负责任的消费和生产理念也适用于旅游等服务业。据统计，有 20 家沪深 300 公司积极在贫困地区开展旅游扶贫，为当地社会提供了就业岗位，帮助消除贫困，实现了旅游业的可持续发展。

（十三）陆地生物

《"十三五"脱贫攻坚规划》强调要协调贫困地区脱贫致富和生态保护之间的关系。近年来，"绿水青山就是金山银山"的理念日渐深入人心，生态资源也日渐显现出其可以转化为脱贫致富资源的价值。生态扶贫作为国家倡导的创新性的减贫模式近年来被许多企业所采纳，包括让低收入群体参与生态工程建设、提供生态公益性岗位、发展包容性生态产业和生态保护补偿政策等。

生态扶贫在助力贫困人口脱贫的同时，起到了保护和恢复生态系统的作用，促进了 SDGs 中"陆地生物"目标的达成。沪深 300 公司中有 36 家开展了生态扶贫，生态扶贫投入共计 1.07 亿元。21 家公司开展了生态保护与建设、2 家公司实施了生态保护补偿项目，共计设立生态公益性岗位 6 个。

（十四）促进目标实现的伙伴关系

统计发现，有 20 家沪深 300 公司不仅在国内对贫困人口进行帮扶，而且还远赴海外经济落后地区开展扶贫工作，进一步加快推动全球反贫困事业，用实际行动践行人类命运共同体理念。

中国中冶在巴基斯坦的山达克项目中积极履行社会责任，改善当地社区人们的生活条件。截至 2019 年底，项目雇用巴方员工 1651 名，促进了当地人口的就业；优化当地学校环境，捐献各类教学物资，推动当地教育事业的发展；发展地区医疗卫生事业，通过减免就医费用、提供免费体检等方式改

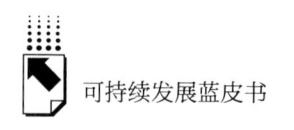

善地区人口的健康水平；走访慰问当地贫困居民，并对地方灾民和基金会提供资金捐助。

四 沪深300扶贫实践总结

基于以上研究分析，可以总结出沪深300公司扶贫实践的以下四个主要特点。

第一，参与广。根据公开披露信息，2019年沪深300公司中11个行业267家公司均投身扶贫事业，表明中国绝大多数上市公司将扶贫作为企业践行社会责任的内容。上市公司的反贫困行动覆盖产业扶贫、教育扶贫、健康扶贫、生态保护扶贫等八大扶贫领域，推动了包括无贫穷、零饥饿、性别平等、清洁饮水和卫生设施等在内至少14项SDGs在中国的落地和推进，为推动贫困人口脱贫和地区可持续发展做出了卓著贡献。

第二，投入大。据统计，267家披露参与扶贫的上市公司2019年在精准扶贫领域的资金投入和物资折款总额达136亿元，平均投入超过5000万元，展现了中国头部上市公司的社会责任担当。其中3/4的企业（201家）制定了精准扶贫规划和下一年扶贫计划，部分企业还成立了精准扶贫主管部门，派驻专职扶贫干部长期驻村扶贫，使减贫助弱成为一项企业有序推进和长期投入的重点工作。

第三，受益众。在帮扶贫困人口的数量上，据可获得数据，沪深300公司2019年共计帮助84.15万名建档立卡贫困人口脱贫，解决逾4.2万名贫困户和6000名易地搬迁人口的就业问题；在地域的分布上，上市公司的扶贫项目至少覆盖了2019年摘帽贫困县中的2/3，部分公司还积极投身于海外扶贫事业；在扶贫对象上，不少公司在扶贫过程中还特别关注贫困地区妇女、留守人群和残障群体的生活改善问题。

第四，创新多。贫困原因复杂多变，脱贫减困是全世界面临的一道难题。中国上市公司创造性地摸索出各式各样的扶贫方式，在向贫困地区不断"输血"的同时，更注重贫困地区和贫困人口的系统性改善和能力提升，特别是以教育扶贫和产业扶贫为主导，拉动地方经济、社会与生态环境的整体协调发展，培育了当地的"造血"机制，多目标地响应了SDGs的框架内容，极大地改善了贫困人口的生活状态。特别是许多上市公司结合自身产业优势，与地方政府密切配合，因地制宜地优选扶贫项目，按照商业模式跟踪管理扶贫项目，注重扶贫效果和可持续发展价值的提升，与当地居民与社区通过"共建、共创、共享"，实现了企业扶贫在价值创造和品牌传播方面的共同提升。

参考资料

Carroll A. B., The Pyramid of Corporate Social Responsibility, "Toward the Moral Management of Organizational Stakeholders," *Business Horizons*, 1991, 34（4）.

Chen Z., Fuller D. B., Zheng L., "Institutional Isomorphism and Chinese Private Corporate Philanthropy: State Coercion, Corruption, and Other Institutional Effects," *Asian Business & Management*, 2018, 17（2）.

Porter M. E., Kramer M. R., "The Competitive Advantage of Corporate Philanthropy," *Harvard Business Review*, 2002, 80（12）.

Wang H., Qian C., "Corporate Philanthropy and Corporate Financial Performance: The Roles of Stakeholder Response and Political Access," *Academy of Management Journal*, 2011, 54（6）.

李先军、黄速建：《新中国70年企业扶贫历程回顾及其启示》，《改革》2019年第7期。

B.8 2020年A股上市公司抗疫表现报告*

卢轲　方子爵　王燕淋

摘　要： 2020年新冠肺炎疫情给全球带来巨大冲击，而以沪深300公司为代表的A股上市公司在抗疫中发挥了重要作用。本报告通过7个维度、25个指标抓取公司公开信息，探究公司抗疫表现及其与可持续发展价值的关系。分析结果表明，作为可持续发展价值较高的公司，"义利99"上榜公司相比未上榜公司在7个抗疫维度都表现更优；疫情使公司进行了可持续发展战略调整、数字化升级和社会援助。报告还就A股上市公司参与抗疫的两个关键事件，即"两神山"医院建设和口罩的全环节供应，进行了主题式分析。此外，报告对上市公司在未来类似事件中的弱势群体关怀、环境保护、信息披露等方面提出了建议。

关键词： 沪深300　可持续发展战略　数字化　社会援助

2020年暴发的新冠肺炎疫情，是人类近百年来最严重的突发性公共卫生事件。截至2020年9月30日，全球确诊人数超过3300万人，死亡人数超100万人。根据国际货币基金组织2020年10月发布的《世界经济展望》，受疫情影响，预计2020年全球经济将萎缩4.4%，而中国经济预计增长1.9%，是唯一实现正增长的主要经济体。中国的抗疫成就，与以A股上市

---

* 贾若怡、崔格瑞、刘乙旭、杨晓旭、唐雨垌亦在数据收集等工作中做出了贡献。

公司为代表的中国企业的贡献密不可分。

本报告以2020年6月沪深300指数成分股公司为研究对象，通过多维度的定量分析和主题分析相结合的方式，探究A股上市公司在2020年的抗疫表现，分析其贡献，并探讨公司灾害应对与可持续发展价值的关系。本研究希望记录A股上市公司2020年的抗疫表现，并为未来类似灾害中公司应对方式提供经验参考。

报告以3A评估模型为逻辑架构，参考了现有的11份抗疫行为研究报告，设立了7个抗疫维度和25个抗疫指标（见表1），以全面考量A股上市公司的抗疫行为。数据来源包括三大类：2019年年度报告、社会责任报告、ESG报告、官网等公司公开信息，人民网、新华网等权威媒体，国资小新、金蜜蜂等数据库。根据25个抗疫指标，研究人员进行了数据抓取、清洗、核对和评分，并基于此进行了后续分析。

表1　抗疫指标与3A模型对应关系

与3A模型对应关系	一级指标(7个)	二级指标(25个)
目标（AIM）|驱动力	1. 战略响应	1.1 可持续发展战略调整
方式（APPROACH）|创新力	2. 应急管理	2.1 抗疫响应速度
		2.2 抗疫领导小组
		2.3 抗疫应急预案
		2.4 抗疫风险评估及管控
		2.5 保障持续经营或及时复工复产
		2.6 抗疫信息披露
	3. 员工保障	3.1 薪酬保障
		3.2 防疫物资配备
		3.3 员工防疫培训
		3.4 采取灵活防疫措施
	4. 多方协同	4.1 国际联合抗疫
		4.2 伙伴（含供应链）协同抗疫
		4.3 配合政府抗疫
效益（ACTION）|转化力—经济贡献	5. 业务支持	5.1 生产抗疫医疗用品、医疗器械或提供医疗服务
		5.2 抗疫基础设施
		5.3 抗疫相关服务保障
		5.4 疫情期间民生服务
		5.5 新业务拓展
		5.6 现有业务创新及数字化转型

续表

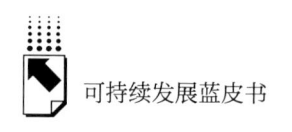

与3A模型对应关系	一级指标(7个)	二级指标(25个)
效益（ACTION）丨转化力—社会贡献	6. 社会援助	6.1 捐赠现金或基金抗疫 6.2 捐赠物资 6.3 员工志愿服务 6.4 弱势群体帮扶
效益（ACTION）丨转化力—环境贡献	7. 环境保护	7.1 疫情期间的环保行为

一 A股上市公司抗疫表现分析[①]

（一）从七大抗疫维度看整体表现

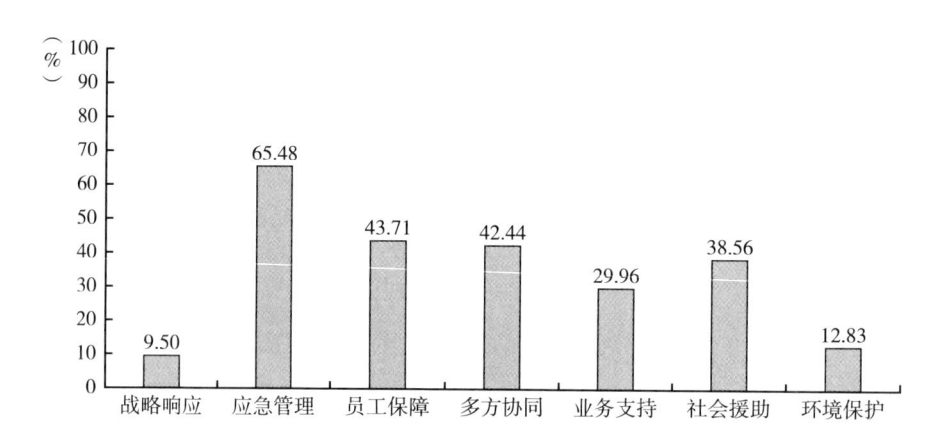

图1 沪深300公司抗疫一级指标平均得分率

战略响应 9.50；应急管理 65.48；员工保障 43.71；多方协同 42.44；业务支持 29.96；社会援助 38.56；环境保护 12.83

沪深300公司应急管理（65.48%）表现突出，体现了公司作为行业龙头体系化统筹和应对突发事件的能力。

具体而言，沪深300公司中有261家成立了疫情应对领导小组，192家制定了应急预案并予以落实，体现出大部分公司具有系统性应对突发事

---

① 本报告采取计算平均得分率的方式，满分为100%。

件的能力；共236家公司进行了疫情未来风险评估，表明沪深300公司的风险意识普遍较强；297家公司公开披露了在疫情期间保障经营或复工复产的信息，充分响应了国务院对于公司疫情防控和复工复产"两手抓"的号召。

分析表明，沪深300公司在环境保护（12.83%）维度有待改进，可能与其在疫情严峻的情形下将处置优先级放在了员工保障、社会援助等维度有关。

大部分公司都没有关注到疫情期间潜在的环境风险，如临时生产线的环保评估、废弃口罩的处理等，环保意识和管理措施尚需加强。有51家公司在疫情期间关注到环境问题，并采取了具体措施处理新冠病毒污染废料、废弃抗疫物资、外卖餐盒等，如金风科技下属汉南污水处理厂对疑似病例隔离区的污水进行集中预处理，防范病毒传播。

（二）从七大抗疫维度看行业表现[①]

通过计算7个一级指标11个行业平均得分的标准差，发现在环境保护维度行业差异性最大，标准差为0.0716。其中，地产行业的环境保护指标得分率（25.00%）表现最佳，重要原因是新冠病毒相关的污染废品会直接加大户主的感染风险，地产行业需要承担物业服务，采取了许多有效的污染废品回收或处理的措施。

沪深300在业务支持维度得分率的行业差异也较大。根据二级指标情况，地产（85.71%）、公用事业（77.78%）、金融（62.50%）、可选消费（51.72%）、主要消费（73.68%）、能源（70.00%）积极保障疫情期间的民生服务；医药卫生行业（80.77%）主要通过生产抗疫医疗用品或提供医疗服务的方式助力疫情防控和患者救治。各个行业在应对疫情时各司其职，

[①] 基于中证行业分类（将其中的"地产金融"拆分为"地产"和"金融"两个行业），沪深300公司分属的11个行业中有能源公司10家、电信公司10家、医药卫生公司26家、工业公司52家、主要消费公司19家、可选消费公司29家、原材料公司31家、信息技术公司36家、公用事业公司9家、地产公司14家、金融公司64家。

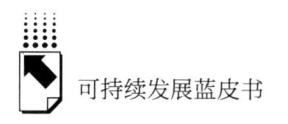

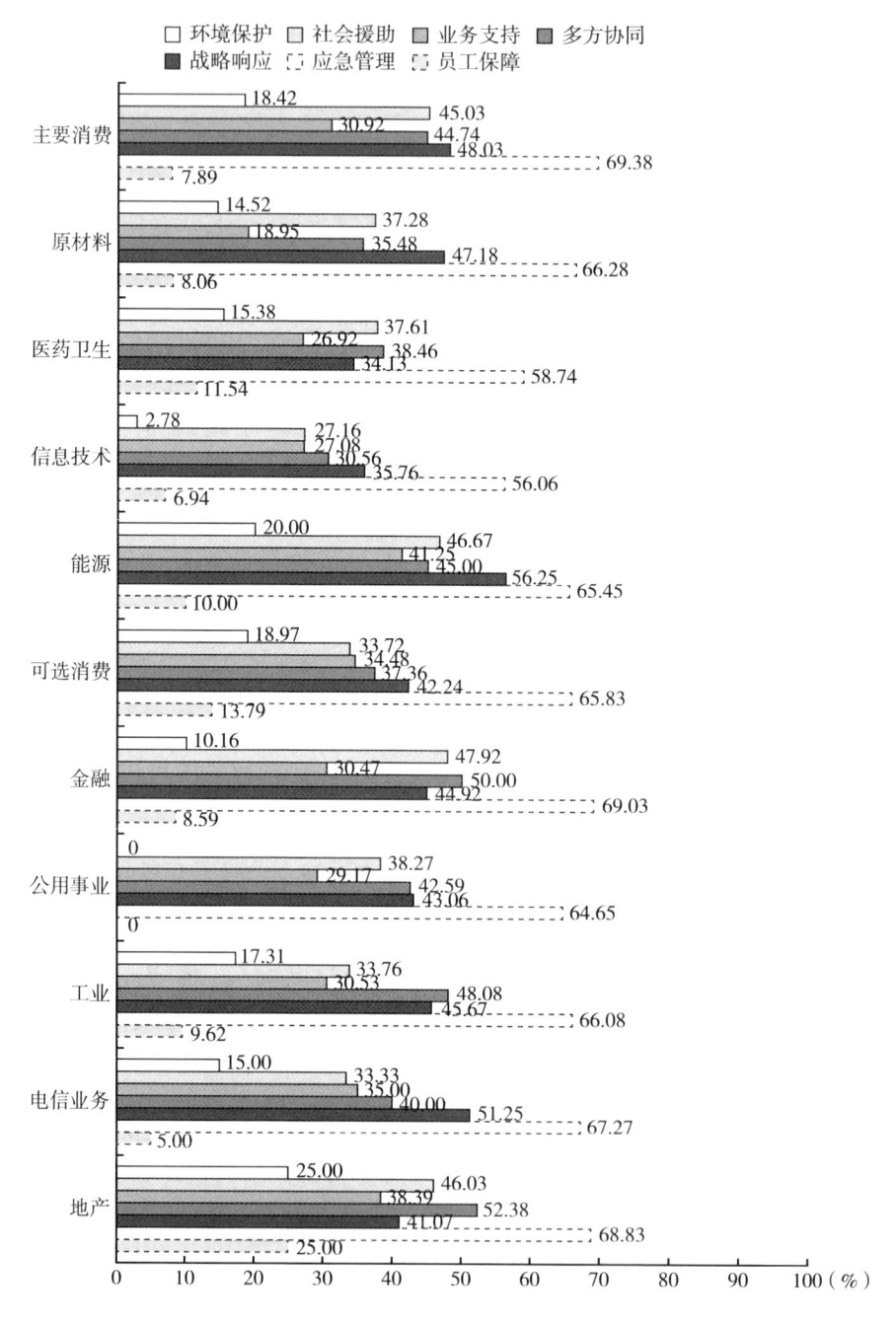

图 2　沪深 300 公司不同行业一级指标平均得分率

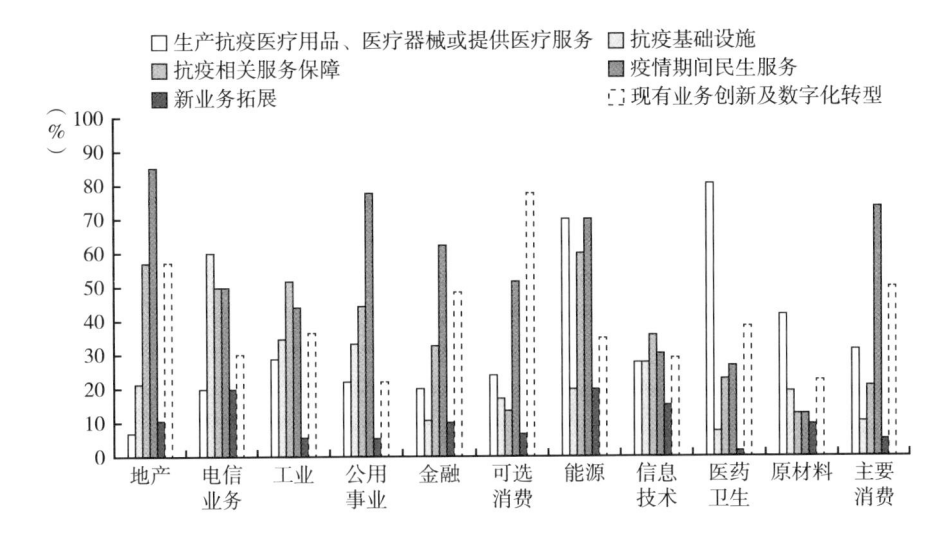

图3　沪深300公司不同行业业务支持二级指标平均得分率

利用自身资源进行业务创新支持抗疫，共有152家公司进行了现有业务创新及数字化转型。疫情期间沪深300公司拓展的新业务主要有两种：一种是公司进行与自身业务无关的疫情急需物资的转产，如有15家公司在疫情期间紧急建立生产线生产医护口罩或医用酒精等物资；另一种是公司基于自身业务专长，开发应对疫情的新产品，如用友网络第一时间上线"疫情实时大数据"，所有相关接口均面向大众传播新冠肺炎疫情相关信息。值得注意的是，口罩生产的核心材料熔喷布取自石化产品聚丙烯，一些能源公司如中国神华、中煤集团、中国石化、中国石油等纷纷响应抗疫号召，新建口罩生产线，积极投入抗疫。

（三）从七大抗疫维度看"义利99"表现

与未上榜的201家公司相比，"义利99"上榜公司在7个抗疫维度得分率均更高，表明上榜公司作为可持续发展价值评估得分高的公司，在疫情应对方面表现更加出色。其中社会援助、业务支持、多方协同、员工保障等方面的表现最佳，分别比未上榜公司高出17.50个、15.21个、13.79个、12.78个百分点。

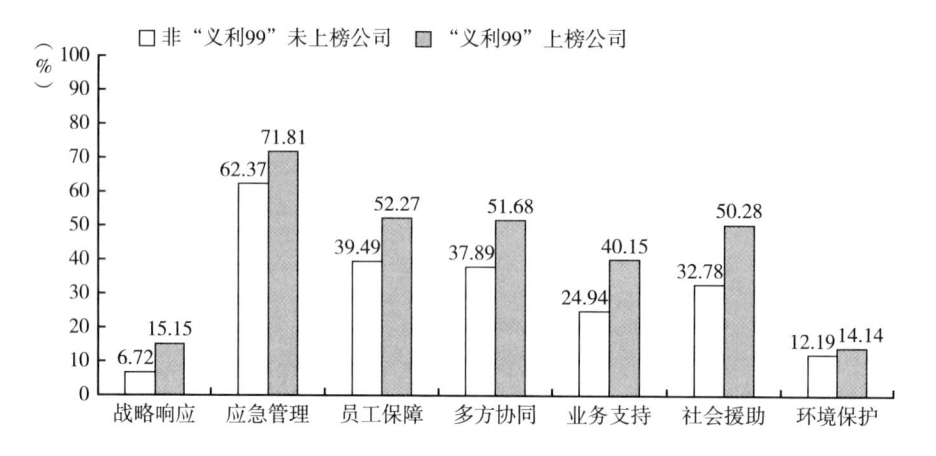

```
          □ 非"义利99"未上榜公司    ■ "义利99"上榜公司
(%)
100
 90
 80                    71.81
 70           62.37
 60                           52.27         51.68              50.28
 50                    39.49         37.89          40.15
 40                                                     32.78
 30                                          24.94
 20   15.15                                                          14.14
 10                                                           12.19
  6.72
  0
     战略响应  应急管理  员工保障  多方协同  业务支持  社会援助  环境保护
```

图4 "义利99"上榜公司和未上榜公司一级指标平均得分率

疫情期间老弱病残孕等弱势群体容易被忽视,根据指标"弱势群体帮扶"数据,有35家上榜公司在抗疫的同时,利用自身业务帮扶弱势群体,主要包括疫情下年长和年幼者的基本生活保障、孕妇和患者的医疗服务等。上榜公司充分利用统筹能力和创新潜能,与政府、供应链、社区等不同相关方协作,发挥资源和业务优势支持抗疫,如生产口罩原料并对接口罩生产、运营线上诊疗平台等。此外,上榜公司的员工总数为8075162人,占沪深300公司的67%。卓越的员工保障表现会产生巨大的社会效益,上榜公司在"防疫物资配备"和"员工防疫培训"两个指标上表现尤其突出。

二 A股上市公司抗疫典型案例

在抗击疫情的过程中,以中国建筑为代表的A股上市公司留下了彪炳青史的光辉一页。

(一)中国速度建设"两神山"医院

面对2020年初武汉每日激增的新冠肺炎患者数量,政府决定就地修建雷神山和火神山医院。短短十余天内,"两神山"医院拔地而起,新增床位近2500张，在生死攸关的时刻，为中国抗疫做出了巨大贡献。"两神山"医院快速落成，被世界称为"中国奇迹"。它既展现了又好又快的"中国速度"，又彰显了政府、市场、社会的高效协同。

"两神山"医院由中国建筑牵头建设。该公司迅速组织了12家子公司4133名管理人员、18600名作业人员驰援项目。先后调集了大型设备及运输车辆2500余台、集装箱4900余个、HDPE防渗膜20万平方米、电缆电线400多万米等各类物资到施工现场。

在建设过程中，中建三局应用现代化装配式建造技术，采用标准化设计、工厂化生产、装配化施工方式，提高了建设效率和质量。中国化学、东方雨虹等公司承担管道焊接、污水处理、医废处置等工程设计与建设任务。北新建材、宝钢股份、中国化学、三一重工、中国中冶等公司提供了医用地板、防水材料、机械设备、建筑钢材、建设用油、通风管道系统等各类建设物资。

相比于"非典"时期小汤山医院，在"两神山"医院的建设中，数字互联、5G网络发挥了重要作用。中国联通在36小时内，完成了火神山医院的3G、4G、5G通信网络全覆盖；中国移动和中国电信全力支持了雷神山医院的5G网络建设；烽火通信为三大运营商提供所需的网络设备；紫光集团为"两神山"医院捐赠网络通信与信息安全设备，保障从患者建档、诊疗、护理到医院的智能化管理，实现远程会诊、视频访问等功能；大华股份建设指挥中心系统，保障医院"医护、病患、物流实现动线清晰，洁污分流、互不干扰"。沪深300信息技术行业公司助力实现的医院信息化系统，保证了"两神山"医院运营的安全、有序和高效。

此外，"两神山"医院建设过程中的支援性服务不可或缺。建设银行启动"核链云贷"普惠助力融资方案，为医院建设上游的小微公司提供贷款便利；招商银行开通快速审批绿色通道，为给"两神山"医院加急生产负压隔离病房成套通风系统的客户提供贷款定价优惠；复星医药从全球采购了5000件胶条防护服、1万个红区口罩、30台医用无创呼吸机等医疗物资；宇通客车捐赠10台负压救护车；海澜之家运送800万元急缺医疗设备，其

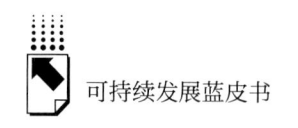

中包括医用X射线摄影系统、医用分子筛制氧机、面罩等，还为医院建设人员提供鹅绒服；新希望六和、新希望乳业为一线建设人员提供10吨速食品和10吨乳制品。这些沪深300公司基于自身业务，各展所能，在每个环节都为医院建设提供了有力支援，最终实现了"两神山"医院的快速落成及高效运转。

（二）多方协同生产急需抗疫物资

疫情暴发后，口罩的需求暴增，曾一时间供不应求。在口罩供应告急之时，沪深300公司中涌现出一批迎难而上、急民所需、增援供给的公司。

中国石油、中国石化、中国神华等公司积极响应党中央和国务院号召，转产增产医用物资和原料，短时间内调配大量人力资源，全力保障抗疫急需物资供应。中国石化在76天之内成功建设了全球产能最大的万吨级熔喷布生产基地。中海油服新建了8条生产线，日产口罩可达60万只。中国石油兰州石化24天完成了医用口罩生产线设计、集成投产和产品产出。它们以实际行动体现了独有的"中国产能"和"中国速度"，彰显了中国企业的责任担当。

口罩运输中，物流公司和零售商作为桥梁将生产厂家与需求方有效连接起来。1月25日起，韵达速递开通物流运输特别通道，全力为全国各地驰援武汉等地的疫情防控物资提供公益物流运输服务；疫情期间，申通快递四川省公司完成了三批物资运输任务，先后保障了天府新区区域内防疫站、政府中心、卫生服务中心的防疫物资供应。

零售商在口罩供给方面平抑了医疗物资价格，保障了大众利益。苏宁易购于2020年1月22日下发通知，苏宁自营健康商品、苏宁商户商品决不允许涨价；永辉超市也承诺，针对疫情预防的口罩、洗手液、消毒液等健康商品不涨价。

沪深300公司在口罩供给的各个环节上协同合作，并积极利用自身业务和资源优势参与抗疫，及时为社会大众提供足量的医疗物资。

疫区口罩的及时配备也离不开各行各业的大量捐赠。广汽集团不仅对境内捐赠广汽自制口罩超过130万只，还向海外合作伙伴捐赠自制口罩15万只，向广州市民政局养老服务处捐赠自制口罩5万只。陕煤集团、特变电工等企业也迅速组织开展了防疫物资的捐赠活动。

三 疫情触发A股上市公司变化

疫情给中国和世界经济社会的发展均带来巨大挑战。《后疫情时代，我们应该如何践行可持续发展金融》提到，疫情的暴发本身就是过往不可持续发展的后果之一。尽管这次疫情给经济、社会和环境都带来了巨大冲击，但也触发经济实体产生了一系列积极变化，促使人们加强对可持续发展理念的重视，有望引发经济体系的相应调整。

（一）可持续发展理念融入企业战略

49家沪深300公司（16%）及其中25家"义利99"上榜公司（25%）在疫情期间就公司目标｜驱动力（AIM）的不同层面——价值驱动、战略驱动、业务驱动等进行了可持续发展战略调整。

在价值驱动层面，受疫情影响，部分公司在使命、愿景、宗旨以及在价值观和经营理念方面发生重大转变，如认识到疫情将会让全社会更加关注人和自然的关系、健康与环保，甚至气候变化，生活方式的转变则引发人们拥抱数字化的浪潮。在战略驱动层面，一些公司进行了相应的调整，如意识到应该把握新基建、绿色建筑等新机遇，或者是认识到国家将会加强健康和医药卫生产业的布局等。在业务驱动层面，部分公司疫情发生后开始考虑利用自身主营业务为可持续发展做出一定的贡献，如将对可持续发展的思考和风险管控意识融入对董事会成员和高管层的培训之中，或是将无接触、智能化的装置作为公司所提供产品和服务的长期配置要素等。

这些调整既有为应对疫情下新的经营条件变化而做的短期适应性转变，也有公司管理层对疫情发生的原因和造成的后果进行了深入思考之后进行的

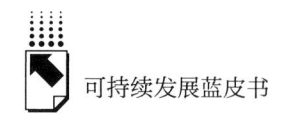

中长期发展战略调整。疫情所带来的反思仍在继续,可持续发展理念有望融入更多公司的战略决策考量。

(二)可持续发展方式借力数字化转型

疫情防控催生了"隔离"和"无接触"的需求,社会对数字化的需求也变得极为迫切,加速了部分公司的数字化转型,甚至促进了一些企业经营模式的创新。140家(47%)沪深300公司及其中55家(56%)"义利99"上榜公司受疫情影响进行了现有业务创新及数字化转型。

在盈利模式方面,许多公司将业务向线上转移,开发线上营销网络和渠道,对外提供数字化产品和服务;在运营模式方面,公司对内采取数字化管理,将线上线下业务逐渐融合,完善数字化办公体系,充分保障经营期间员工的健康安全;在产品/服务创新方面,许多公司利用自身科研优势开发了一些科技抗疫产品,如集成式消毒通道产品、热成像测温仪、核酸检测产品等。部分公司提供线上义诊等服务,保障疫情期间民众安全。

(三)可持续发展需求激发社会援助

针对疫情这一全社会的共同危机,沪深300公司意识到其对社会运转的重要影响,投入人、财、物力,积极进行社会援助。疫情期间,276家(92%)沪深300公司及其中全部的"义利99"上榜公司开展了社会援助,包括捐款捐物、号召员工志愿者抗疫、帮扶弱势群体等。

在捐款捐物方面,沪深300公司捐赠金额超50亿元,近六成公司捐赠了500万元以上的现金,并在海内外筹集医疗及生活物资,支援疫区渡过难关。在员工志愿者方面,一些公司号召内部员工加入抗疫志愿行动,包括物资转运、社区消杀等,甚至调动志愿者前往一线提供服务。在弱势群体帮扶方面,许多公司特别关注了疫情期间弱势群体的健康安全,如组织员工在社区帮助老年人采购、收发快递、上门送餐、代配药品、协助消毒等。

四　A股上市公司持续抗疫的建议

疫情是对中国上市公司应对公共危机的一次考验，也是上市公司提升可持续发展能力的一次机遇。鉴于疫情仍在全球肆虐，突发的社会和环境事件将大幅激增，A股上市公司宜从以下四个方面加大实践力度。

第一，联手建设公共卫生事件管理体系。上市公司应以此次疫情为警戒，总结经验和教训，全面配合政府构建体系化、制度化和数字化的公共卫生事件管理体系，加大应急预案的制定力度。

第二，关注弱势群体。在疫情肆虐期间，老、幼、弱、病、残、孕等弱势群体更易受到影响，其更应受到社会各方的关切和救助。

第三，加强环境保护。疫情下，医疗废弃物、消费品包装材料等环境污染物暴增，不仅容易引发二次传染，而且埋下了环境隐患。相关领域的上市公司应深入研究该问题解决方案。

第四，加速数字化转型。上市公司应将疫情应对作为"常态"，加快复工复产，创新运营模式，提升数字化水平，优化资源配置，提升转危为机能力。

参考文献

International Monetary Fund（IMF），World Economic Outlook Update，October 2020.

商道融绿：《上证50指数上市公司疫情应对ESG评估报告》，http://www.syntaogf.com/Menu_Page_CN.asp?ID=8&Page_ID=329，2020年2月24日。

联合国开发计划署：《新冠肺炎疫情对中国公司影响评估报告》，2020。

朱武祥、刘军：《新冠肺炎疫情对中小公司的影响及应对思考》，《证券市场周刊》2020年2月5日。

许斌、吴敬琏、周东生、陈丹妮：《新冠肺炎疫情对在华公司影响的多维度分析》，《中欧商业评论》，2020年7月。

涂祥宇：《中国公司疫情生存四大策略》，《中外管理》2020年第Z1期。

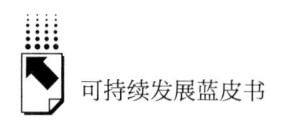

宋志平：《在抗击疫情的大战大考中强化风险防范 加快转型升级 为完成全年目标任务做出积极贡献》，中国产经新闻网，2020年3月6日。

章晓洪、钱嫣虹、武鑫、黄文礼：《疫情对上市公司的冲击及应对措施》，浙江财经大学中国金融研究院，2020年2月27日。

《巴曙松：关于解决当前小微经营者融资难问题的政策建议》，《人民论坛·学术前沿》，2020年5月。

蔡剑、朱岩：《公司生存全面预警 产业复苏关键何在》，财新网，2020年3月3日。

赵静、杨雅、陈成：《科技"抗疫"应用案例TOP100报告——战胜疫情的"科技力量"》，零壹智库，2020年3月9日。

中小公司协会：《关于新冠肺炎疫情对中小公司影响及对策建议的调研报告》，2020年2月15日。

国务院国有资产监督管理委员会：《"一带一路"中国公司路线图》，2015年7月14日。

B.9 2020年A股上市公司非财务信息披露报告

张 晗 丘明燃 李若萱 陈溪言

摘　要： 非财务信息相对于财务信息而言，能够更加全面地反映企业履行社会责任的情况，是考量企业可持续发展价值的重要内容。近年来，非财务信息披露不仅质量逐年提升，而且呈现从边缘走向核心的态势，体现在制度、实施和市场表现三个层面。在制度层面，国际上以联合国17项可持续发展目标为中心、以GRI框架为统领，而国内以政府主导倡议和交易所鼓励披露为助推，形成了基于经济、环境和社会责任的企业非财务信息披露核心维度；在实施层面，企业虽然仍存在以非财务信息披露为粉饰手段的不良动机，但有效的信息披露日益增多，并形成内部促进管理提升和外部增强品牌影响力的良性循环；在市场表现层面，非财务信息披露可以同时增进与利益相关方的沟通、提升企业市场价值、降低投资者风险。非财务信息披露是企业可持续发展价值评估的重要来源依据之一，市场呼唤政府机构尽快推出企业信息披露的一致性准则或行业差异化披露准则，推进外部评价体系跨越早期的完整性评估阶段，走向行业差异下的质量评估阶段。

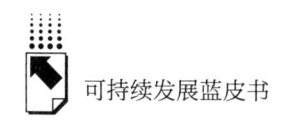

一 A股上市公司非财务信息披露的制度环境

自20世纪90年代以来,各国对于非财务信息披露的概念就有着多样解读,同时非财务信息披露政策也在迭代更新。本报告将在尝试界定非财务信息披露的概念的基础上,在宏观层面上追溯国内外两大环境下非财务信息披露的政策背景及演进历程。

国际上,非财务信息披露准则主要由第三方机构与政府共同制定,第三方机构一般负责开创性地制定信息披露标准、确认披露质量原则,而政府则以CSR、ESG等主题为核心制定符合本国国情的非财务信息披露政策;在国内,政府主管部门和证券交易所都先后出台了非财务信息披露的倡导性政策文件,且进一步规范非财务信息披露的政策也在稳步推进中。

(一)非财务信息披露的概念界定

本报告的论述中将参考和引用大量的文献,但在不同文献中存在对同一研究对象差异化的概念界定。为了避免因文字表述差异而引起不必要的认知偏差,在此对非财务信息及非财务信息披露的基本概念界定如下。

非财务信息是相对于财务信息而言的。国内学者李强提出,国内非财务信息是指不以货币为主要计量单位,或者虽然可以用货币来计量但无法体现在财务报表中,与公司生产经营活动密切相关,可以来自企业内部,也可以来自企业外部,客观存在于经济系统的信息传递过程中,是与企业生产经营活动以及利益相关人决策有关的信息。① 非财务信息不仅能够在一定程度上反映企业过去的经营绩效,还能够反映当下及未来的经营事项,时间维度更加宽泛,因而有助于利益相关方全面了解企业发展状况。具体来说,非财务信息包括但不限于:第一,企业基本信息,如战略规划、股东/董事会成员

---

① 李强:《关于我国上市公司非财务信息披露问题的研究》,《国际商务财会》2020年第5期。

基本信息、历史沿革等；第二，经营管理信息，如经营业绩说明、研发能力、人才培养等；第三，广义的社会责任信息，如环境信息、安全生产、社会道德、公共利益等。

本报告所研究的非财务信息披露是指公众公司（如上市公司或发债企业）以定期报告和临时报告等形式，把公司及与公司相关的非财务信息向投资者和社会公众公开披露的行为。在实践中，定期的非财务信息披露既有可能是市场主体年报的一部分，也有可能以企业社会责任报告、可持续发展报告等形式单独披露。

（二）非财务信息披露的国际规范

国际上，非财务信息披露准则主要由政府政策法规（以CSR、ESG为主题）和第三方标准构成。第三方机构一般负责制定和完善信息披露标准、确认披露质量原则。例如全球报告倡议组织（Global Reporting Initiative，GRI）、国际综合报告委员会（International Integrated Reporting Council，IIRC）、CDP全球环境信息研究中心、气候披露标准委员会（Climate Disclosure Standards Board，CDSB）等都制定了信息披露标准，并提供比政府政策法规更为详尽的信息披露规则。尽管具体披露框架有所不同，但这些标准皆覆盖了常规领域，且在主要披露规则上相对一致。[①] 其中，GRI是目前全球最常用的可持续发展报告框架。

1997年，美国环境责任经济联盟（Coalition for Environmentally Responsible Economics，CERES）、Tellus研究所与联合国环境规划署（United Nations Environment Programme，UNEP）共同参与了GRI的构建工作，并于次年成立利益相关方理事会（Stakeholder Council），制定组织指南。理事会指出，GRI要做的应不仅限于环境。据此，该框架的范围逐渐扩大到包括经济和社会治理问题。

---

① 王骏娴、秦二娃：《国际上市公司强制环境、社会及公司治理信息披露制度对我国的启示与借鉴》，http://www.csrc.gov.cn/newsite/yjzx/yjbg/201602/P020160203527142038801.pdf，2016年。

2000年GRI正式推出了第一版指南，这是全面推进可持续发展报告的首个全球框架。在随后几年中，GRI通过发布相关出版物进一步扩大其影响力，并不断更新标准体系。2013年GRI发布了第四版指南（G4），为不同规模或行业的组织撰写可持续性报告提供了报告原则、标准披露和实施手册三份官方文件。与此前版本相比，G4要求披露的内容更详细全面，并更侧重企业可持续发展内容的披露，强调企业可以根据自身的实质性议题撰写报告，即体现报告在经济、环境和社会方面或对利益相关方的评估和决策有实质影响的议题。2016年10月，GRI发布了全球通用的标准化可持续报告框架（GRI Standards），取代了G4，于2018年7月1日起生效。目前，GRI Standards已成为全世界可持续性报告参照的通用性标准。

GRI作为全球性倡议非财务信息披露的专业非营利性组织，对各国非财务信息披露的有关政策法规产生了积极影响，其中欧盟、英国、美国对GRI指南的响应积极且执行较早。从这三个经济体相关政策制定的实践有以下共性。

第一，非财务信息披露法规的强制性不断增强。如欧盟2014年修订的《非财务报告指令》首次以法律文件的形式对上市公司非财务信息及业绩的披露表示极大关注，并以"不遵守就解释"的强制披露要求，规定上市公司披露以ESG事项为核心的非财务信息。

第二，资本市场更加注重以ESG为核心的非财务信息披露。如英国针对资本市场主要参与者出台并修订了相关法案以提升信息披露的有效性，伦敦证券交易所2014年的《公司治理》和2018年的《发行人关于将ESG纳入投资者报告和沟通的指南》均对公司ESG信息披露提出了明确规定。虽然这些条例法案对不同主体的ESG信息披露有不同的要求，但均旨在为资本市场提供更为有效和公开透明的ESG信息。[1]

---

[1] London Stock Exchange Group, "Your Guide to ESG Reporting: Guidance for Issuers on the Integration of ESG into Investor Reporting and Communication," https://www.lseg.com/sites/default/files/content/images/Green_Finance/ESG/2018/February/LSEG_ESG_report_January_2018.pdf, 2018年1月。

同时，不容忽视的是，国际综合报告委员会（IIRC）也提出将现行的年度报告、单独反映非财务信息的环境报告以及社会责任报告等整合为一种新型企业报告模式——综合报告。一方面，综合报告在模式上整合了上市公司非财务信息披露的内容；另一方面，基于该框架分析上市公司非财务信息披露的结果也可以用于衡量不同公司非财务信息披露之间的差距。[①]

（三）非财务信息披露的国内政策

经过近20年的探索和努力，中国上市公司的非财务信息披露制度体系日渐完善。公司信息披露载体与方式也在不断演变，以2006年前后为分界点可以划分为两个阶段：第一，企业年报和环境责任报告主导阶段，上市公司主要通过企业年报披露非财务信息，企业工会还会单独披露环境责任报告，此阶段的非财务信息披露内容分布零散、披露要求模糊；第二，企业社会责任报告主导阶段，在中央政府的领导及中国证券监督管理委员会（以下简称"证监会"）具体方向的把控下，上海证券交易所（以下简称"上交所"）与深圳证券交易所（以下简称"深交所"）以发布文件的形式对我国非财务信息披露的监管逐渐落地，详见表1。

表1 中国内地上市公司非财务信息披露政策演进

时间	法规	发布主体	主要内容
2006年9月	《深圳证券交易所上市公司社会责任指引》	深交所	首次将社会责任信息披露引入上市公司，并为上市公司披露社会责任和环境保护信息提供引导和规范
2007年1月	《中华人民共和国政府信息公开条例》	国务院	要求企业公开社会公共服务过程中制作、获取的信息
2007年12月	《关于中央企业履行社会责任的指导意见》	国资委	强制要求央企建立社会责任报告制度

---

① 李亚玲、赵娟：《上市公司综合报告的非财务信息披露质量评价》，《财会月刊》2014年第24期。

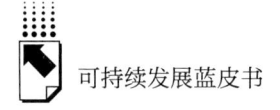

续表

时间	法规	发布主体	主要内容
2008年5月	《上市公司环境信息披露指引》	上交所	强制规定企业促进环境及生态和社会可持续发展方面的工作内容需纳入上市企业社会责任报告
2010年12月	《关于做好上市公司2010年度报告披露工作的通知》	深交所	规定纳入"深证100指数"的上市公司需披露社会责任报告
2016年8月	《关于构建绿色金融体系的指导意见》	中国人民银行等七部委	明确逐步建立和完善上市公司和发债企业强制性环境信息披露制度的绿色金融体系构建计划
2018年9月	《上市公司治理准则（2018年修订）》	中国证监会	要求上市企业披露环境信息以及履行扶贫等社会责任相关情况和公司治理相关信息
2019年4月	《上海证券交易所科创板股票上市规则（2019年4月修订）》	上交所	对科创板上市公司履行社会责任情况提出强制披露要求
2020年2月	《深圳证券交易所上市公司规范运作指引（2020年修订）》	深交所	规定上市公司应当及时披露环境污染的产生原因及其对公司的影响
2020年9月	《深圳证券交易所上市公司信息披露工作考核办法（2020年修订）》	深交所	首次明确使用ESG考核上市公司的信息披露工作，重点考核上市公司披露社会责任报告、ESG履行情况及参与符合国家重大战略方针等事项的主动性、充实性和完整性

资料来源：社投盟整理。

近年来，中国非财务信息披露在内容上逐渐加强了社会、环境和公司治理方面的政策引导，这与国际上日渐盛行的ESG理念相契合。在环境方面，2017年6月12日中华人民共和国环境保护部[①]与中国证监会联合签署了《关于共同开展上市公司环境信息披露工作的合作协议》，目的是联合促成上市公司强制性环境信息披露机制与规范的建立健全，监督并推动上市公司履行环境保护义务。在公司治理方面，中国证监会2018年9月30日发布的《上

---

① 2018年3月17日第十三届全国人民代表大会第一次会议通过《第十三届全国人民代表大会第一次会议关于国务院机构改革方案的决定》，批准《国务院机构改革方案》。组建中华人民共和国生态环境部，"生态环境部对外保留国家核安全局牌子。不再保留环境保护部"。

市公司治理准则（2018年修订）》对上市公司履行环境和社会责任、完善公司治理提出了更高的标准，并要求上市公司依照相关规定披露各类非财务信息。2020年9月，深交所发布《深圳证券交易所上市公司信息披露工作考核办法（2020年修订）》，首次明确使用ESG考核上市公司的信息披露工作，是中国首个明确使用"ESG"作为专业名词概括环境、社会责任和公司治理信息的政策性文件。该文件重点考核上市公司披露社会责任报告、ESG履行情况及参与符合国家重大战略方针等事项的主动性、充实性和完整性，有效促进企业披露非财务信息质量的提升。与此同时，ESG理念日渐受到中国资本市场的青睐，不少上市公司开始选择以ESG报告为载体的非财务信息披露方式。

二 A股上市公司非财务信息披露的动机与影响

本部分将从微观层面采用文献研究法对上市公司非财务信息披露的动机与影响进行研究分析。企业非财务信息披露既可能出于提升公司声誉、维护利益相关方关系、缓解委托代理问题等动机，也存在粉饰企业问题的可能。通过梳理非财务信息披露对上市公司在经营、融资、市场层面可能产生的影响，揭示企业选择与深化非财务信息披露的积极意义。

（一）非财务信息披露的动机分析

上市公司的非财务信息披露既受到市场环境、监管法规、国际规范等外部因素的影响，也受到股东诉求、管理策略和经营发展等内部动因的驱使。具体而言，我们将聚焦提升企业声誉、维护利益相关方关系、缓解委托代理问题等三个方面进行分析。

第一，提升企业声誉。社会责任绩效好的公司可以释放出具备长期价值的优良信号[1]，不断积累良好的声誉。声誉信息在各个利益相关方之间交换

---

[1] 陈承、王宗军、叶云：《信号理论视角下企业社会责任信息披露对财务绩效的影响研究》，《管理学报》2019年第3期。

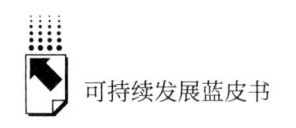

和传播,增加信息透明度,为最终交易的形成提供参考。

第二,维护利益相关方关系。正如良好的社区关系可以为当地政府提供税收优惠,好的雇员关系可以提高士气和生产率,好的管理者关系可以降低代理成本,好的消费者关系可以稳定市场份额,非财务信息披露既可以解决与利益相关方之间的信息传递问题,又可以通过利益相关方的自我感知和认同,给予社会责任信息披露产出水平高的企业更多的价值回报①。

第三,缓解委托代理问题。由于公司内部的委托代理关系会导致信息的不对称,当经理人和股东之间存在利益冲突时,经理人可以凭借信息优势实现自身利益最大化,进而产生委托代理问题。非财务信息披露是缓解该类冲突的有效手段②。

(二)非财务信息披露的多元影响

上市公司的非财务信息披露既受到内外因素的驱使,又对公司自身产生多方面的价值。

1. 对经营层面的影响

企业社会责任信息披露对企业的发展以及财务绩效会产生积极的影响,主要实现路径如下。

第一,传递正面信号。社会责任绩效好的企业以非财务信息披露作为信号传递工具,通过信息披露及媒体的传播和放大作用,传递企业值得信赖且具有良好声誉的信号。其中,媒体作为信号传递路径的中介因素,当报道企业正面的非财务信息时,便能引导公众支持企业,企业也因此获得良好的声誉,甚至市场份额得到提高、获得高回报等,这就放大了其中的积极影响③。

第二,降低代理成本。公司非财务信息的披露增加了信息透明度,减少

---

① 陈国进、林辉、王磊:《公司治理、声誉机制和上市公司违法违规行为分析》,《南开管理评论》2005年第6期。
② 杨玉凤、王火欣、曹琼:《内部控制信息披露质量与代理成本相关性研究——基于沪市2007年上市公司的经验数据》,《审计研究》2010年第1期。
③ 陶文杰、金占明:《企业社会责任信息披露、媒体关注度与企业财务绩效关系研究》,《管理学报》2012年第8期。

了公司内部和外部人员之间的信息不对称,完善了对公司管理层的监督和约束,减轻了管理层的道德风险,有利于代理成本的下降和经营绩效的提升,并且这一点对于选择自愿信息披露的企业更为明显①。

第三,提升公司治理能力。以企业社会责任报告为代表的非财务信息披露形式,也是企业战略规划的一种外在体现。有效的社会责任战略计划以及规范管理社会责任履行状况,可以帮助企业维护各利益相关方的利益,提高股东信任度、员工归属感、顾客满意度及社会响应度等,最终提高企业经营管理水平以及风险防范能力。

但是,这种积极影响也会在以下情形出现弱化。

第一,当制度环境改善,由于市场机制更趋完善和市场信息更加透明,利益相关方可从更广泛的渠道(证券分析师、媒体或中介机构等)获取有价值的替代信息,此时企业主动披露非财务信息价值的相对边际回报率会降低②。

第二,管理层过多地披露企业社会责任信息,也可能导致代理成本增加,从而抵消披露企业社会责任信息对财务绩效提升的正向影响。尤其是当经理人代理成本足够大时,社会责任信息披露可以被企业用来粉饰运营中的问题③。

2. 对融资层面的影响

企业非财务信息披露和企业的融资情况有正相关关系④,主要实现路径如下。

第一,降低融资约束。投资者或债务人往往会要求更高的回报来弥补信息不足问题,而企业非财务信息给资金持有者提供更多的公司信息,从而使他们

---

① Bushman, R. M. and Smith, A. J., "Transparency, Financial Accounting Information, and Corporate Governance," *Economic Policy Review*, 2003 (4), pp. 65 – 87.
② 陈承、王宗军、叶云:《信号理论视角下企业社会责任信息披露对财务绩效的影响研究》,《管理学报》2019 年第 3 期。
③ 田利辉、王可第:《社会责任信息披露的"掩饰效应"和上市公司崩盘风险——来自中国股票市场的 DID – PSM 分析》,《管理世界》2017 年第 11 期。
④ 何贤杰、肖土盛、陈信元:《企业社会责任信息披露与公司融资约束》,《财经研究》2012 年第 8 期;徐芳、程克群:《企业社会责任信息披露、融资约束与企业绩效》,《合作经济与科技》2020 年第 12 期。

对于公司的经营和风险有更准确的评估和预期，缓解融资约束，提高投资效率。其中，披露社会责任报告的公司融资约束明显低于未披露的公司；而企业社会责任信息披露质量越高，越能缓解企业实现绩效过程中的融资约束①。

第二，降低权益资本成本②。一方面，权益资本成本随着企业社会责任表现的每股社会贡献值呈现降低态势；另一方面，披露了独立社会责任信息的企业也会在一定程度上降低企业筹资成本③。同时，对于业绩表现弱或负债率低的企业，这种效应更为突出④。

第三，降低债务成本。社会责任报告的发布通过提高企业声誉来增强贷款人对企业还贷能力的信心，从而促使债权人调低对借款企业的融资成本索求水平。不过这条影响路径对于不同类型的企业显著性不同。与国有企业相比，非国有企业处于融资劣势地位，发布非财务信息对其降低债务融资成本的意义更为显著。同理，相较于环境敏感行业，非环境敏感行业在贷款人心目中的形象与声誉更好，社会责任报告的发布有助于其进一步提升形象和声誉，从而降低债务资本成本⑤。

3. 对市值层面的影响

非财务信息披露对上市公司的资本市场表现也会有显著影响，主要实现路径如下。

第一，提升市场价值。投资者关注会引发市场价值的提升，并且这种效应随着我国资本市场的国际化而增强。一方面，投资者出于伦理道德会特别关注企业社会责任等非财务信息，因此在投资决策过程中会考虑公司的社会

---

① 何贤杰、肖土盛、陈信元：《企业社会责任信息披露与公司融资约束》，《财经研究》2012年第8期。
② 权益资本成本是指企业通过发行普通股票获得资金而付出的代价。其等于股利收益率加资本利得收益率，也就是股东的必要收益率。
③ 黄建元、靳月：《企业社会责任对权益资本成本的影响研究——基于企业社会责任报告与鉴证的视角》，《产业经济研究》2016年第2期。
④ 王开田、蒋琰、高三元：《政策制度、企业特征及社会责任信息披露——基于降低融资成本的研究视角》，《产业经济研究》2016年第6期。
⑤ 王建玲、李玥婷、吴璇：《企业社会责任报告与债务资本成本——来自中国A股市场的经验证据》，《山西财经大学学报》2016年第7期。

责任感；另一方面，企业社会责任行为会对公司的长期利润产生积极的影响，例如改善企业形象从而吸引更多客户等。

第二，降低崩盘风险。声誉保险效应是社会责任信息披露降低股价崩盘风险的主要路径，除此之外还有信息效应。非财务信息披露的信息效应降低了管理层的信息优势和负面信息管理能力，声誉保险效应有助于调节投资者对企业负面信息的归因并缓解外部环境变化所导致的投资者情绪的冲击反应，从而降低股价崩盘风险[1]。

三 A股上市公司非财务信息披露的质量评价

本报告以沪深300为样本，重点研究上市公司非财务信息披露质量及其对公司可持续发展的意义。随着我国资本市场市场化与全球化的持续深入，资本市场利益相关方对非财务信息的重视程度逐渐增强。但不同于财务信息的强制性审计，上市公司非财务信息披露尚缺乏有效的外部监督工具。因此，在自愿性非财务信息披露主导的背景下，市场评价体系的构建可以在一定程度上对上市公司披露行为起到制约作用。本部分从基本概况、指标分析、行业对比、上市地点差异和上市板块差异等层面对沪深300上市公司的非财务信息披露质量进行分析，并探究上市公司可持续发展价值与非财务信息披露的关系。

非财务信息计量一直是学界理论研究和实证研究的难点，难以形成统一的认识和标准。目前，常用的非财务信息计量方法有声誉评分法、量表调查法、代理指标法和内容分析法等。其中，内容分析法基于企业自主披露的非财务信息，如企业年度报告、环境报告、企业社会责任报告等，其作为一种指标设计和评分，克服了其他方法的主观性、样本局限性等缺点，并且随着企业社会责任数据披露工作的不断发展得到了全面性和准确性的提升[2]，故

---

[1] 宋献中、胡珺、李四海：《社会责任信息披露与股价崩盘风险——基于信息效应与声誉保险效应的路径分析》，《金融研究》2017年第4期。

[2] Unerman, J., "Methodological Issues-Reflections on Quantification in Corporate Social Reporting Content Analysis," *Accounting, Auditing and Accountability Journal*, 2000 (13), pp. 667–681.

本报告选取内容分析法作为计量方法。

大多数关于非财务信息披露的研究都以信息完整性作为主导考量因素，其暗含的假设为：企业披露的社会责任信息涉及的维度越宽、信息量越大，其信息质量就越高、社会绩效表现也越好。本报告同样遵循以上假设，在量化评价沪深300上市公司非财务信息披露质量时，以社投盟3A模型中的指标数据完备度①衡量上市公司非财务信息披露质量。

（一）非财务信息披露质量的整体表现

整体来看，2018~2020年沪深300非财务信息披露质量逐年升高，数据完备度分别为67.94%、68.14%和73.59%。2020年比2019年提升5.45个百分点，且增速较此前加快。

无论是"义利99"还是"沪深300"，"价值驱动"的数据完备度均为7个二级指标中的最高，且2020年"义利99"价值驱动的数据完备度达到100%。2018年"义利99"和沪深300的"模式创新"数据完备度均最低，分别为52.53%和38.38%；2019年"义利99"和沪深300的"环境贡献"数据完备度均最差，分别为60.94%和43.20%；2020年"义利99"的"业务驱动"数据完备度最差，为71.72%，沪深300的"环境贡献"数据完备度最差，为56.02%。相比2019年，价值驱动、战略驱动、模式创新、管理创新、社会贡献、环境贡献的数据完备度在2020年都有所提升，而业务驱动、技术创新的数据完备度均有所降低。三年来，在"义利99"和"沪深300"样本中，"模式创新"数据完备度改善显著、增长最快，年均增长分别为21.88%和33.35%；而"管理创新"和"社会贡献"数据完备度却出现负增长。

---

① 3A模型中的数据完备度是用来衡量上市公司信息披露情况的。如果公司在一个数据点上进行了有效信息的披露，该公司在这个数据点上的数据完备度记为100%，否则记为0。四级指标的数据完备度为其包括的数据点数据完备度的平均值，高级别指标的数据完备度为低级别指标数据完备度的平均值。由于本研究主要考察企业的非财务信息披露情况，在实际计算中二级指标"3.1经济贡献"及其下属指标不在研究范围内。

表2 2018~2020年"义利99"和沪深300指标数据完备度

单位：%

项目	对象	价值驱动	战略驱动	业务驱动	技术创新	模式创新	管理创新	社会贡献	环境贡献
2018年	"义利99"	96.46	86.87	66.67	85.86	52.53	86.93	84.39	75.25
	沪深300	90.30	81.77	61.71	76.00	38.38	80.39	69.55	52.40
2019年	"义利99"	98.99	91.92	73.74	92.68	72.47	82.40	68.24	60.94
	沪深300	93.67	90.00	68.67	80.83	57.17	74.95	55.48	43.20
2020年	"义利99"	100.00	95.96	71.72	90.66	78.03	82.53	83.35	74.93
	沪深300	97.50	91.83	67.00	78.08	68.25	75.85	66.53	56.02
年均增长	"义利99"	1.82	5.10	3.72	2.76	21.88	-2.56	-0.62	-0.21
	沪深300	3.91	5.97	4.20	1.36	33.35	-2.86	-2.20	3.40

资料来源：社投盟。

（二）非财务信息披露质量的行业表现

各个行业整体在过去三年中的非财务信息披露完备度全面提升。三年内信息完备度始终保持较好的是能源行业，三年平均数值达77.43%；而可选消费行业信息完备度最低，三年平均数值仅有64.55%。信息技术和可选消费行业的信息完备度虽然在2018年排名靠后，但三年来改善明显，完备度数值分别提升了15.83个百分点和10.48个百分点。据2020年6月的数据，沪深300非财务信息数据完备度排名前三的分别是能源、金融和工业行业。

表3 2018~2020年沪深300分行业非财务信息数据完备度

单位：%

项目	能源	金融	工业	电信业务	公用事业	原材料	医药卫生	主要消费	地产	信息技术	可选消费
2020年	80.03	78.08	75.07	70.01	74.85	72.64	69.97	67.99	69.10	72.64	70.88
2019年	79.65	71.14	71.47	68.66	68.77	68.25	66.83	66.10	58.90	65.14	62.37
2018年	72.59	71.56	73.50	75.10	70.09	64.92	68.87	64.84	68.58	56.81	60.40
三年均值	77.43	73.60	73.35	71.26	71.24	68.60	68.56	66.31	65.53	64.86	64.55

资料来源：社投盟。

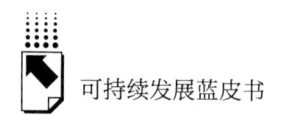

（三）非财务信息披露的上市地点表现

不同地点上市的企业在非财务信息完备度有着不同的表现。整体来看，三年内上交所上市公司平均非财务信息完备度优于深交所上市公司，达到71.56%。但是，深交所上市公司平均非财务信息完备度增长更快，三年内上升6.89个百分点，上交所则上升5.2个百分点。这一结论或与深交所涵盖更多中小盘股有关。

表4 2018~2020年沪深300不同上市地点平均非财务信息数据完备度

单位：%

上市地点	2020年	2019年	2018年	均值	年均增长
上交所	74.96	69.97	69.76	71.56	2.60
深交所	71.27	65.25	64.38	66.97	3.44

资料来源：社投盟。

（四）非财务信息披露的上市板块表现

近三年，沪深300中主板上市股票的信息完备度最佳，其次是中小板企业，最后是创业板企业。可见，发展更为成熟的大中型上市公司可能具有更高的非财务信息完备度。截至2020年，主板和中小板的信息数据完备度都达到了70%以上，而初创企业的信息披露水平仍有待提高。由于创业板和中小板均属深交所板块，这也与股票上市地点完备度差异性特征吻合。

表5 2018~2020年沪深300不同上市板块平均非财务信息数据完备度

单位：%

上市板块	2020年	2019年	2018年	均值
主板	74.77	69.59	69.92	71.43
创业板	63.59	60.35	65.53	60.86
中小板	71.75	64.82	68.72	65.88

资料来源：社投盟。

四 A股上市公司非财务信息披露质量与可持续发展价值的关系

本报告采用了面板数据进行回归分析，探究非财务信息披露质量与可持续发展价值之间的关系。

（一）非财务信息披露质量与可持续发展价值关系的理论基础

非财务信息披露质量与可持续发展价值的关系从理论上来说存在两种截然相反的情形。

对于二者之间的正相关关系，合法性理论、利益相关方理论均表明，社会、政治等因素可以决定包括信息披露在内的某些组织行为[①]。一方面，企业运行要服从社会的秩序、规范，如果出现了合法性危机，企业不仅面临司法制裁，还会失去市场的信任基础。另一方面，利益相关方理论认为，企业的决策和行为要综合兼顾雇员、消费者、供应商、政府部门、本地居民、自然环境、人类后代等直接或间接受到企业经营活动影响的主客体的利益和诉求。

虽然具有良好可持续发展表现的公司会被激励进行更多信息披露以进一步增加市场价值，体现出可持续发展绩效和公司信息披露之间的积极关系，但这种良性互动也可能来自短期财务倾向的驱使，进而影响企业的长期战略决策及可持续发展价值，引发二者之间的负相关关系。尤其是对于处于风险暴露状态的企业，管理者可能会出于逆向选择，刻意满足利益相关方需求而提供更广泛的披露，以将组织的非常规行为正当化[②]。

[①] Cotter, J., Lokman, N., & Najah, M. M., "Voluntary Disclosure Research: Which Theory is Relevant?" *Journal of Theoretical Accounting Research*, 2011.

[②] Deegan, C., "Introduction: The Legitimizing Effect of Social and Environmental Disclosures: A Theoretical Foundation," *Accounting, Auditing and Accountability Journal*, 2002 (15) pp. 282 – 311; Patten, D., "The Relation between Environmental Performance and Environmental Disclosure: A Research Note," *Accounting, Organizations and Society*, 2002 (27) p. 76.

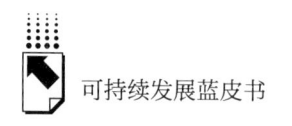

（二）非财务信息披露质量与可持续发展价值关系的计量检验

本部分将以前文计算的沪深300上市公司非财务信息完备度指标代表非财务信息披露质量，以本研究中的可持续发展价值评分代表企业的可持续发展水平，研究前者对后者可能产生的影响。

经Hausman检验，研究选取了固定效应的面板回归模型进行分析，回归模型为：

$$Sustainbility = \beta_0 + \beta_1 Disclosure + \beta_2 Size + \beta_3 Intangible\ Assets + \beta_4 EquityRatio + \beta_5 ROA + \varepsilon$$

其中，被解释变量为企业可持续发展价值评分（Sustainability），解释变量为企业非财务信息完备度评分（Disclosure）。结合以往研究结论，本报告还引入了企业规模（Size）、无形资产（Intangible Assets）、所有者权益比率（Equity Ratio）和资产收益率（ROA）四个控制变量，相关数据均取自CSMAR[①]数据库，变量定义详见表6。

表6 变量定义

变量名称	变量符号	变量定义
企业可持续发展价值评分	Sustainability	依据社投盟"3A模型"评估
企业非财务信息完备度评分	Disclosure	依据社投盟"3A模型"中非财务指标信息披露情况计算
企业规模	Size	企业年末流通股市值
无形资产	Intangible Assets	合并报表中无形资产净额
所有者权益比率	EquityRatio	合并报表中所有者权益与总资产比值
资产收益率	ROA	净利润和平均资产总额比值

资料来源：社投盟。

两组数据先后于2018年、2019年和2020年的6月获取并进行计算，主要依据2017~2019年沪深300上市公司发布的信息和报告。由于三年中沪

---

① CSMAR数据库即国泰安经济金融研究数据库，是国泰安从学术研究的需求出发，借鉴芝加哥大学CRSP、标准普尔Compustat、纽约交易所TAQ、I/B/E/S、Thomson等国际知名数据库的专业标准，并结合中国实际国情开发的经济金融型数据库。

深300名单有所变动,仅选取在三年内皆处于名单上的公司作为研究样本,最终样本量为229家上市公司,共有687个公司年度观测值。根据可持续发展价值得分的分布情况,为了排除极值的影响,本研究分别就全部数据(即表7中的第一组数据)与剔除可持续发展价值得分在C及以下公司的数据(即表7中的第二组数据)进行了面板回归。

表7 2017~2019年沪深300上市公司回归结果:全部数据(1)与剔除极值数据(2)

因变量:Sustainability	(1)	(2)
企业非财务信息完备度评分(Disclosure)	32.5883 *** (4.90)	32.8008 *** (14.42)
企业规模(Size)	0.0000 (0.56)	0.0000 (1.09)
无形资产(Intangible Assets)	0.0000 (0.27)	0.0000 (-0.96)
所有者权益比率(EquityRatio)	18.2300 (1.23)	4.4228 (1.00)
资产收益率(ROA)	46.9050 *** (2.63)	32.8928 *** (5.68)
截距项	19.6264 ** (2.36)	29.6700 *** (11.05)
公司固定效应	是	是
年份固定效应	是	是
R^2	0.0685	0.3709
样本量	687	650

注:"**""***"分别表示在5%、1%的显著性水平上拒绝原假设。
资料来源:社投盟。

(三)非财务信息披露质量与可持续发展价值关系的分析结论

本报告在针对非财务信息披露质量进行时空分析时发现,近年来我国上市公司非财务信息披露质量逐年升高。其中,发展较为成熟的上市公司具有更高的非财务信息完备度,而成长型企业的信息披露水平仍有待提高。非财务信息与财务信息会同时影响上市公司可持续发展价值,非财务信息披露质

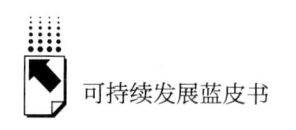

量较高的上市公司往往有着更高的可持续发展价值。

通过上述计量分析，我们发现A股上市公司非财务信息披露质量与可持续发展价值之间存在显著的正相关关系，主要表现在以下三方面。

第一，公司披露的非财务信息涉及面越宽、信息数量越大，其可持续发展价值表现越好，且在剔除极值时模型拟合程度越高。因此，上市公司应遵循非财务信息披露的相关国际标准和国内指引，客观、真实、全面地反映企业在社会、环境和公司治理方面的状况。

第二，公司的盈利能力越强，越有能力创造社会和环境方面的价值。上述数据分析显示，资产收益率对企业可持续发展得分有正向推动作用，然而所有者权益比率、无形资产和企业规模因素对企业可持续性表现的影响效果则并不显著。

第三，公司前瞻性的非财务信息披露对践行可持续发展有更强的推动作用。相比来说，回溯性的非财务信息披露，是对已有项目进行陈述。而前瞻性的非财务信息，展示了公司在可持续发展领域的规划与承诺。

基于非财务信息披露对企业可持续发展价值的评估，将经历三个发展阶段：一是整体完整性评估阶段，即一把标尺衡量全部公司；二是行业差异下的完整性评估阶段，即一把标尺衡量一类公司；三是企业差异下的质量评估阶段，即N把标尺衡量N类公司。由于我国上市公司非财务信息披露在完整性方面尚有待完善，基于信批质量进行的企业可持续发展价值评估尚无法实现行业差异和企业差异下的精准分析。随着数据、算法、算力的综合进步，中国将会较快地完成三步跨越。

参考文献

陈承、王宗军、叶云：《信号理论视角下企业社会责任信息披露对财务绩效的影响研究》，《管理学报》2019年第3期。

陈国进、林辉、王磊：《公司治理、声誉机制和上市公司违法违规行为分析》，《南开管理评论》2005年第6期。

杜颖洁、孙涵：《企业社会责任度量方法国外文献综述》，《中国市场》2014年第48期。

黄建元、靳月：《企业社会责任对权益资本成本的影响研究——基于企业社会责任报告与鉴证的视角》，《产业经济研究》2016年第2期。

何贤杰、肖土盛、陈信元：《企业社会责任信息披露与公司融资约束》，《财经研究》2012年第8期。

李强：《关于我国上市公司非财务信息披露问题的研究》，《国际商务财会》2020年第5期。

刘宇：《重污染行业企业基于GRI应用的中美对比研究》，《商业会计》2018年第24期。

李亚玲、赵娟：《上市公司综合报告的非财务信息披露质量评价》，《财会月刊》2014年第24期。

宋献中、胡珺、李四海：《社会责任信息披露与股价崩盘风险——基于信息效应与声誉保险效应的路径分析》，《金融研究》2017年第4期。

田利辉、王可第：《社会责任信息披露的"掩饰效应"和上市公司崩盘风险——来自中国股票市场的DID-PSM分析》，《管理世界》2017年第11期。

陶文杰、金占明：《企业社会责任信息披露、媒体关注度与企业财务绩效关系研究》，《管理学报》2012年第8期。

王建玲、李玥婷、吴璇：《企业社会责任报告与债务资本成本——来自中国A股市场的经验证据》，《山西财经大学学报》2016年第7期。

王骏娴、秦二娃：《国际上市公司强制环境、社会及公司治理信息披露制度对我国的启示与借鉴》，http://www.csrc.gov.cn/newsite/yjzx/yjbg/201602/P020160203527142038801.pdf，2016。

王开田、蒋琰、高三元：《政策制度、企业特征及社会责任信息披露——基于降低融资成本的研究视角》，《产业经济研究》2016年第6期。

徐芳、程克群：《企业社会责任信息披露、融资约束与企业绩效》，《合作经济与科技》2020年第12期。

杨玉凤、王火欣、曹琼：《内部控制信息披露质量与代理成本相关性研究——基于沪市2007年上市公司的经验数据》，《审计研究》2010年第1期。

《上市公司治理准则》，中国证监会官网，http://www.csrc.gov.cn/pub/zjhpublic/zjh/201809/P020180930584077967335.pdf，2018年9月30日。

Bushman, R. M. and Smith, A. J., "Transparency, Financial Accounting Information, and Corporate Governance," *Economic Policy Review*, 2003（4）.

Cotter, J., Lokman, N., & Najah, M. M., "Voluntary Disclosure Research: Which Theory is Relevant?" *Journal of Theoretical Accounting Research*, 2011.

Deegan, C., "Introduction: The Legitimizing Effect of Social and Environmental

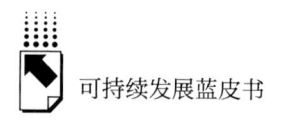

Disclosures: A Theoretical Foundation," *Accounting, Auditing and Accountability Journal*, 2002 (15).

Hummel, K., & Schlick, C., "The Relationship between Sustainability Performance and Sustainability Disclosure-reconciling Voluntary Disclosure Theory and Legitimacy Theory," *Journal of Accountingand Public Policy*, 2016.

London Stock Exchange Group, "Your Guide to ESG Reporting: Guidance for Issuers on the Integration of ESG into Investor Reporting and Communication", https://www.lseg.com/sites/default/files/content/images/Green_Finance/ESG/2018/February/LSEG_ESG_report_January_2018.pdf, 2018年1月。

Patten, D., "The Relation between Environmental Performance and Environmental Disclosure: A Research Note," *Accounting, Organizations and Society*, 2002 (27).

Rezaee, Z., & Tuo, L., "Voluntary Disclosure of Non-financial Information and Its Association with Sustainability Performance," *Advances in Accounting*, 2017.

The European Parliament and the Council of the European Union, Directive 2014/95/EU of Theeuropean Parliament and of The Council of 22 October 2014 Amending Directive 2013/34/EU as Regards Disclosure of Non-financial and Diversity Information by Certain Large Undertakings and Groups, https://eur-lex.europa.eu/legal-content/EN/TXT/?uri=CELEX%3A32014L0095, 2014年11月15日。

Unerman, J., "Methodological Issues-Reflections on Quantification in Corporate Social Reporting Content Analysis," *Accounting, Auditing and Accountability Journal*, 2000 (13).

Waddock, S. A., & Graves, S. B., "The Corporate Social Performance-financial Performance Link," *Strategic Management Journal*, 18, 1997.

B.10
非财务信息1n∞建模分析报告*

——未来设想：简单、便捷、实时、有效的非财务信息分析

瑞可诚〔Karl H. Richter（英）〕

摘　要： 所有的经济活动都会对社会和环境产生影响。企业管理者、金融专业人士、监管者和公共政策制定者，甚至是消费者，都需要了解经济活动产生的外部影响。然而，非财务信息披露数据费时费力且成本高昂，因此人们做重要决策时相关信息并非唾手可得。为了利用针对分布式数据的关联数据协议，本报告引入了一种新的数据科学建构，即1n∞模型，以获取针对分布式数据的关联数据协议。本报告认为对非财务信息（环境、社会和治理数据，可持续发展数据，影响力数据）进行有价值的分析既可以简单、便捷，又可以实时更新。"影响力互联网"（Internet of Impact）或许可以颠覆非财务数据行业。

关键词： 非财务数据　影响力互联网　外部影响　1n∞模型

一　前言

每一项经济活动和金融交易都会在某种程度上对人类福祉和地球生态造

---

* 本文原文以英语撰写，后翻译成中文。感谢杨婉冬、时希洋、黄玉莲对本文的翻译；马文年、顾欣科、陈卓雅完成了翻译校对工作。

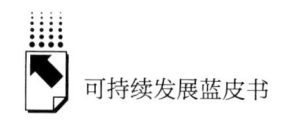

成影响。然而，这些叠加起来的影响可以是积极的，也可以是消极的，要了解其整体影响并非易事。

未来世界，人们可以像比较商品价格一样简单地去比较非财务影响力。[1] 如果人们在做出决策时不能知晓其决定和行为会带来的非财务后果，那他们只能推测。这不仅适用于实体经济，也适用于金融行业。因此，我们发现，在不同的文化和政治运动中，人们都试图以各自的方式去阐释"义利并举"的含义。[2]

经济活动带来的非财务后果通常称为外部性，因为"对于他人的成本或利益……没有反映在所提供商品及服务的价格中"。[3] Wilton 等学者认为，对这种市场失灵的补救需要对现有资本市场与经济学的理论基础进行实质性扩展。他们提议，非财务影响（即外部性）可以并且应当作为财务回报和风险之外的第三个理论支柱被纳入经济考量。[4] 虽然包括欧盟可持续金融条例在内的多项举措成效显著，并在一定程度上解决了上述问题，但我们依然缺乏一个基于全球公认准则建立的总体理论框架或普遍统一的监管要求。

标准的缺乏对一些提供非财务影响力评级和数据的信息平台来说既是机遇，也是挑战。近期，社投盟作为这样的评级平台开发了"义利99"（SV99）指数。[5] 社投盟在系统研究 FTSE4Good 指数系列[6]、明晟 ESG 评估[7]以及晨星公司的 Sustainalytics[8] 等成熟方法论的基础上，开发了 3A 模型，至 2020 年已连续四年发布年度评分和评级。和全球其他成熟的数据供

---

[1] Instans, Instans, Retrieved from https：//instans. net, Accessed Jul. 2020.
[2] 这一术语通常指代一种兼顾财务收益与慈善目的的双重战略。
[3] Khemani, R. S. & Shapiro, D. M., "Glossary of Industrial Organisation Economics and Competition Law," *OECD, Directorate for Financial, Fiscal and Enterprise Affairs*, Retrieved from http：//www. oecd. org/regreform/sectors/2376087. pdf, 1993.
[4] Wilton, D. E., "Pricing Impact：Extending Impact Investing to Price Externalities and Lower the Cost of Capital to Impactful Investors," *Zheng Partners LLC*, Retrieved from https：//zhengpartners. co, Sep. 2019.
[5] https：//www. casvi. org/en/.
[6] https：//www. ftserussell. com/products/indices/ftse4good.
[7] https：//www. msci. com/research/esg – research.
[8] https：//www. sustainalytics. com.

应商一样,社投盟需要考虑如何利用好宝贵的数据,以更好的方式满足快速变化的全球需求。

基于此,本报告希望引发关于未来非财务信息的相关问题讨论。本报告结合了笔者对社投盟评估分析过程[①]的了解,并将广泛的学术文献和行业最佳实践[②]作为评价的基础,试图理解其面临的挑战。

本报告还基于"影响力互联网"(Internet of Impact)[③]的概念进一步设想下一代非财务信息报告可能包括的关键因素。Deng 等认为"影响力互联网"体现的是可连接、可搜索、可扩展的数据。[④] 它有助于协调地区、国家和全球,以实现关于联合国可持续发展目标(SDGs)[⑤] 的数据互操作(data interoperability)。此外,"影响力互联网"的愿景提供了一种根本上的模式转换,即由事后收集影响力数据转为收集与非财务影响相关且预测分析效果更好的实时数据。这将是一个巨大的改变,而目前主要是由分析人员基于公司发布的报告、问卷调查或对公司具体活动进行个性化评估等方式收集信息。

特别感谢 David E. Wilton 和 Menglu Zhuang 女士对本报告的审阅,并提出宝贵的建议(若我对两人的评注产生任何误解,我对此负全责)。同时,感谢 Kate Ruff 和 Willem Schramade 对本报告观点形成的贡献,报告中多处观点的形成都离不开与他们的沟通。感谢白虹女士(Angela Bai)及其所在的社会价值投资联盟(以下简称"社投盟"[⑥])团队对本报告的启发及其对社投盟 3A 模型的分享,没有这一模型,本报告不可能完成。

---

① 笔者担任社投盟顾问与社投盟卓越中心全球联合主管。
② 笔者为法兰克福金融管理学院兼职讲师,研究领域为管理可持续金融的非财务影响。
③ 2016 年,在领导经济合作与发展组织(OECD)的一个从业者工作组时,笔者创造了"影响力互联网"一词。该工作组是 G7 倡议的一部分。该倡议要求经合组织为社会影响力投资建立证据基础。
④ Deng, K., Lewkowitz, M., Ruff, K. & Ryan, A., "Pathways Towards Data Interoperability for the Sustainable Development Goals in Canada," MaRS, https://www.marsdd.com/wp-content/uploads/2019/05/Pathways-Towards-Data-Interoperability-for-the-Sustainable-Development-Goals-in-Canada.pdf, April 2019.
⑤ https://sdgs.un.org/goals.
⑥ 社会价值投资联盟,https://www.casvi.org.

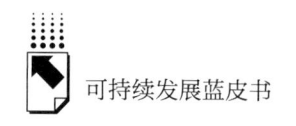

二 可持续评估、ESG 评级和影响力评估的全球挑战

投资者对可持续金融的关注度日益提升。2019 年，流入可持续投资领域的新增资本数量超过了此前四年的总和①。对于投资者高涨的热情，美国证券交易委员会（SEC）主席警告道："在各行各业的公司中，我还没有看到任何一个能通过 E（环境）、S（社会）、G（治理）（例如以'评级'或'分数'的方式）为公司分析提供有意义帮助的案例，大多数都是一个过于空泛和不精确的分析。"②

对当前 ESG 数据和可持续评估或影响力评估意义持怀疑态度者并非个例。日本政府养老金投资基金（GPIF）也指出，"ESG 评估的相关性……很低"，且"ESG 评估方法的改进至关重要"。③

此外，麻省理工学院（MIT）"Aggregate Confusion Project"研究项目证实，可持续评估数据的相关性很弱。该项目联合创始人 Rigobon 认为，"很有可能……一家在某评级机构排名前 5% 的公司在另一家评级机构排名倒数 20%。这个巨大差异使社会和环境影响力评估举步维艰"。④

"Aggregate Confusion Project"所开发的分析框架从数据范围、测量手段和权重设置三个方面区分了不同的方法和评分。基于此框架，Berg 等人发

---

① Iacurci, G., "Money Moving into Environmental Funds Shatters Previous Record," *CNBC*, Retrieved from https: //www. cnbc. com/2020/01/14/esg – funds – see – record – inflows – in – 2019. html, 14 Jan. 2020.
② Mirchandani, B., "What to Make of the SEC's Warnings and Recommendations for ESG Investing," *Forbes*, Retrieved from https: //www – forbes – com. cdn. ampproject. org/c/s/www. forbes. com/sites/bhaktimirchandani/2020/05/29/what – to – make – of – the – secs – warnings – on – esg – ratings – and – recommendations – for – esg – disclosures/amp/, 29 May 2020.
③ GPIF (Government Pension Investment Fund), GPIF Selected ESG Indices, Retrieved from https: //www. gpif. go. jp/en/investment/pdf/ESG_ indices_ selected. pdf, 3 Jul. 2017.
④ Nelson, T. H., "A Thought for Your Pennies: Micropayment and the Liberation of Content," *Project Xanadu*, Retrieved from http: //transcopyright. org/hcoinRemarks – D28. html, 2 Sep. 2015.

富时（纵轴）和明晟（横轴）对ESG评估的对比

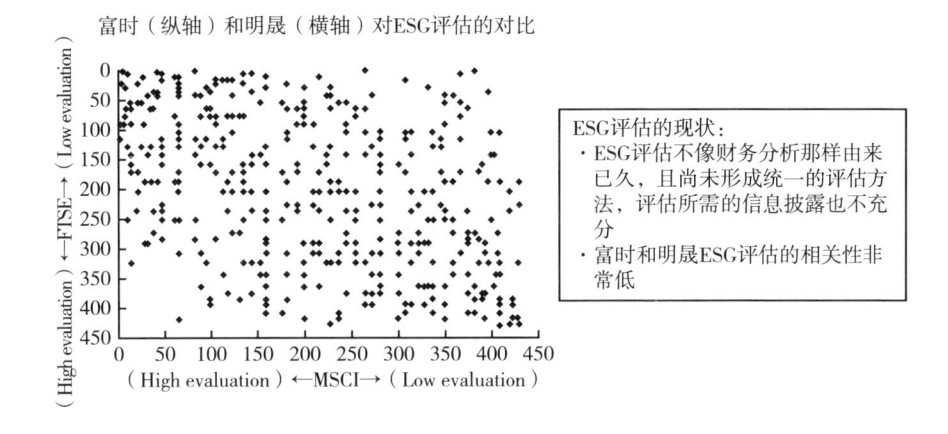

ESG评估的现状：
· ESG评估不像财务分析那样由来已久，且尚未形成统一的评估方法，评估所需的信息披露也不充分
· 富时和明晟ESG评估的相关性非常低

图1 富时和明晟对日本企业ESG评级的相关性

资料来源：日本政府养老金投资基金（GPIF）发布的《部分ESG指数分析报告》，https：//www.gpif.go.jp/en/investment/pdf/ESG_indices_selected.pdf。

现，指标差异是ESG评级出现分歧最重要的原因，例如，不同的评级者对同一类公司的表现进行了不同的测量。事实上，不同的偏好、价值观和道德观都会导致人们对同样的基础事实产生不同的解读。[①]

Berg等人认为，进行可持续相关的评估者对评估范围和权重持不同意见的情况是合理的，例如哪些问题应纳入评估范围、每个议题该如何解读等。"ESG评级的用户对范围和权重也有不同的偏好"，因此，ESG评分结果的差异不仅可以理解，也是可取的。换言之，投资者有权根据对非财务信息的偏好自主选择ESG评级来源，也可以根据对不同议题的价值判断去选择与其最相近的解读。

这一说法与几十年前在评估组织对个体利益相关方的影响时提出的观点一致。Gray等人认为，社会会计衡量必须接受个体利益相关方发出的"多元化"意见（即多元化解读）并推动其发展，以实现在组织、社会和公民

---

① Berg, F. Koelbel, J. F. Rigabon, R., "Aggregate Confusion：The Divergence of ESG Ratings," *MIT Sloan School of Management*, Retrieved from https：//papers.ssrn.com/sol3/papers.cfm?abstract_id=3438533，May 2020.

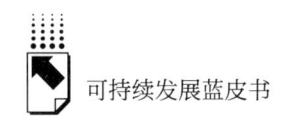

层面的充分问责。这种方法在解读利益相关方受到的最终影响时也许行得通，但如果价值判断和偏见导致原本确凿的无偏源数据失真，则会事与愿违。①

然而，Berg 等人的调查结果显示，ESG 评级之间的差异不仅是由范围和角度不一导致的，也受底层数据差异的影响。他们还表示，"如果人们认为 ESG 评级根本上应该以确定且客观的观察结果为基础，那么底层数据的差异性就会产生问题"。

从另一个角度也可以得出类似的结论。Wilton 认为，将影响力作为额外目标纳入投资决策的趋势日益明显。Wilton 提议把影响力看作金融的第三个理论支柱，而不是仅仅将影响力投资视为整个投资领域的一个子集。② 他还指出赋予影响力与回报和风险类似的理论地位，这对全球所有资产类别的资本定价具有重大影响。他认为，要实现这一目标，建立一套金融领域的"通用理论"是必不可少的，这套理论需要初步量化后的数据，并在必要时提供优质的数据。对于数据最基本的要求是，数据必须是基于客观观察后的结果，并且不受投资者自身投资策略和个人分析师的解读偏差或权重考量的影响。目前，这类数据的获取依然有限，人们无法从大多数的 ESG 数据供应商、可持续评级机构和影响力分析师那里获取这些数据。

Wilton 将存在的问题归纳为两类。其一，分类（未整合的）数据或评分比起整合的数据可以更有效地揭示一些详细信息；其二，目前的各类方法存在固有偏差和内在偏见，从而限制了它们的可操作性。③

---

① Gray, R. Dey, C. Owen, D. Evans, R. & Zadek, S., "Struggling with the Praxis of Social Accounting-stakeholders, Accountability, Audits and Procedures," *Accounting, Auditing & Accountability Journal*, Vol. 10 No. 3, Feb. 1997, p. 325–364.

② Wilton, D. E., "Pricing Impact: Extending Impact Investing to Price Externalities and Lower the Cost of Capital to Impactful Investors," *Zheng Partners LLC*, Retrieved from https://zhengpartners.co, Sep. 2019.

③ Wilton, D. E., "Measuring Sustainability: Data + Flexible Analytical Tools Versus Ratings," *Zheng Partners LLC*, Retrieved from https://zhengpartners, May 2020.

在探讨现存观点之前,我们先回顾 ESG 数据和评级行业中一家新机构采用的分析模式,为后续讨论提供更多的分析依据。

三 基于社投盟3A模型的全球可持续评估对比

3A 模型是社投盟评估 A 股上市公司可持续发展价值的工具。根据模型评估结果,社投盟研发了"义利99"指数、可持续发展 100 ETF 以及其他产品和服务。"3A"是评估框架"目标|驱动力(AIM)""方式|创新力(APPROACH)""效益|转化力(ACTION)"的简称。总体方法论还包括用于负面剔除的"筛选子模型"。

依据对全球最佳实践的广泛研究和联合国 2015 年通过的可持续发展目标(SDGs),社投盟从其第一原理出发确定了方法论。该模型的数据来自中国上市公司定期发布的数据。

表1 社投盟3A模型开发使用的国际对标表

	机构	模型/评级/标准
1	联合国	UNGC 联合国全球契约
2	道琼斯	道琼斯可持续发展指数
3	GRI 全球报告倡议组织	GRI 标准
4	ECPI Group	ECPI ESG 指数
5	UNPRI	PRI 负责任投资原则
6	ICMA	ICMA 可持续发展债券系列指引
7	SROI Network	SROI 社会投资回报
8	B Lab	B Impact Assessment
9	GIIN	IRIS + 指标体系(原 IRIS)
10	路孚特	路孚特 ESG 数据库
11	彭博	彭博 ESG 数据库
12	Micheal Jantzi	Sustainalytics ESG 风险评级
13	ISO	ISO 26000
14	MSCI	MSCI ESG 指数
15	OWL	OWL Analytics
16	Jean Rogers	SASB 可持续发展会计准则

续表

	机构	模型/评级/标准
17	OECD	OECD 社会影响力投资倡议
18	FTSE Russell	FTSE ESG Index Series
19	IMP Team	IMP 影响力管理体系
20	商道融绿	商道融绿 ESG 评估
21	联合国环境署金融机构	UNEP FI IMPACT RADAR
22	国际金融公司	IFC 影响力管理操作原则
23	世界基准联盟、碳披露项目	CCAB 企业气候行动基准
24	标准普尔	标普 500 ESG 指数

资料来源：社投盟。

与其他国际上使用的可持续评估框架相比，3A 模型不同于寻常惯例，即严格按照环境、社会和治理（ESG）因素下组织可持续相关数据。3A 模型中包含了 ESG 元素，若有需要，可以根据 ESG 框架提取相关评分并重新编排。

3A 模型中"效益丨转化力"部分包括社会和环境因素，治理因素则被纳入"方式丨创新力"。3A 模型中"效益丨转化力"部分还涵盖了通常不包含在 ESG 报告中的经济因素。近期，世界经济论坛旗下的世界工商理事会也将经济与环境、社会和治理因素列为可持续价值创造的四大支柱之一。① 但是，世界商业理事会使用了"治理原则、地球、人类、繁荣"等术语。虽然这种对四大支柱的表述与传统的 ESG 话语体系不同，但实质是一样的，都强调了四大支柱与实现可持续发展目标的基本要素是一致的。同样，联合国环境规划署金融倡议积极影响力工作组将 22 个影响领域与可持续发展目标进行了对标，并将其归类为社会、环境、经

---

① International Business Council, Deloitte, E. Y., KPMG & PwC, "Toward Common Metrics and Consistent Reporting of Sustainable Value Creation," *World Economic Forum*, Retrieved from https：//www.weforum.org/whitepapers/toward-common-metrics-and-consistent-reporting-of-sustainable-value-creation, Jan. 2020.

济和治理。

值得注意的是，即使上述三个机构对于经济因素的详细解读遵循了各自的分析过程，但在可持续相关信息的高层级结构上均采取了传统 ESG 因素加经济因素（即 ESG + E）的形式。包括社投盟和世界工商理事会在内的一些倡导者往往会将更加传统的财务因素纳入考量，而联合国环境规划署金融倡议积极影响力工作组则纳入社会经济因素。美国 Social Progress Imperative 非营利组织也强调了区分社会、经济因素和财务因素，以及数据分离的好处。恰恰是这种严格的数据分离使 Social Progress Imperative 能够进行更富有洞察力的回归分析，如将全球社会进步指数（Social Progress Index）的得分与国内生产总值数据做对比。

对经济因素更广义的解读与三重底线的理念类似：旨在鼓励"企业追踪和管理自身活动创造或破坏的经济（不仅仅是财务）、社会和环境价值"。Elkington 强调了狭义财务因素（如营业额和利润）与广义经济因素（如循环经济模式和包容性经济繁荣）之间的区别。[1] 三重底线的理念不只是一个衡量非财务价值的会计或报告框架，而是对于一个真正可再生而不只是攫取性经济模式的思考。这种可再生模式类似于一个平衡的自然系统，处于不断循环中，一部分的产出和废弃物成为另一部分的输入和基本养分，从而维持系统的平衡。

社投盟、世界工商理事会、联合国环境规划署金融倡议积极影响力工作组和三重底线理论在高层级信息构建方面的趋同性鼓舞人心。虽然各自的目标、方法论强度以及造成影响分析偏移的底层哲学方法截然不同，但共有的组织结构非常有益于形成可持续相关问题和非财务影响信息的通用数据框架。

---

[1] Elkington, J., "25 Years Ago I Coined the Phrase 'Triple Bottom Line' Here's Why It's Time to Rethink It," *Harvard Business Review*, Retrieved from https：//hbr.org/2018/06/25 - years - ago - i - coined - the - phrase - triple - bottom - line - heres - why - im - giving - up - on - it, 25 Jun. 2018.

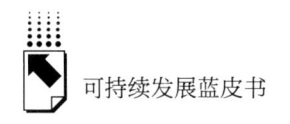

Elkington 认为，实现这种可再生的经济模式需要"激进的意图"。① 事实上，影响力投资的概念通常被定义为"获取财务回报的同时产生积极的、可衡量的社会和环境影响的意图"。② 3A 模型评估的"目标丨驱动力"中确实有与组织的战略意图和目的性相对应的因素。可以说，通过在评分模型中纳入这些因素，社投盟使自身的评估方法区别于其他只含蓄要求意向性作为定义特征的方法。

3A 模型中另一个与国际话语体系相关的特征是"方式丨创新力"，这一指标类别代表公司投入了多少精力和资源朝着更可持续方向转变。这是一个重要的信号，有助于纠正短期内季度财务报告的要求和长期可持续议程优先性之间的认知失调。投资界和资本市场没有充分认识到企业朝着更可持续方向转变所进行的投资，且往往将这些投资视为非生产性成本，而不是潜在的价值驱动因素。

因此，经过高层级分析，3A 模型可以反映全球最佳实践和领先趋势。该模型包含环境、社会和经济因素（在"效益"部分中）以及治理因素（在"方式"部分中）方面的离散评分。此外，3A 模型根据公司的意图（目标）和朝着更可持续方向转变的改变（方式）对公司进行评分的方式比业内其他机构更高一筹。从另一个角度看，"目标"和"方式"部分提供了关于非财务影响的前瞻性信号，而"效益"部分则考量了过去的实际表现。

但严格来说，这样的方式还存在一些瑕疵，比如，很难区分治理因素，并把它们提取出来，再在同比基础上与其他可持续评级机构提供的治理因素进行比较。再如，如果数据使用者要求区分财务和经济因素，还需要将两者更清晰地划为两个独立的细分类别。这对社投盟而言是一个挑战。ESG 专家

---

① Elkington, J., "25 Years Ago I Coined the Phrase 'Triple Bottom Line' Here's Why It's Time to Rethink It," *Harvard Business Review*, Retrieved from https：//hbr.org/2018/06/25－years－ago－i－coined－the－phrase－triple－bottom－line－heres－why－im－giving－up－on－it, 25 Jun. 2018.

② 2019 年，笔者在日内瓦主持的一次讨论会时，小组成员提出了这些观点。小组成员代表了总部位于瑞士和欧洲的跨国公司和资本市场从业者。而会议是根据"查塔姆大厦规则"举办的，该规则要求不得透露发言人的身份或隶属关系。

越来越倾向于将自己定位为可持续评级（或分数）信息提供者，以满足人们对细节程度和颗粒度不同的原始数据日益增长的需求。① 向市场提供原始数据的额外好处是，数据消费者能采取与自身决策相关的方式整合并定制其所需要的数据。

与所有 ESG 数据和评级机构一样，社投盟面临的一个挑战是，许多原始数据的收集、清洗、分析、评价需耗费大量的人力，成本高昂，而且往往依赖于初级分析师的解读和高级分析师有限的时间。随着新数字技术的出现，应借助网络工具、机器学习、自然语言处理和人工智能的发展等增加覆盖面并改进方法。②

四 颠覆非财务信息分析的可能性

本部分继续基于全球背景，并以前文所提到的麻省理工学院的 Aggregate Confusion Project 分析框架为基础展开论述。Aggregate Confusion Project 分析框架按照测量手段、数据范围和权重设置对不同的 ESG 评估方法及其产生的 ESG 评分差异进行分类。

有研究提出，为了有效计算影响力，应该按照复杂程度将数据分成三个层级。③ 层级越高，理论复杂性和信息复杂性越高。这种方法可以与 Berg 等人提出的框架对标，④ 并将其分类以复杂程度递增的方式重新排序如下。

测量手段——客观且毫无争议的原始数据，具有良好的颗粒度和结构[1]。

---

① Foubert, A‑L., "ESG Data Market: No Stopping Its Rise Now," *Opimas*, Retrieved from http://www.opimas.com/research/547/detail/, 9 Mar. 2020.
② Foubert, A‑L., "ESG Data Market: No Stopping Its Rise Now," *Opimas*, Retrieved from http://www.opimas.com/research/547/detail/, 9 Mar. 2020.
③ Richter, K. H. & Schramade, W., "Towards an Internet of Impact," *Unpublished Manuscript*, 5 Jul. 2019.
④ Berg, F. Koelbel, J. F. Rigabon, R., "Aggregate Confusion: The Divergence of ESG Ratings," *MIT Sloan School of Management*, Retrieved from https://papers.ssrn.com/sol3/papers.cfm?abstract_id=3438533, May 2020.

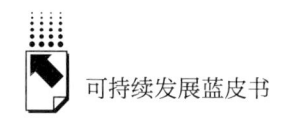

数据范围——按照符合数据使用者需求的方式，对原始数据进行整合和组织的方法框架、会计规则或分析过程［n］。

权重设置——基于个人利益相关方对于现实状态的解读发表对数据的观点、价值判断并进行校准［∞］。

可以说，每一个原始数据点的测量手段（上述［1］）都可能产生几种基于分析的具有实质意义的数据范围（上述［n］），并且理论上，每一个方法会有无限种权重设置，这些权重是个人、组织，或其他实体等潜在利益相关方的解读（上述［∞］）。出于简便性的考虑，这三层信息建构将被称为"1n∞"模型（"innate"[①] model）。

这个针对影响力数据新提出的1n∞模型与Gray等人的观点一致。[②] 考虑到社会会计衡量中对多元化的要求可能与商业组织希望披露的非财务数据产生冲突，Gray等人设计了一个参照模式。Nicholls在转述哲学家尤尔根·哈贝马斯和米歇尔·福柯的意见时强调了这一矛盾，并提出将"真实性和有效性"融入非财务会计。[③] 也就是说，事实的正确性应与个体（个人或组织）自身的价值观和相应的解释偏差同样重要。

Ruff和Olsen提出了一种处理二者关系的实用方法："将'有限的灵活性'作为'一切皆可'和'方法唯一'的折中方法，通过关注建构本身的共性，而不是定义和衡量结构的指标差异来创建可比性"。[④] 他们认为，成功的标准能实现"统一性（普遍适用）"和"关联性（满足个性化需求）"

[①] "innate"也指事物的固有属性或本质特征。
[②] Gray, R. Dey, C. Owen, D. Evans, R., Zadek, S., "Struggling with the Praxis of Social Accounting-stakeholders, Accountability, Audits and Procedures," *Accounting, Auditing & Accountability Journal*, Vol. 10 No. 3, pp. 325 – 364, Feb. 1997.
[③] Nicholls, A., "A General Theory of Social Impact Accounting: Materiality, Uncertainty and Empowerment," *Journal of Social Entrepreneurship*, Retrieved from https://doi.org/10.1080/19420676.2018.1452785, 26 Mar. 2018.
[④] Ruff, K. & Olsen, S., "The Need for Analysts in Social Impact Measurement: How Evaluators Can Help," *American Journal of Evaluation*, Retrieved from https://www.researchgate.net/publication/326385129_The_Need_for_Analysts_in_Social_Impact_Measurement_How_Evaluators_Can_Help, 2018.

之间的平衡。

本文认为，1n∞模型利用有限灵活度的可行性，为处理真实性和有效性之间的矛盾提供了一个实用的数据科学建构。数据供应商可能会利用这一建构开发更具定制化、成本效益更高的解决方案，为终端用户进行更有意义的影响力和可持续性问题分析提供支持。

预计该建构还将为下一代数据供应商提供新的机遇，以更好地满足终端用户对可持续性问题、非财务影响和ESG因子评价的需求。目前，这个数据市场充斥着大量将数据纳入整体评分或评级的捆绑服务。这些捆绑服务通过专有的数据处理流程将源数据进行整合，操作方式往往不透明，终端用户也无法轻易对基础源数据分类。最终捆绑服务就产生了内在偏差①，并导致潜在冲突②。

Wilton认为，整合可持续性信息和"寻找最好的ESG评估方法可能是一条死胡同"。③在他看来，"更好的原始数据（未经处理和未加权）和以投资者为导向的灵活分析"才是投资者最需要的。我们可以通过更新法规、会计规则和证券交易所的上市要求……以类似于股权分析的方式将其变成一种公共产品。他认为，这样做是因为与非财务影响相关的不确定性程度更类似于股权分析而非债务分析。股权价值会受各种因素的影响，因此分析师通常会基于大量数据源提出意见。然而，债务分析师则严重依赖于简明的信用评级信息，判断未来现金流按照预定的合同条款支付的概率。

捆绑式方法（提供单一的综合ESG评级，或环境、社会和治理因素的汇总评级）使用户别无选择，只能接受供应商在基本方法上的细微差别、

---

① Wilton, D. E., "Measuring Sustainability: Data + Flexible Analytical Tools versus Ratings," *Zheng Partners LLC*, Retrieved from https://zhengpartners, May 2020.

② GPIF (Government Pension Investment Fund), GPIF Selected ESG Indices, Retrieved from https://www.gpif.go.jp/en/investment/pdf/ESG_ indices_ selected.pdf, 3 Jul. 2017; Berg, F. Koelbel, J. F. Rigabon, R., "Aggregate Confusion: The Divergence of ESG Ratings," *MIT Sloan School of Management*, Retrieved from https://papers.ssrn.com/sol3/papers.cfm?abstract_ id=3438533, May 2020.

③ Wilton, D. E., "Measuring Sustainability: Data + Flexible Analytical Tools Versus Ratings," *Zheng Partners LLC*, Retrieved from https://zhengpartners, May 2020.

分析假设和权重,既没有任何机会检查源数据的质量,也无法在同类基础上比较不同供应商的原始数据。这不一定是现有 ESG 评级供应商的错,因为它们受限于源数据的获取方式,源数据通常来自企业发布的报告,及其向 ESG 评级机构提交的调查问卷。遗憾的是,这种间接方式获取的信息是二手数据。在理想情况下,原始数据是直接从公司的管理信息系统(MIS)中获取的,这可以减轻提供信息的公司和想要了解信息的分析人员的负担。

近年来,一些 ESG 评级机构开始在提供整合的 ESG 评分或评级的同时,也提供未分类整合的 ESG 数据(如分散数据),这证实了市场有对更颗粒化的数据的需求。然而,基于目前的运营模式,ESG 数据供应商可能难以在满足用户对可靠的未加权数据日益增长的需求的同时,不产生额外成本(包括人员时间、技术和专业技能)。因此,对更细化的、无偏数据的需求或将为创新型数据中间商创造替代性的市场机遇,让它们专门提供某些类型的原始数据。1n∞ 模型阐述了如何将未加权的原始数据以任一数量或方式进行汇总、组织和加权,使最终用户根据其特定需求定制或丰富数据。

这种方式与现有的过程并不相同。在现有过程中,一些 ESG 数据专家将几个现有的 ESG 评级提供者的数据源整合,以试图获取更准确的信号。如果现有的数据源已经存在假设和偏见(通常是这样),那么基于这些数据源的进一步分析结果要么是失真的,要么是模糊的(除非这些偏见和假设可以通过先进的数据科学技术以某种方式完全逆转)。一些终端用户会发现这些方法的价值和成效,但显然,类似这样的复杂方法成本高昂。

未来,通过 1n∞ 这一数据科学构建模型可以更好地满足不同的需求,一些供应商将在细分领域提供专门的服务,而另一些供应商则可能选择提供全方位的服务。

(1)提供未整合的原始数据,强调客观性、准确性、可验证性和颗粒度。

(2)根据相关范围和要求建立会计和披露框架,尽量避免或减少任何初始条件偏差和基于自身解读的价值判断。可以通过独立审计强化这一方法,以减弱核算和披露的明确性。

(3)提供满足个人用户价值优先级和偏好的终端工具。用户将因此获得更加个性化的分析解决方案，以更有意义的方式解读非财务信息。这可能更契合用户的世界观，在特定情境下与用户的关联性更强。可以预见的是，微妙算法、机器学习和人工智能将广泛存在并应用在这一层级，为新的高价值金融服务和产品以及金融科技解决方案提供支持。

本报告认为，如果数据市场以这种方式呈现，并鼓励相互依赖的数据供应商共创一个充满活力的生态体系，那么合作和竞争将相得益彰，并进一步提升数据的互操作性。Deng 等人认为："当不同来源的数据可在不丧失意义的条件下被访问、处理和整合时，数据就具有了互操作性，从而释放出大规模的网络效应（network effects）。"①

五 在技术上运用不同的思维模式为敏捷的数据供应商解锁新机遇

"当客观世界发生变化时，我会转变思维模式。你会怎么做？"②

据前文所述，本报告建议通过一种不同的数据科学建构实现对非财务问题更有效的分析——1n∞ 模型。以下是对 1n∞ 模型的总结。模型的基础是一个假设，即非财务信息的收集、处理和利用需要思维的转变。③ 这种假设是基于行业内的系统性矛盾提出的，也被 Berg 等人在其关于 Aggregate

---

① Deng, K., Lewkowitz, M., Ruff, K. & Ryan, A., "Pathways Towards Data Interoperability for the Sustainable Development Goals in Canada," *MaRS*, https：//www.marsdd.com/wp–content/uploads/2019/05/Pathways–Towards–Data–Interoperability–for–the–Sustainable–Development–Goals–in–Canada.pdf, April 2019.
② 人们往往认为这句话出自经济学家约翰·梅纳德·凯恩斯（John Maynard Keynes），但是 Quote Investigator（2011）表示这句话源自 1970 年荣获诺贝尔经济学奖的经济学家保罗·萨缪尔森（Paul Samuelson）。参见 Quote Investigator，"When the Facts Change, I Change My Mind, What Do You Do, Sir?" *Quote Investigator*, Retrieved from https：//quoteinvestigator.com/2011/07/22/keynes–change–mind/, 22 Jul. 2011。
③ 这些术语与 Berg 等研究框架内的三个类别相对应，信息的访问对应测量、处理对应范围、使用对应权重。

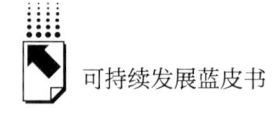

Confusion Project 的（数据）研究得以证明①，GPIF 和 Wilton 也相继发现了这种系统性矛盾②。

图 2 充分展示了当下间接的数据收集模式是如何导致"数据孤岛"的形成，即数据碎片化、重复、不一致，并可能随着时间的推移变得过时——最终导致数据"变得冗余"。③

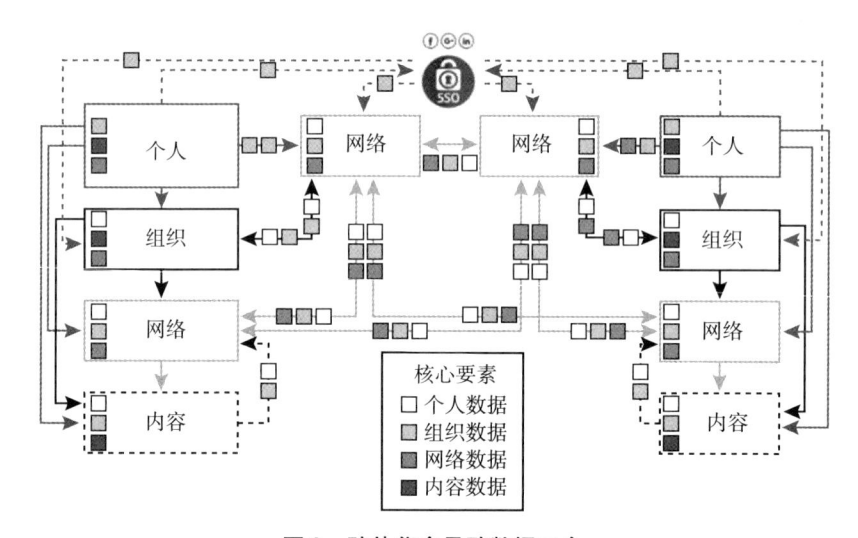

图 2　碎片化会导致数据冗余

资料来源：《从数十亿到数万亿》白皮书。

上述挑战所带来的影响可通过以下实例予以体现。世界五大啤酒公司之一④最近开始投资一个新的数据系统，以管理每种产品的碳足迹总量，包括

---

① Berg, F. Koelbel, J. F. Rigabon, R., "Aggregate Confusion: The Divergence of ESG Ratings," *MIT Sloan School of Management*, Retrieved from https://papers.ssrn.com/sol3/papers.cfm?abstract_id=3438533, May 2020.

② GPIF (Government Pension Investment Fund), GPIF Selected ESG Indices, Retrieved from https://www.gpif.go.jp/en/investment/pdf/ESG_indices_selected.pdf, 3 Jul. 2017.

③ Burgess, C., Scholz, A., Wood, A. & Selian, A., From Billions to Trillions, Retrieved from https://sphaera.world/wp-content/uploads/2018/03/Billions%20to%20Trillions.pdf, Mar. 2018.

④ 公司名称已被匿名，因为相关信息是笔者于 2019 年与该公司可持续发展负责人私下会面时获得的。

产品直接排放的二氧化碳、能源消耗过程以及整个供应链的二氧化碳排放。鉴于这项任务的艰巨性，该公司最终将披露报告回测从3年减少到1年，这是唯一切实可行的做法。管理团队不可能使用这种非实时数据在非财务议题上做出有意义的决策，尤其是在实时生产中的诸多决策是基于实时数据决定的。如果那些对内部运营具有完全控制权并对供应链具有强大影响力的公司都面临着此类挑战，那么对于金融行业的独立评估员和实践者而言，挑战会更大。

准确披露二氧化碳排放信息面临的一个挑战是重复计算。[①] 当温室气体核算体系（Greenhouse Gas Protocol）[②] 等要求公司披露直接的二氧化碳排放以及在能源消耗和供应链中的所有间接排放时，问题变得愈加复杂。Hoepner和Yu认为，对于想要分析供应链或投资组合的整合数据的人来说，这是一个实质性挑战。[③] 他还认为，目前碳排放的计算方式过于复杂，人们应该关注一个组织实际产生及排放到大气中的二氧化碳量。

转变看待问题的角度，往往可以找到突破性的解决方案。Haefeker认为这个题之所以存在，是因为人们对数据的类比是不正确的。[④] 人们经常把数码数据存储视作电子版的文件柜。他们认为要获得数据的访问权限，应先复制原始数据，再将其转移到自己的数据存储中。通过不断重复这一操作，实现所有数据都存储在同一个地方。与之相反，Burgess等人认为，因为复制数据的行为会破坏原始数据源的链接，这种方法不仅低效而且会导致数据碎

[①] Hoepner, A. G. F. & Yu, P. S., "Science Based Targets Without Science Based Disclosure? Towards a Complete Carbon Data Science," *CSEAR 2017 Paper*, Retrieved from https://papers.ssrn.com/sol3/papers.cfm?abstract_id=2715101, 13 Jan. 2016.

[②] https://ghgprotocol.org/.

[③] Hoepner, A. G. F. & Yu, P. S., "Science Based Targets Without Science Based Disclosure? Towards a Complete Carbon Data Science," *CSEAR 2017 Paper*, Retrieved from https://papers.ssrn.com/sol3/papers.cfm?abstract_id=2715101, 13 Jan. 2016.

[④] Haefeker, W., "Creating a Common European Data Space for Environmental and Climate-related Data," *Comments Made at a Workshop Organised by DG CNECT of the European Commission, Brussels*, 23 Sep. 2019.

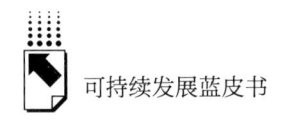

片化。本报告认为，这可以解释 Berg 等人①、GPIF② 和 Wilton③ 发现的非财务数据的问题以及 Hoepner 和 Yu④ 提出的重复计算错误。

在以上的案例中，啤酒公司按照碳足迹的来源，将计算碳足迹所需要的原始数据源分布在一条多元的供应链上。如今，任何组织都需要监测和管理的各种非财务问题如环境、社会、治理和经济因素使这一挑战变得更为复杂。Haefeker 认为⑤，应使用关联数据⑥（Linked Data）协议等新网络技术来处理分布在源头的信息。关联数据协议无须从多个数据源（尤其是随时间变化的源）重复复制大量数据，而是使基于 Web 的数据系统一次链接到所需的数据源，并在需要时（获得访问控制和可用性保证时）实时读取数据。这与基于 Web 的导航软件可以根据巴士、火车、飞机、轮船的班次排期以及实时的交通拥堵、道路封锁等路况信息为人们推荐出行方式类似。

在数据源已知且可以直接关联时，这种方法的效果显著。然而，就公司及其产品、商品或服务相关的非财务信息而言，其所有相关的非财务信息来源并不总是已知的。有记录表明，"分布式实时公共数据缺乏可靠的查询解决方案，影响了其在现实生活中的应用"。

---

① Berg, F. Koelbel, J. F. Rigabon, R., "Aggregate Confusion: The Divergence of ESG Ratings," *MIT Sloan School of Management*, Retrieved from https://papers.ssrn.com/sol3/papers.cfm?abstract_id=3438533, May 2020.

② GPIF (Government Pension Investment Fund), GPIF Selected ESG Indices, Retrieved from https://www.gpif.go.jp/en/investment/pdf/ESG_indices_selected.pdf, 3 Jul. 2017.

③ Wilton, D. E., "Measuring Sustainability: Data + Flexible Analytical Tools Versus Ratings," *Zheng Partners LLC*, Retrieved from https://zhengpartners, May 2020.

④ Hoepner, A. G. F. & Yu, P. S., "Science Based Targets Without Science Based Disclosure? Towards a Complete Carbon Data Science," *CSEAR 2017 Paper*, Retrieved from https://papers.ssrn.com/sol3/papers.cfm?abstract_id=2715101, 13 Jan. 2016.

⑤ Haefeker, W., "Creating a Common European Data Space for Environmental and Climate-related Data," *Comments Made at a Workshop Organised by DG CNECT of the European Commission, Brussels*, 23 Sep. 2019.

⑥ "关联数据"（Linked Data）一词出自 Tim Berners-Lee (2006)，指在语义网（Semantic Web）上发布结构化数据形成的一套最佳实践，详见 https://www.w3.org/DesignIssues/LinkedData。

2019 年的一项技术实验以"分布式数据联合搜索引擎"为原型,[①] 发现"在多个分布式数据舱之间进行实时搜索查询"是可以实现的。

处理分布式数据的技术难题似乎可以被攻克。Instans 提出使"第三方应用程序可以像处理集成数据库一样使用分布式数据集"。[②] 但是,如何使这些技术解决方案与可行的商业模式保持一致,让下一代数据供应商能够通过可持续的方式实现经济增长和扩张,这一挑战依然存在。

本报告提出的 1n∞ 模型的基础层要求"原始数据强调客观性、准确性、可验证性和颗粒度"。这可能意味着下一代影响力数据供应商需要利用极有限的数据、非常小的会计单位和少量的费用开发商业模式。人们已经预料到小数据量的分布式网络与可行的商业模型之间的联系。20 世纪 60 年代,泰德·纳尔逊创造了"小额支付"一词,提出"每部分数据都以其原始内容出售",并且"每个部分,无论多小,都根据大小(字符数)和字符的单价支付……不受最低下载量限制"[③]。

六 结语

本报告通过讨论一系列的问题,阐述了进行简单、便捷、实时和有效的非财务信息分析这一未来设想。

本报告首先评述了非财务数据的全球最佳实践,并以此为基础,提出了改善非财务数据管理方面的操作挑战和多种理论观点。同时,对社投盟开发的"目标—方式—效益"模型(3A 模型)进行了回顾,指出所有可

---

① Instans, Retrieved from https://instans.net, Accessed Jul. 2020.
② International Business Council, Deloitte, E.Y., KPMG & PwC, "Toward Common Metrics and Consistent Reporting of Sustainable Value Creation," *World Economic Forum*, Retrieved from https://www.weforum.org/whitepapers/toward-common-metrics-and-consistent-reporting-of-sustainable-value-creation, Jan. 2020.
③ Nelson, T. H., "A Thought for Your Pennies: Micropayment and the Liberation of Content," *Project Xanadu*, Retrieved from http://transcopyright.org/hcoinRemarks-D28.html, 2 Sep. 2015.

持续评级机构或数据提供者共同面临的挑战和机遇。通过回顾全球发展概况和具体案例发现，非财务数据的真实性（内容的确切性）和有效性（解读的价值判断）之间的矛盾和冲突是非财务数据混乱的根本原因。因此，本报告提出 $1n\infty$ 模型作为处理二者冲突的潜在数据科学方法，认为该模型可为实际解决方案的开发提供指导。$1n\infty$ 模型把潜在的挑战视作一个数据科学问题，并提供多个已知的解决方案或有助于提供实际可行解决方案的技术。

$1n\infty$ 模型是在行文中逐渐成形的。

$1n\infty$ 模型的三要素被归纳为以下三个独立的层级（见表2）。本报告认为这种模型能为下一代数据供应商提供非财务信息和洞见，并帮助其设计市场产品和开发商业模式。作为整个行业的元框架，$1n\infty$ 模型希望数据供应商将自己定位在某一个层级（如零售），或寻找为同一层级的其他数据供应商服务的机遇（如批发），或提供涵盖三个层级的综合性解决方案。层级的复杂性按照理论建构、数据模型设计和可能的解读差异递增。

表2　$1n\infty$ 模型概览

层级	预期解读偏差	主要功能特征	市场产品	验证方法
原始数据获取	[1]单一，无可辩驳的解读	测量和数据采集	分类的原始数据	可被验证为正确或不正确
数据处理	[n]基于统一规则的多种解读	反映某个范围和指令要求的框架	以一致和参照格式披露组织好的数据	可独立审核准确性
数据使用	[∞]基于个体价值、优先级、伦理和道德产生的理论上可行的无数种解读	权重、筛选方式和算法反映多个同时产生的观点	针对不同决策背景个性化分析解决方案	可通过建模将预测和模拟与实际产生的行为和效果进行比较

$1n\infty$ 模型不是完全作为非财务数据生态体系的结构提出来的，而是为了帮助组织找到它们在其中扮演的一种或多种角色。这些组织包括实体经济企业，它们是创造积极或消极影响的主要来源，因此最适合作为与其影响相关的原始数据来源，而且这些数据最好是直接从其管理信息

系统（MIS）中实时获取，无须进行回顾性问卷调查或分析人员翻阅机器不可读的报告。其他相关组织包括目前通过烦琐的数据收集后进行分析的 ESG 数据供应商、监管机构和制定标准的组织，以及推动更便捷的信息交流的技术提供者。

1n∞ 模型从根本上揭示了数据供应商在一个日益庞大和多样化的市场中脱颖而出的可能性。有些供应商可能根据 1n∞ 模型专注于某一特定层级，而其他的则可能根据其对某些类型的非财务问题掌握的知识提供专门的服务。数据提供者和中间商的日益多样化，以及促进数据交换的互操作性协议，将使各组织能够以一种比自己直接获取数据性价比更高的方式扩大数据的获取范围。另外，一些数据供应商可能会选择提供跨越三个层级的综合解决方案（类似于目前的市场）。最终，数据市场将更加多元化，数据消费者将获得更好的服务。消费者将在获取具有事实准确性或解释性价值判断的数据时拥有更多的选择，无须接受将两者混为一谈或体现世界观差异的数据。1n∞ 模型的模块化性质意味着每一层级都是累加的，这将进一步提高数据的重复使用率，更有效地组织和使用更多的相关数据。不过，结果也可能截然相反，数据会更加碎片化和冗余，重复使用率更低。

我们认识到，1n∞ 模型的实施可能会给现有的非财务信息提供者带来颠覆。因此，本报告并没有提及具有前瞻性的数据供应商应该如何利用相关的机会，而是讨论了数据供应商可能面临的一些挑战。具有前瞻性的监管者或立法者或许会发现，其中的一些论点有助于他们判断是否应将某些类型的非财务数据视为公共产品，以及能否要求公司将这些数据作为强制性报告披露的一部分。

最后，我们推断采用 1n∞ 模型的敏捷数据供应商将能够提供高度个性化和高成本效益的下一代解决方案，从而支持终端用户对影响力和可持续性问题进行更有意义的分析。

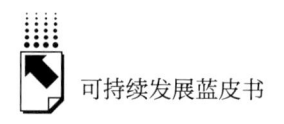

参考文献

Berg, F. Koelbel, J. F. Rigabon, R., "Aggregate Confusion: The Divergence of ESG Ratings," *MIT Sloan School of Management*, Retrieved from https://papers.ssrn.com/sol3/papers.cfm?abstract_id=3438533, May 2020.

Berners-Lee, T., "Linked Data," *W3C*, Retrieved from https://www.w3.org/DesignIssues/LinkedData, 27 Jul. 2006.

Burgess, C., Scholz, A., Wood, A. & Selian, A., From Billions to Trillions, Retrieved from https://sphaera.world/wp-content/uploads/2018/03/Billions%20to%20Trillions.pdf, Mar. 2018.

Deng, K., Lewkowitz, M., Ruff, K. & Ryan, A., "Pathways Towards Data Interoperability for the Sustainable Development Goals in Canada," *MaRS*, https://www.marsdd.com/wp-content/uploads/2019/05/Pathways-Towards-Data-Interoperability-for-the-Sustainable-Development-Goals-in-Canada.pdf, April 2019.

Elkington, J., "25 Years Ago I Coined the Phrase 'Triple Bottom Line' Here's Why It's Time to Rethink It," *Harvard Business Review*, Retrieved from https://hbr.org/2018/06/25-years-ago-i-coined-the-phrase-triple-bottom-line-heres-why-im-giving-up-on-it, 25 Jun. 2018.

European Commission, "Sustainable Finance: Commission Welcomes the Adoption by the European Parliament of the Taxonomy Regulation," Retrieved from https://ec.europa.eu/commission/presscorner/detail/en/ip_20_1112, 18 Jun. 2020.

Foubert, A.-L., "ESG Data Market: No Stopping Its Rise Now," *Opimas*, Retrieved from http://www.opimas.com/research/547/detail/, 9 Mar. 2020.

Global Impact Investing Network (GIIN), "What is Impact Investing?" Retrieved from https://thegiin.org/impact-investing/need-to-know/#what-is-impact-investing, 3 April 2019.

GPIF (Government Pension Investment Fund), GPIF Selected ESG Indices, Retrieved from https://www.gpif.go.jp/en/investment/pdf/ESG_indices_selected.pdf, 3 Jul. 2017.

Gray, R. Dey, C. Owen, D. Evans, R., Zadek, S., "Struggling with the Praxis of Social Accounting-stakeholders, Accountability, Audits and Procedures," *Accounting, Auditing & Accountability Journal*, Vol. 10 No. 3, Feb. 1997, pp. 325-364.

Green, M., "Why We Shouldn't Judge a Country by Its GDP," *TED Conferences*, Retrieved from https://ideas.ted.com/why-we-shouldnt-judge-a-country-by-its-gdp/, 22 Apr. 2015.

Haefeker, W., "Creating a Common European Data Space for Environmental and Climate-related Data," *Comments Made at a Workshop Organised by DG CNECT of the European*

Commission, *Brussels*, 23 Sep. 2019.

Hoepner, A. G. F. & Yu, P. S., "Science Based Targets Without Science Based Disclosure? Towards a Complete Carbon Data Science," *CSEAR 2017 Paper*, Retrieved from https://papers.ssrn.com/sol3/papers.cfm?abstract_id=2715101, 13 Jan. 2016.

Iacurci, G., "Money Moving into Environmental Funds Shatters Previous Record," *CNBC*, Retrieved from https://www.cnbc.com/2020/01/14/esg-funds-see-record-inflows-in-2019.html, 14 Jan. 2020.

Instans, Retrieved from https://instans.net, Accessed Jul. 2020.

International Business Council, Deloitte, E. Y., KPMG & PwC, "Toward Common Metrics and Consistent Reporting of Sustainable Value Creation," *World Economic Forum*, Retrieved from https://www.weforum.org/whitepapers/toward-common-metrics-and-consistent-reporting-of-sustainable-value-creation, Jan. 2020.

Khemani, R. S. & Shapiro, D. M., "Glossary of Industrial Organisation Economics and Competition Law," OECD, Directorate for Financial, Fiscal and Enterprise Affairs, Retrieved from http://www.oecd.org/regreform/sectors/2376087.pdf, 1993.

Ma, W., "Discovering 'SV 99' in China, A-share Listed Company Sustainable Development Value Assessment," *CASVI*, Retrieved from https://www.casvi.org/en/h-col-103.html, 2018.

Mirchandani, B., "What to Make of the SEC's Warnings and Recommendations for ESG Investing," *Forbes*, Retrieved from https://www-forbes-com.cdn.ampproject.org/c/s/www.forbes.com/sites/bhaktimirchandani/2020/05/29/what-to-make-of-the-secs-warnings-on-esg-ratings-and-recommendations-for-esg-disclosures/amp/, 29 May 2020.

Nelson, T. H., "A Thought for Your Pennies: Micropayment and the Liberation of Content," *Project Xanadu*, Retrieved from http://transcopyright.org/hcoinRemarks-D28.html, 2 Sep. 2015.

Nicholls, A., "A General Theory of Social Impact Accounting: Materiality, Uncertainty and Empowerment," *Journal of Social Entrepreneurship*, Retrieved from https://doi.org/10.1080/19420676.2018.1452785, 26 Mar. 2018.

Quote Investigator, "When the Facts Change, I Change My Mind, What Do You Do, Sir?" *Quote Investigator*, Retrieved from https://quoteinvestigator.com/2011/07/22/keynes-change-mind/, 22 Jul. 2011.

Richter, K. H. & Schramade, W., "Towards an Internet of Impact," *Unpublished Manuscript*, 5 Jul. 2019.

Rigobon, R., Aggregate Confusion Project, Retrieved from http://web.mit.edu/rigobon/www/aggregate-confusion-project.html, Accessed Jul. 2020.

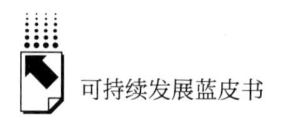

Ruff, K. & Olsen, S., "The Need for Analysts in Social Impact Measurement: How Evaluators Can Help," *American Journal of Evaluation*, Retrieved from https://www.researchgate.net/publication/326385129_The_Need_for_Analysts_in_Social_Impact_Measurement_How_Evaluators_Can_Help, 2018.

Positive Impact, "Impact Mapping (Excel sheet: Impact Areas)," *United Nations Environment Programme Finance Initiative*, Retrieved from https://www.unepfi.org/wordpress/wp-content/uploads/2020/07/PII-Impact-Mappings-March-2020.xlsx, Mar. 2020.

Verborgh R. Hartig, O., De Meester, B., Haesendonck, G., De Vocht, L., Vander Sande, M., Cyganiak, R., Colpaert, P., Mannens, E., Van de Walle, R., "Querying Datasets on the Web with High Availability," In: Mika P. et al. (eds), *The Semantic Web-ISWC 2014, ISWC 2014, Lecture Notes in Computer Science*, vol. 8796, *Springer*, Retrieved from https://link.springer.com/chapter/10.1007/978-3-319-11964-9_12, 2014.

Wilton, D. E., "Pricing Impact: Extending Impact Investing to Price Externalities and Lower the Cost of Capital to Impactful Investors," *Zheng Partners LLC*, Retrieved from https://zhengpartners.co, Sep. 2019.

Wilton, D. E., "Measuring Sustainability: Data + Flexible Analytical Tools Versus Ratings," *Zheng Partners LLC*, Retrieved from https://zhengpartners, May 2020.

技术篇
Technology Reports

B.11
3A可持续发展价值评估体系优化报告

社会价值投资联盟（深圳）标准研发部

摘　要： 本文系统阐述了上市公司3A可持续发展价值评估体系及2020年的优化改进。首先阐述了可持续发展价值评估原理，其次描述了上市公司3A可持续发展价值评估模型（以下简称"3A模型"）2020年的优化工作，最后介绍了2020年应用3A模型评估实施的情况。

关键词： 可持续发展价值　评估原理　评估体系　治理结构

自2016年10月开始，社会价值投资联盟（深圳）以跨界协同、智慧众筹的方式启动了"发现中国'义利99'——A股上市公司可持续发展价值评估"的研发项目。2017年10月，首次建成了"可持续发展价值评估体

系"，并应用于沪深300成分股的评估。此后，在市场回测、数据分析、模型应用的基础上，在社会价值评估标准工作委员会（以下简称"社标委"）和项目团队的协同努力下，不断优化完善3A模型。

一 3A模型评估原理

社投盟在《发现中国"义利99"——A股上市公司社会价值评估报告（2017）》提出，可持续发展价值即义利并举，又称社会价值或综合价值，是指组织为建设更高质量、更有效率、更加公平和更可持续的美好未来（目标｜驱动力），通过创新的生产技术、运营模式和管理机制等方式（方式｜创新力），所实现的经济、社会和环境的综合贡献（效益｜转化力）。可持续发展价值的定义构成了3A模型的内核逻辑。换言之，3A模型对上市公司的目标、方式和效益进行了穿透式评估，以揭示上市公司究竟为何而存续、怎样可持续以及在可持续发展三大领域创造了哪些价值。

3A是AIM（目标）、APPROACH（方式）和ACTION（效益）的英文简称，是可持续发展价值评估的基础结构；三力是指目标的驱动力、方式的创新力和效益的转化力，是可持续发展价值评估的主要特征；三合一是指目标驱动力、方式创新力和效益转化力的协同作用，是可持续发展价值评估的平衡机制。

目标｜驱动力（AIM），考察评估对象的价值定位、战略规划和主营业务，即回答"组织为什么存续""义利取向"等问题。

方式｜创新力（APPROACH），考察评估对象在生产技术、运营模式和管理机制等方面的创新，即回答"组织如何谋求发展""义利方式"等问题。

效益｜转化力（ACTION），考察评估对象所创造的经济、社会和环境综合效益，即回答"组织取得了怎样的内部效应和外部效应""义利结果"等问题。

二 3A 模型指标优化

3A 模型自 2017 年建立至今已经运行 3 年,主体是基于 3 年前的认知构建的。3 年来国际、国内、行业及企业发生了诸多重大变化,此外在过去 3 年的生产评估过程中也积累了很多重复性的问题,迫切需要基于长期可适用的系统性的优化解决方案。因此,2020 年初,由社投盟研究院牵头,社标委和"义利 99"项目团队协同努力,在系统对标国际相关评估指标体系的基础上,经过历史数据盘查和多轮数据回测,对 3A 模型指标体系进行了系统优化,以提高评估指标的质量,更加真实、客观、全面地体现企业可持续发展价值。

(一)全球对标

过去近 20 年里,约百家国际组织、学术机构、公益组织和商业机构参与了对外部效应的认知研究和工具开发。为协同全球研究力量,社投盟于 2017 年初建立了动态对标数据库,于 2020 年 6 月 20 日完成了 ESG 国际指标库,其中环境方面包含五大维度 155 个细分指标,社会方面包含四大维度 137 个细分指标,公司治理方面包含五大维度 91 个细分指标。

社投盟统计数据显示,目前全球参与标准研发且有成果发布的主要机构有 25 家。其中,联合国主导发起的有 3 家,分别是 PRI、UNGC 和 UNEP FI Impact Radar。非营利组织 11 家,分别是 GRI 标准、ICMA 可持续发展债券系列指引、SROI 社会投资回报、B Impact Assessment、IRIS＋指标体系(原 IRIS)、ISO 26000、OCED 影响力投资倡议、社投盟、IMP、SASB 可持续发展会计准则和 WBA,除社投盟系中国注册成立的非营利组织外,其余 10 家均为注册在美国和欧洲的国际非营利组织。营利性组织 11 家,包括标普、道琼斯指数、汤森路透、彭博、国际金融公司、Sustainalytics、明晟、富时罗素、OWL、ECPI 和商道融绿,其中在美国注册的有 8 家。

对标分析结果显示,国际金融公司、PRI、GIIN、SASB 等组织都在外部

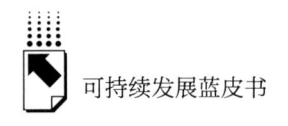

效应的评估领域做出了不懈努力，也在指导原则、议题指标和行业数据等各领域取得了许多突破。然而我们也看到，面对市场、社会和政府的迫切需求，目前应用性标准研发总体上仍处于初期阶段，具体表现在以下几方面。

首先，缺乏顶层设计和发展路线。由于可持续发展价值评估体系庞杂，全球始终没有任何研发机构提出顶层设计蓝图，甚至在核心定义方面各机构都无法达成一致。

其次，缺乏整体解决方案。投资机构需要评估解决方案，即高透明、易操作、低成本的数据和工具，并能将其与现有运营系统、产品服务进行整合。而在2018年前，全球研发机构基本上是"各自为战"。GIIN旗下的IRIS建设指标库、MSCI发布ESG指数、OECD发布倡议……各自覆盖了一两个环节，但没有贯通整个价值链。

最后，缺乏锚定机构和协同效应。可持续发展的评估标准关乎价值取向和资源配置。如要建立起全球通用标准，就需要由超越意识形态和国别利益的机构牵头，形成全球研发的协同网络。

（二）指标体系

3A模型由"筛选子模型"和"评分子模型"两部分构成。"筛选子模型"是可持续发展价值评估的负向剔除评估工具，"评分子模型"是可持续发展价值的正向量化评估工具。

2020年3月，在国际对标工作基础上，社投盟按照数据可获取、指标可规范、模型可验证、算法可优化的原则，经社标委投票表决，对3A模型进行了优化并授权2020年生产。

1. 筛选子模型

"筛选子模型"2019年版包括6个方面（产业政策、特殊行业、财务问题、负面事件、违法违规、特殊处理）、17个指标。2020年2月10日至3月15日，由社投盟研究院牵头，采用问题梳理、国际对标、生产回测三大方法，遵循抑恶扬善、合规性、延续性、实质性、可操作性、逻辑自洽性六大原则，经过模型攻坚小组9次研究讨论，向7位中国专家、2位外籍专家征询意见，社标委3次讨论、社标委2次问卷表决，从模型逻辑、指标层面、操作层面对筛选子模型进行全面优化，最终形成如表1所示的由6个一级指标、12个二级指标、17个三级指标构成的2020年版筛选子模型。

表1 上市公司3A可持续发展价值评估模型—筛选子模型（2020）

一级指标(6个)	二级指标(12个)	三级指标(17个)
禁限产业	禁止产业	国家相关法律法规或相关部委公布的淘汰类产业
		主营业务为烟草制造和销售类的公司
		主营业务为野生动物交易类的公司
		主营业务为博彩类的公司
		主营业务为成人娱乐类的公司
		主营业务为生产或销售争议性武器的公司（争议性武器包括集束武器、地雷、生物或化学武器、贫铀武器、白磷武器或核武器）
	限制产业	国家相关法律法规或相关部委公布的限制类产业
虚假信披	虚假财务信息披露	被证实的严重财务信息虚假披露
	虚假非财务信息披露	被证实的严重非财务信息虚假披露
经济负面	违法违规	上市公司及合并营业收入占比超30%的控股子公司，在经济责任方面，如偷税、漏税、欺诈等严重违反相关法律法规
	审计报告	审计机构出具非标准无保留意见审计报告
社会负面	违法违规	上市公司及合并营业收入占比超30%的控股子公司，在社会责任方面，如劳工保障、生产安全、员工健康和社区关系等严重违反相关法律法规
	社会影响	上市公司及合并营业收入占比超30%的控股子公司，在社会责任方面，如劳工保障、生产安全、员工健康和社区关系等发生重大负面事件，造成严重社会影响且不积极处理的
环境负面	违法违规	上市公司及合并营业收入占比超30%的控股子公司，在环境方面，如污染物排放和生态保护等严重违反相关法律或规定
	环境影响	上市公司及合并营业收入占比超30%的控股子公司，在环境方面，如污染物排放和生态保护等发生重大负面事件，造成严重社会影响且不积极应对处理的
特殊处理	ST与*ST	被特别处理的上市公司
	违反全球规约	严重违反中华人民共和国签署的相关国际公约、国际准则、国际标准等

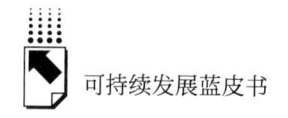

"筛选子模型"的构建遵循了底线原则，体现在刚性门槛、阶段推进两方面。所谓刚性门槛，是指任何上市公司如存在违法违规（省部级以上处罚）状况，如在财务、社会、环境方面有诚信问题或重大负面事件，被证券交易所公告特殊处理（ST、*ST）等，即属于未达到可持续发展价值的基本要求，禁止入围。所谓阶段推进，是指为有效引导上市公司创造可持续发展价值，在评估的起步阶段门槛宜低不宜高，待理念普及后再逐步提升底线。反映在指标设置上，违规处罚底线设在不低于省部级；反映在评价范围上，全部指标的评价对象为上市公司主体，而尚未延展到上市公司的并表企业。

2. 评分子模型

"评分子模型"对上市公司可持续发展价值进行量化评分，包括通用版、金融专用版和地产专用版。专用版和通用版的"目标｜驱动力"和"方式｜创新力"下全部指标以及"效益｜转化力"下部分指标（社会贡献）完全相同，只是"效益｜转化力"指标下的"经济贡献"和"环境贡献"存在差异。下文只介绍通用版具体指标。2019年"评分子模型"通用版包括3个一级指标（目标｜驱动力、方式｜创新力、效益｜转化力）、9个二级指标、28个三级指标和57个四级指标。

2020年2月社标委授权李文委员深入生产实践，与标准研发部共同对评分子模型四级指标体系进行复盘优化。主要采取生产问题复盘、国际对标、外部专家咨询的方法进行优化。先后梳理了195个生产中的问题，并有针对性地就AIM部分的指标、技术创新部分的指标、公司治理部分的指标和医药行业的相关评估指标邀请外部专家进行"专题会诊"。最终由社标委投票表决通过如表2所示的由3个一级指标、9个二级指标、28个三级指标、59个四级指标组成的2020年版"评分子模型"。

此次调整中，一级指标、二级指标、三级指标没有变动，四级指标由原来的57个调整为59个，原"研发能力"下的2个四级指标"研发投入"与"每亿元营业收入有效专利数"调整为"研发投入""研发产出""研发效率""研发质量"4个四级指标。其余四级指标的优化在指标定义、赋权赋值、评价标准、实施细则层面，由于涉及知识产权保护的信息，在此不做披露。

表2　上市公司3A可持续发展价值评估模型—评分子模型（2020通用版）

一级指标 （3个）	二级指标 （9个）	三级指标 （28个）	四级指标 （59个）
1. 目标|驱动力 （AIM）	1.1 价值驱动	1.1.1 核心理念	1.1.1.1 使命 愿景 宗旨
		1.1.2 商业伦理	1.1.2.1 价值观 经营理念
	1.2 战略驱动	1.2.1 战略目标	1.2.1.1 可持续发展战略目标
		1.2.2 战略规划	1.2.2.1 中长期战略发展规划
	1.3 业务驱动	1.3.1 业务定位	1.3.1.1 主营业务定位
		1.3.2 服务受众	1.3.2.1 受众结构
2. 方式|创新力 （APPROACH）	2.1 技术创新	2.1.1 研发能力	2.1.1.1 研发投入
			2.1.1.2 研发产出
			2.1.1.3 研发效率
			2.1.1.4 研发质量
		2.1.2 产品服务	2.1.2.1 产品/服务突破性创新
			2.1.2.2 产品/服务契合社会价值的创新
	2.2 模式创新	2.2.1 商业模式	2.2.1.1 盈利模式
			2.2.1.2 运营模式
		2.2.2 业态影响	2.2.2.1 行业标准制定
			2.2.2.2 产业转型升级
	2.3 管理创新	2.3.1 公司治理	2.3.1.1 董监高治理
			2.3.1.2 投资者关系管理
			2.3.1.3 利益相关方识别与参与
		2.3.2 信息披露	2.3.2.1 财务信息披露
			2.3.2.2 非财务信息披露
		2.3.3 风险内控	2.3.3.1 内控管理体系
			2.3.3.2 风险管理体系
		2.3.4 激励机制	2.3.4.1 企业创新奖励激励
			2.3.4.2 员工股票期权激励计划

续表

一级指标（3个）	二级指标（9个）	三级指标（28个）	四级指标（59个）
3. 效益|转化力（ACTION）	3.1 经济贡献	3.1.1 盈利能力	3.1.1.1 净资产收益率
			3.1.1.2 营业利润率
		3.1.2 运营效率	3.1.2.1 总资产周转率
			3.1.2.2 应收账款周转率
		3.1.3 偿债能力	3.1.3.1 流动比率
			3.1.3.2 资产负债率
			3.1.3.3 净资产
		3.1.4 成长能力	3.1.4.1 近3年营业收入复合增长率
			3.1.4.2 近3年净资产复合增长率
		3.1.5 财务贡献	3.1.5.1 纳税总额
			3.1.5.2 股息率
			3.1.5.3 总市值
	3.2 社会贡献	3.2.1 客户价值	3.2.1.1 质量管理体系
			3.2.1.2 客户满意度
		3.2.2 员工权益	3.2.2.1 公平雇用政策和效果
			3.2.2.2 员工权益保护
			3.2.2.3 员工职业发展
		3.2.3 合作伙伴	3.2.3.1 合规运营
			3.2.3.2 供应链管理措施和效果
		3.2.4 安全运营	3.2.4.1 安全管理体系
			3.2.4.2 安全运营绩效
		3.2.5 公益贡献	3.2.5.1 公益投入
			3.2.5.2 社区能力建设
	3.3 环境贡献	3.3.1 环境管理	3.3.1.1 环境管理体系
			3.3.1.2 环保投入
			3.3.1.3 环保违法违规事件及处罚
			3.3.1.4 绿色采购政策、措施和效果
		3.3.2 资源利用	3.3.2.1 综合能耗管理措施和效果
			3.3.2.2 水资源管理措施和效果
			3.3.2.3 物料消耗管理措施和效果
			3.3.2.4 绿色办公措施和效果
		3.3.3 污染防控	3.3.3.1 "三废"（废水、废气、固废）减排措施和效果
		3.3.4 生态气候	3.3.4.1 生态保护措施和效果
			3.3.4.2 应对气候变化措施和效果

注：上述评分子模型为简明公示版。操作版含赋权赋值、指标定义、评价标准、实施细则、属性标签、评价主体及备注等知识产权类信息。

（三）指标逻辑

"评分子模型"由四级指标构成。从评估模式看，"评分子模型"构建采取了"目标本位"和"目标检测"的混合方式。一级、二级指标主要反映理想目标和价值主张，即侧重"目标本位"；而三级、四级指标侧重对接数据基础和现实条件，即侧重"目标检测"。

一级指标提出了模型的基本命题与逻辑。3A 即"AIM、APPROACH 和 ACTION"，是经典的战略管理分析架构，反映企业发展的内在规律。3A 的可持续发展价值特征是三力，即目标 | 驱动力、方式 | 创新力和效益 | 转化力。3A 三力揭示出可持续发展价值创造的方向和动能。

二级指标是一级指标的要素构成。"目标 | 驱动力"下的二级指标"价值驱动"、"战略驱动"和"业务驱动"，由抽象到具象反映评价对象是否契合了全球共识、国家方略和可持续发展价值主张；"方式 | 创新力"下的"技术创新"、"模式创新"和"管理创新"，反映了上市公司如何借助软实力去创造可持续发展价值，"效益 | 转化力"下的"经济贡献"、"社会贡献"和"环境贡献"，是全球可持续发展和 ESG 的三大议题，也是可持续发展价值产出与体现的三大领域。

三级指标对二级指标进行特征分解，主要作用是跨界融通，使模型与经济、政策和社会议题吻合。如在"社会贡献"和"环境贡献"项下的 9 个三级指标，与联合国 17 项可持续发展目标、ISO26000 企业社会责任议题和国家的五年规划指引同频共振。三级指标使 3A 模型能够直接进行跨业界、跨学界和跨国界的对话。

四级指标是整个模型的具项落实，是在明确概念、提出命题和合理推断之后的逻辑呈现。由于四级指标对接量化评分，该级指标须满足数据可获取、指标可通用、评估可执行三项操作条件。

（四）赋权赋值

"评分子模型"采用了以下方法确立指标权重和评分值域。

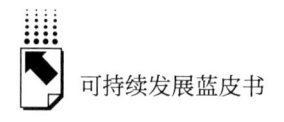

在指标赋权中，我们采用了"层次分析法"和"德尔菲法"。首先，50位专家用"层次分析法"生成判断矩阵，计算出每个四级指标的权重；其次，数据组根据指标的数据完备度计算出指标权重调整系数；最后，模型构建组对"层次分析法"得出的权重值和数据组提供的系数值进行计算，化零为整生成最终指标权重。

在指标赋值方面，我们采纳了荷兰专家的建议，确立了"0、1、2、3"值域，便于提升中间层的区分度。部分专家建议，对特定的原创指标（如产品/服务契合社会价值的创新等）设置加减分。为维护"评分子模型"的公允性和稳定度，经反复讨论和测试，将加分项植入评分标准，将减分项并入"筛选子模型"。

（五）评价标准

"评分子模型"的功能效力与评价标准息息相关。在模型构建之初，我们就确立了"公示优先""定量优先""存续优先"的评估原则。所谓"公示优先"，是指以权威机构发布的信息为主；所谓"定量优先"，是指以能够量化反映为主；所谓"存续优先"，是指以连续三年以上有稳定信息披露为主。按照这三项评估原则，对四级指标逐一明确界定，并确立评价细则。

对于定量指标，我们采用聚类分析、等比例映射、等距分类、等差排序等方法进行测评；对于定性指标，分为简单定性和复杂定性两类。对于简单定性指标，通过直接分析完成评估；对于复杂定性指标，通过专家组背对背评估、公示验证完成评估。

三 3A 模型评估实施

在评估实施过程中，我们紧扣了四个关键问题——如何能使有价值主张的评估理念做到"公允"、如何能使定性指标居多的 3A 模型做到"公平"、如何能使数据源不完备的评估实施做到"公开"、如何能使跨产业应用的评估产品做到"公正"。

（一）协作模式

为保障 3A 模型建立和应用的公开、公正、公平和公允，经过四年来的摸索实践，我们建立并逐步完善了"议事—决策—执行"三级架构。在议事层，评估标准顾问委员会（社顾委）针对模型各要素以及运行方法（核心依据、议题遴选、指标构建、数据来源、评估结果等）提出意见或建议；评估标准专家委员会（社专委）负责重大事项审议，如模型方向性调整、增减立项等。在决策层，由评估标准工作委员会（社标委）负责日常决策工作，如模型要素调整、运行规则优化等。社标委下设模型、生产监控、应用产品和数据四个工作组，负责专项议题初审。工作组由社标委领导，向符合资质的外部专家开放。决策层由主任担任召集人，采取公开投票、多数议决的方式，并进行有效披露。在执行层，由可持续发展价值评估项目组（项目组）负责项目实施，收集并解答社顾委的建议和意见；整理重大议题的资料并提交社专委审议；执行社标委决议；协同数据供应方和技术服务方开展评估生产等工作。

2020 年 2～8 月，社标委与项目团队克服了疫情影响，进行了 20 次线上会议，通过多轮交互式深度研究讨论，对模型优化中的关键议题进行了反复论证和投票决议，以保证生产评估的更高质量、系统性和延续性。

2020 年 4 月，在前期大量基础研发工作的基础上，社投盟编制并审议通过了《社投盟社标委可持续发展价值评估模型调整实施细则（试行）》，为今后模型优化的制度规范奠定了基础。

（二）数据来源

可持续发展价值评估的数据主要来自上市公司年度报告、社会责任报告、可持续发展报告、ESG 报告、企业官网、临时公告、监管部门的监管信息等公开披露信息。为突破数据困境，社投盟采取了如下措施。

首先，编制了详尽的工作操作手册，对数据定义、类型、性质、功能、来源、期限、质量、数据样本和标杆进行了详尽的需求界定，并搭建出数据库雏形。

其次，综合考虑了数据库规模、执行效率和利益冲突等因素，选取了万

得资讯作为定量指标数据的合作方；组建了项目团队（30人）进行定性指标的数据检索。

再次，制定了周密的分工协同计划。数据团队背对背检索、交叉验证，在核心组参与下进行了第一次复核，在数据专家组指导下进行了第二次复核，明箱挑战下（专家在签署并遵循保密协议的情况下，有权对任何排名提出复议并调阅该公司的全部数据）进行了第三次复核。

最后，与监管部门、主流媒体和产业协会组织的信息进行验证。为提升数据完备度，社投盟先后与金融数据（万得）、环境数据（如IPE）、专利数据（如德高行）、合规数据（如价值在线）等第三方数据服务方开展了合作。在取得了市场披露的数据后，我们与环保部、国家安全生产监督管理委员会、国家税务总局、国家认证认可监督管理委员会、各级人民法院以及各产业主管部委公开的数据库和黑名单等进行了印证，对主流媒体披露的负面信息进行了检索和分析。

需要强调的是，社投盟将2020年度评估的信息搜集截止日期调整为2020年5月8日。如果上市公司在此之前公开发布了2019年度的企业年度报告、企业社会责任报告、可持续发展报告、ESG报告等，则纳入信息采集范围，此后发布的不作为信息来源。

由于受疫情影响，2020年沪深300中有两家上市公司世纪华通和中金黄金于5月30日才发布2019年年度报告，此外，中金黄金（2020年5月30日）、工业富联（2020年6月6日）、中国卫通（2020年8月1日）三家公司在截止日之后发布社会责任报告，以上公司未在5月8日前发布的相关信息数据均未被采纳。

（三）评级划分

为了更直观地反映上市公司可持续发展价值，项目团队根据公司的可持续发展价值评分阶段特征，划分不同的评级。可持续发展价值评级共设10大基础等级，分别为AAA、AA、A、BBB、BB、B、CCC、CC、C和D。其中AA至B级用"＋"和"－"号进行微调，因此，总共有20个增强等级。D级表示被筛选子模型剔除。

表3 可持续发展价值评估情况

序号	基础等级	增强等级	级别含义
1	AAA	AAA	AAA 是可持续发展价值评估最高级别 表示创造经济—社会—环境综合价值能力最强 合一度高且无可持续发展风险 不受不良形势或周期性因素影响
2	AA	AA +	AA 是可持续发展价值评估高级别 表示创造经济—社会—环境综合价值能力很强 合一度较高且可持续发展风险极低 较少受不良形势或周期性因素影响
3		AA	
4		AA -	
5	A	A +	A 是可持续发展价值评估中较高级别 表示创造经济—社会—环境综合价值能力较强 合一度可接受,可持续发展风险偏低 可能受不良形势或周期性因素影响
6		A	
7		A -	
8	BBB	BBB +	BBB 是可持续发展价值评估中等级别 表示创造经济—社会—环境综合价值能力一般 有合一度差异、有可持续发展风险 容易受不良形势或周期性因素影响
9		BBB	
10		BBB -	
11	BB	BB +	BB 是可持续发展价值评估中下级别 表示创造经济—社会—环境综合价值能力有一定潜力 有较大合一度差异、存在可持续发展风险 受到不良形势或周期性因素影响
12		BB	
13		BB -	
14	B	B +	B 是可持续发展价值评估较低级别 表示创造经济—社会—环境综合价值能力不强 有合一度问题、存在较大可持续发展风险 受到不良形势或周期性因素影响
15		B	
16		B -	
17	CCC	CCC	CCC 是可持续发展价值评估较低级别 表示创造经济—社会—环境综合价值能力很差 有合一度问题、存在较大可持续发展风险 受到严重不良形势或周期性因素影响
18	CC	CC	CC 是可持续发展价值评估很低级别 表示创造经济—社会—环境综合价值能力太差 有严重合一度问题、存在较大可持续发展风险
19	C	C	C 是可持续发展价值评估极低级别 几乎没有创造经济—社会—环境综合价值能力 没有合一度、几乎无法可持续发展
20	D	D	被筛选子模型剔除

附　录

Appendixes

B.12
附录一：2020年发现中国"义利99"排行榜

排名	证券代码	证券简称	所属行业	总分	数据完备度(%)	目标|驱动力(10)	方式|创新力(30)	效益|转化力(60)			合一度(%)	义利属性
								经济贡献(30)	社会贡献(15)	环境贡献(15)		
1	601668.SH	中国建筑	工业	78.82	95.29	8.33	24.01	20.13	14.34	12.00	96.33	义利双优
2	600028.SH	中国石化	能源	78.56	91.20	8.00	25.45	19.59	13.02	12.50	93.98	义较突出
3	002415.SZ	海康威视	信息技术	77.87	97.21	8.33	24.63	21.37	13.04	10.50	94.28	义利双优
4	601088.SH	中国神华	能源	76.57	82.23	6.67	24.50	20.16	13.28	11.96	89.90	义利双优
5	000002.SZ	万科A	地产	75.33	93.08	7.67	23.85	20.89	12.71	10.21	95.73	义利双优
6	600585.SH	海螺水泥	原材料	74.76	88.29	5.67	15.77	26.28	13.04	14.00	69.90	义利双优
7	601318.SH	中国平安	金融	74.67	94.46	7.00	23.78	21.31	11.20	11.38	93.65	义利双优
8	600036.SH	招商银行	金融	73.78	91.51	7.00	21.48	20.56	12.66	12.08	96.09	义利双优
9	601186.SH	中国铁建	工业	73.71	92.05	7.33	23.42	17.54	12.42	13.00	95.49	义较突出
10	001979.SZ	招商蛇口	地产	72.88	92.12	7.00	21.57	21.60	12.50	10.21	97.32	义利双优
11	600690.SH	海尔智家	可选消费	72.72	83.37	8.00	24.23	19.03	12.71	8.75	90.20	义较突出

附录一：2020年发现中国"义利99"排行榜

续表

排名	证券代码	证券简称	所属行业	总分	数据完备度(%)	目标驱动力(10)	方式创新力(30)	效益转化力(60)			合一度(%)	义利属性
								经济贡献(30)	社会贡献(15)	环境贡献(15)		
12	601398.SH	工商银行	金融	72.64	93.46	8.33	18.48	20.76	13.11	11.96	84.95	义利双优
13	601857.SH	中国石油	能源	72.47	87.24	9.00	23.50	17.89	11.45	10.63	85.07	义较突出
14	000858.SZ	五粮液	主要消费	72.26	84.86	6.67	20.17	22.90	12.14	10.38	92.77	义利双优
15	000063.SZ	中兴通讯	电信业务	72.09	96.08	8.33	27.93	14.06	11.77	10.00	78.20	义较突出
16	601288.SH	农业银行	金融	71.76	93.23	8.33	17.40	20.15	12.42	13.46	81.92	义利双优
17	600887.SH	伊利股份	主要消费	70.24	85.45	6.67	22.98	16.15	11.19	13.25	92.21	义较突出
18	002352.SZ	顺丰控股	工业	70.15	90.88	8.33	23.84	19.86	11.53	6.58	85.90	义利兼具
19	601166.SH	兴业银行	金融	70.06	94.32	7.00	20.29	18.15	12.16	12.46	97.33	义较突出
20	600050.SH	中国联通	电信业务	70.05	97.24	8.33	23.77	14.95	11.65	11.33	85.89	义较突出
21	002916.SZ	深南电路	信息技术	70.04	89.63	6.67	23.74	15.42	12.21	12.00	89.55	义较突出
22	000725.SZ	京东方A	信息技术	69.71	96.90	8.00	24.62	13.74	12.27	11.08	85.06	义较突出
23	600900.SH	长江电力	公用事业	69.33	83.04	8.00	20.15	19.86	12.56	8.75	90.24	义较突出
24	601390.SH	中国中铁	工业	69.32	84.61	8.00	20.90	17.80	12.12	10.50	90.70	义较突出
25	002202.SZ	金风科技	工业	69.10	96.87	8.33	25.74	11.57	13.33	10.13	80.00	义较突出
26	600066.SH	宇通客车	可选消费	69.00	88.07	8.00	21.48	11.21	13.55	14.75	90.19	义较突出
27	601319.SH	中国人保	金融	68.93	87.15	5.67	19.01	21.47	12.40	10.38	86.68	义利双优
28	600019.SH	宝钢股份	原材料	68.88	84.43	6.67	20.24	18.66	11.94	11.38	97.48	义较突出
29	601628.SH	中国人寿	金融	68.76	93.67	6.67	20.42	18.20	12.85	10.63	97.95	义较突出
30	601899.SH	紫金矿业	原材料	68.66	79.29	7.00	17.86	19.41	11.77	12.63	89.53	义较突出
31	601618.SH	中国中冶	工业	68.59	93.24	6.67	25.21	15.26	11.71	9.75	83.12	义较突出
32	000338.SZ	潍柴动力	工业	68.55	79.12	7.33	18.83	20.29	11.09	11.00	92.03	义利双优
33	601012.SH	隆基股份	工业	68.42	87.65	8.33	18.85	19.83	12.40	9.00	85.27	义较突出
34	601225.SH	陕西煤业	能源	68.20	82.50	7.33	20.93	21.77	8.07	10.08	95.14	利较突出
35	000001.SZ	平安银行	金融	68.18	92.99	7.67	21.28	17.22	11.25	10.75	92.05	义较突出
36	002271.SZ	东方雨虹	原材料	68.14	85.87	6.67	22.81	16.04	12.49	10.13	91.09	义较突出
37	601229.SH	上海银行	金融	68.09	91.11	8.33	18.51	18.01	11.28	11.96	84.52	义较突出
38	002024.SZ	苏宁易购	可选消费	68.04	91.54	8.33	18.69	17.88	13.14	10.00	84.82	义较突出
39	601727.SH	上海电气	工业	67.90	94.78	8.00	24.49	15.01	10.52	9.88	82.85	义较突出
40	601939.SH	建设银行	金融	67.68	90.88	7.67	15.76	20.28	10.84	13.13	80.54	义利双优
41	600104.SH	上汽集团	可选消费	67.65	86.12	7.33	21.66	17.00	12.70	8.96	93.07	义较突出
42	000333.SZ	美的集团	可选消费	67.39	87.47	6.67	22.91	21.06	8.67	7.08	87.74	利较突出
43	600048.SH	保利地产	地产	67.13	83.98	7.67	19.92	22.16	10.30	7.08	91.28	利较突出

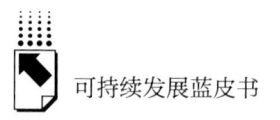

续表

排名	证券代码	证券简称	所属行业	总分	数据完备度(%)	目标驱动力(10)	方式创新力(30)	效益转化力(60) 经济贡献(30)	社会贡献(15)	环境贡献(15)	合一度(%)	义利属性
44	600018.SH	上港集团	工业	66.96	86.58	8.00	20.86	18.25	11.28	8.58	88.25	义利兼具
45	601800.SH	中国交建	工业	66.78	90.99	8.33	20.90	16.20	13.09	8.25	85.32	义较突出
46	601238.SH	广汽集团	可选消费	66.71	85.03	7.33	21.57	16.07	13.14	8.58	91.94	义较突出
47	000651.SZ	格力电器	可选消费	66.64	78.83	8.00	20.44	22.03	8.83	7.33	88.04	利较突出
48	600522.SH	中天科技	电信业务	66.33	87.34	8.33	20.29	16.98	11.98	8.75	84.96	义较突出
49	002236.SZ	大华股份	信息技术	66.28	88.61	8.00	24.02	17.03	11.15	6.08	81.70	义利兼具
50	002475.SZ	立讯精密	信息技术	66.06	82.80	7.50	18.87	19.31	10.76	9.63	90.78	义利兼具
51	600837.SH	海通证券	金融	65.83	90.11	6.00	18.74	15.54	12.70	12.83	93.16	义较突出
52	600309.SH	万华化学	原材料	65.76	81.40	6.67	20.10	20.38	9.87	8.75	98.38	利较突出
53	601985.SH	中国核电	公用事业	65.65	83.55	8.00	22.49	15.42	11.66	8.08	84.29	义利兼具
54	600015.SH	华夏银行	金融	65.56	90.82	7.00	17.54	18.29	9.97	12.75	90.51	义较突出
55	601328.SH	交通银行	金融	65.49	93.32	7.67	16.08	17.87	11.42	12.46	82.26	义较突出
56	601877.SH	正泰电器	工业	65.25	86.61	7.67	18.89	16.87	11.95	9.88	88.97	义较突出
57	601633.SH	长城汽车	可选消费	65.07	77.98	6.67	22.39	14.79	11.47	9.75	89.09	义较突出
58	600989.SH	宝丰能源	原材料	64.95	82.02	7.50	15.60	18.43	11.45	11.96	81.63	义较突出
59	601766.SH	中国中车	工业	64.87	84.89	8.00	21.23	16.14	11.29	8.21	85.27	义利兼具
60	002601.SZ	龙蟒佰利	原材料	64.86	85.29	7.33	19.55	14.61	12.24	11.13	92.06	义较突出
61	600196.SH	复星医药	医药卫生	64.77	91.87	7.00	20.42	15.12	10.78	11.46	93.97	义较突出
62	600188.SH	兖州煤业	能源	64.73	84.74	7.33	20.06	18.32	12.02	7.00	91.74	义利兼具
63	601919.SH	中远海控	工业	64.71	86.24	8.00	19.40	17.22	10.39	9.71	86.00	义较突出
64	600547.SH	山东黄金	原材料	64.25	85.93	7.33	19.82	13.09	12.31	11.71	91.33	义较突出
65	003816.SZ	中国广核	公用事业	64.18	71.13	6.00	17.49	19.21	11.89	9.58	91.81	义较突出
66	000708.SZ	中信特钢	原材料	64.11	72.28	6.67	18.32	20.33	10.21	8.58	95.49	利较突出
67	603993.SH	洛阳钼业	原材料	64.03	82.84	5.17	19.20	17.53	11.51	10.63	87.12	义较突出
68	600000.SH	浦发银行	金融	64.03	89.78	7.67	16.54	18.45	12.13	9.25	83.69	义较突出
69	000895.SZ	双汇发展	主要消费	63.98	85.32	6.67	19.59	17.03	10.56	10.13	97.03	义较突出
70	000876.SZ	新希望	主要消费	63.76	83.78	7.33	22.45	12.76	10.38	10.83	85.18	义较突出
71	300498.SZ	温氏股份	主要消费	63.68	72.87	4.67	19.98	18.07	11.38	9.58	81.34	义较突出
72	601898.SH	中煤能源	能源	63.67	84.59	8.00	20.82	14.91	10.61	9.33	84.16	义利兼具
73	002555.SZ	三七互娱	信息技术	63.60	88.23	8.00	17.80	19.80	9.79	8.21	83.65	义利兼具
74	002841.SZ	视源股份	信息技术	63.47	83.44	8.00	17.97	19.20	10.68	7.63	83.80	义利兼具
75	002938.SZ	鹏鼎控股	信息技术	63.27	79.11	7.33	15.63	17.87	10.68	11.75	82.99	义较突出

续表

排名	证券代码	证券简称	所属行业	总分	数据完备度(%)	目标驱动力(10)	方式创新力(30)	效益转化力(60)			合一度(%)	义利属性
								经济贡献(30)	社会贡献(15)	环境贡献(15)		
76	002460.SZ	赣锋锂业	原材料	63.25	89.71	7.83	19.51	10.88	11.77	13.25	85.92	义较突出
77	000157.SZ	中联重科	工业	63.05	79.24	8.00	22.43	15.93	11.20	5.50	80.57	义利兼具
78	002304.SZ	洋河股份	主要消费	63.03	75.32	4.50	16.88	19.15	11.12	11.38	78.53	义较突出
79	300015.SZ	爱尔眼科	医药卫生	62.97	89.64	7.00	21.21	17.08	11.10	6.58	89.17	义利兼具
80	000069.SZ	华侨城A	地产	62.95	89.10	6.67	16.58	20.38	9.99	9.33	89.73	利较突出
81	601808.SH	中海油服	能源	62.93	86.80	7.00	21.70	12.64	11.46	10.13	87.61	义较突出
82	601600.SH	中国铝业	原材料	62.89	81.50	8.00	20.18	12.25	12.71	9.75	83.74	义较突出
83	601601.SH	中国太保	金融	62.86	89.72	5.33	18.13	21.32	10.79	7.29	89.65	利较突出
84	000100.SZ	TCL科技	可选消费	62.85	92.38	8.33	21.74	12.12	11.46	9.21	79.35	义较突出
85	000538.SZ	云南白药	医药卫生	62.82	77.66	6.67	17.72	19.83	9.27	9.33	93.89	义利兼具
86	601298.SH	青岛港	工业	62.79	83.80	6.67	17.65	16.73	12.49	9.25	93.66	义较突出
87	000963.SZ	华东医药	医药卫生	62.56	77.43	8.00	19.60	16.80	11.08	7.08	83.67	义利兼具
88	002773.SZ	康弘药业	医药卫生	62.47	80.77	8.00	17.12	13.64	12.59	11.13	81.90	义较突出
89	600406.SH	国电南瑞	工业	62.46	77.50	7.00	19.23	19.60	10.63	6.00	92.52	义利兼具
90	600498.SH	烽火通信	电信业务	62.26	90.65	7.67	24.27	11.63	10.57	8.13	76.29	义利兼具
91	601669.SH	中国电建	工业	62.25	85.53	7.33	18.04	15.46	12.66	8.75	88.82	义较突出
92	002594.SZ	比亚迪	可选消费	62.24	79.54	9.00	20.64	10.12	12.49	10.00	74.76	义较突出
93	000977.SZ	浪潮信息	信息技术	62.06	75.86	7.67	23.17	15.01	9.71	6.50	79.04	义利兼具
94	002508.SZ	老板电器	可选消费	62.03	79.76	8.00	18.62	16.03	11.37	8.00	83.09	义利兼具
95	600660.SH	福耀玻璃	可选消费	61.92	80.05	8.00	17.49	14.03	12.40	10.00	82.07	义较突出
96	601111.SH	中国国航	工业	61.46	90.38	7.67	20.13	14.34	12.88	6.46	84.57	义利兼具
97	600340.SH	华夏幸福	地产	61.41	72.13	6.33	16.65	20.40	9.07	8.96	92.21	利较突出
98	601336.SH	新华保险	金融	61.39	85.29	6.50	17.56	17.87	12.17	7.29	94.75	义利兼具
99	600958.SH	东方证券	金融	61.34	86.31	7.67	17.45	14.68	14.07	7.46	84.47	义较突出

B.13
附录二：2020年发现中国"义利99"可持续发展价值评级

排名	证券代码	证券简称	所属行业	2019年6月可持续发展价值评级	2020年6月可持续发展价值评级	变化	财报可信度	财务健康度
1	601668.SH	中国建筑	工业	AA	AA	→	高	高
2	600028.SH	中国石化	能源	AA−	AA	↑	高	高
3	002415.SZ	海康威视	信息技术	AA+	AA	↓	高	高
4	601088.SH	中国神华	能源	AA−	AA	↑	高	高
5	000002.SZ	万科A	地产	AA−	AA	↑	高	高
6	600585.SH	海螺水泥	原材料	AA−	AA−	→	高	高
7	601318.SH	中国平安	金融	AA−	AA−	→	—	—
8	600036.SH	招商银行	金融	A+	AA−	↑	—	—
9	601186.SH	中国铁建	工业	A+	AA−	↑	高	高
10	001979.SZ	招商蛇口	地产	AA−	AA−	→	中	低
11	600690.SH	海尔智家	可选消费	A	AA−	↑	高	高
12	601398.SH	工商银行	金融	A	AA−	↑	—	—
13	601857.SH	中国石油	能源	AA−	AA−	→	高	高
14	000858.SZ	五粮液	主要消费	A+	AA−	↑	中	中
15	000063.SZ	中兴通讯	电信业务	A	AA−	↑	中	中
16	601288.SH	农业银行	金融	AA−	AA−	→	—	—
17	600887.SH	伊利股份	主要消费	A	AA−	↑	高	高
18	002352.SZ	顺丰控股	工业	A+	AA−	↑	中	中
19	601166.SH	兴业银行	金融	A+	AA−	↑	—	—
20	600050.SH	中国联通	电信业务	AA−	AA−	→	高	高
21	002916.SZ	深南电路	信息技术	—	AA−	→	高	高
22	000725.SZ	京东方A	信息技术	AA−	A+	↓	中	低
23	600900.SH	长江电力	公用事业	AA−	A+	↓	高	高
24	601390.SH	中国中铁	工业	A−	A+	↑	高	高
25	002202.SZ	金风科技	工业	A+	A+	→	中	高

附录二：2020年发现中国"义利99"可持续发展价值评级

续表

排名	证券代码	证券简称	所属行业	2019年6月可持续发展价值评级	2020年6月可持续发展价值评级	变化	财报可信度	财务健康度
26	600066.SH	宇通客车	可选消费	BBB+	A+	↑	高	高
27	601319.SH	中国人保	金融	A−	A+	↑	—	—
28	600019.SH	宝钢股份	原材料	A+	A+	→	高	高
29	601628.SH	中国人寿	金融	BBB−	A+	↑	—	—
30	601899.SH	紫金矿业	原材料	AA	A+	↓	中	中
31	601618.SH	中国中冶	工业	A+	A+	→	高	高
32	000338.SZ	潍柴动力	工业	AA−	A+	↓	高	高
33	601012.SH	隆基股份	工业	A	A+	↑	中	高
34	601225.SH	陕西煤业	能源	A+	A+	→	高	高
35	000001.SZ	平安银行	金融	D	A+	↑	—	—
36	002271.SZ	东方雨虹	原材料	A−	A+	↑	高	高
37	601229.SH	上海银行	金融	A	A+	↑	—	—
38	002024.SZ	苏宁易购	可选消费	A−	A+	↑	高	中
39	601727.SH	上海电气	工业	A+	A+	→	中	中
40	601939.SH	建设银行	金融	BBB+	A+	↑	—	—
41	600104.SH	上汽集团	可选消费	A−	A+	↑	高	高
42	000333.SZ	美的集团	可选消费	A	A+	↑	高	高
43	600048.SH	保利地产	地产	BBB+	A+	↑	中	中
44	600018.SH	上港集团	工业	BBB+	A+	↑	高	高
45	601800.SH	中国交建	工业	A+	A+	→	中	中
46	601238.SH	广汽集团	可选消费	AA−	A+	↓	中	中
47	000651.SZ	格力电器	可选消费	A+	A	↓	高	高
48	600522.SH	中天科技	电信业务	BBB	A	↑	高	高
49	002236.SZ	大华股份	信息技术	A	A	→	高	高
50	002475.SZ	立讯精密	信息技术	BBB	A	↑	高	高
51	600837.SH	海通证券	金融	BBB+	A	↑	—	—
52	600309.SH	万华化学	原材料	A−	A	↑	中	高
53	601985.SH	中国核电	公用事业	A+	A	↓	中	中
54	600015.SH	华夏银行	金融	BBB+	A	↑	—	—
55	601328.SH	交通银行	金融	D	A	↑	—	—
56	601877.SH	正泰电器	工业	A+	A	↓	高	高
57	601633.SH	长城汽车	可选消费	A−	A	↑	中	中
58	600989.SH	宝丰能源	原材料	—	A	—	中	中

251

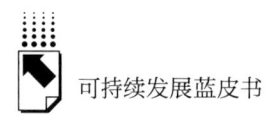

续表

排名	证券代码	证券简称	所属行业	2019年6月可持续发展价值评级	2020年6月可持续发展价值评级	变化	财报可信度	财务健康度
59	601766.SH	中国中车	工业	A	A	→	中	高
60	002601.SZ	龙蟒佰利	原材料	A+	A	↓	高	高
61	600196.SH	复星医药	医药卫生	A	A	→	高	中
62	600188.SH	兖州煤业	能源	AA-	A	↓	高	高
63	601919.SH	中远海控	工业	BBB+	A	↑	高	高
64	600547.SH	山东黄金	原材料	A-	A	↑	高	中
65	003816.SZ	中国广核	公用事业	-	A	-	中	高
66	000708.SZ	中信特钢	原材料	-	A	-	中	高
67	603993.SH	洛阳钼业	原材料	A-	A	↑	中	中
68	600000.SH	浦发银行	金融	A-	A	↑	—	—
69	000895.SZ	双汇发展	主要消费	BBB+	A	↑	中	高
70	000876.SZ	新希望	主要消费	BBB	A	↑	中	中
71	300498.SZ	温氏股份	主要消费	A-	A	↑	高	高
72	601898.SH	中煤能源	能源	A-	A	↑	高	高
73	002555.SZ	三七互娱	信息技术	BBB-	A	↑	中	高
74	002841.SZ	视源股份	信息技术	-	A	-	高	高
75	002938.SZ	鹏鼎控股	信息技术	BBB-	A-	↑	高	高
76	002460.SZ	赣锋锂业	原材料	A+	A-	↓	中	中
77	000157.SZ	中联重科	工业	A	A-	↓	高	高
78	002304.SZ	洋河股份	主要消费	BBB+	A-	↑	高	中
79	300015.SZ	爱尔眼科	医药卫生	BBB+	A-	↑	中	高
80	000069.SZ	华侨城A	地产	BBB+	A-	↑	高	低
81	601808.SH	中海油服	能源	BBB+	A-	↑	高	高
82	601600.SH	中国铝业	原材料	A	A-	↓	高	中
83	601601.SH	中国太保	金融	A-	A-	→	—	—
84	000100.SZ	TCL科技	可选消费	AA-	A-	↓	高	中
85	000538.SZ	云南白药	医药卫生	A	A-	↓	高	高
86	601298.SH	青岛港	工业	BBB-	A-	↑	中	中
87	000963.SZ	华东医药	医药卫生	A+	A-	↓	中	高
88	002773.SZ	康弘药业	医药卫生	AA-	A-	↓	中	高
89	600406.SH	国电南瑞	工业	A	A-	↓	中	高
90	600498.SH	烽火通信	电信业务	A	A-	↓	高	高
91	601669.SH	中国电建	工业	A	A-	↓	高	中

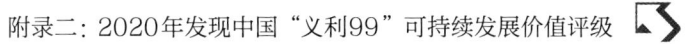

附录二：2020年发现中国"义利99"可持续发展价值评级

续表

排名	证券代码	证券简称	所属行业	2019年6月可持续发展价值评级	2020年6月可持续发展价值评级	变化	财报可信度	财务健康度
92	002594.SZ	比亚迪	可选消费	A	A−	↓	中	低
93	000977.SZ	浪潮信息	信息技术	—	A−	→	中	高
94	002508.SZ	老板电器	可选消费	BBB	A−	↑	中	中
95	600660.SH	福耀玻璃	可选消费	A−	A−	→	高	高
96	601111.SH	中国国航	工业	A	A−	↓	中	中
97	600340.SH	华夏幸福	地产	BBB+	A−	↑	低	低
98	601336.SH	新华保险	金融	D	A−	↑	—	—
99	600958.SH	东方证券	金融	BBB−	A−	↑	—	—

注："—"代表该公司在2019年6月非沪深300成分股公司，因此未被评级。与2019年6月评级相比，"↑"代表该公司在2020年6月评级升高，"↓"代表该公司在2020年6月评级降低，"→"代表该公司在2020年6月评级不变。

资料来源：财报可信度和财务健康度指标数据由厦门国家会计学院中国财务舞弊研究中心和厦门天健财智科技有限公司共同提供。

B.14
附录三：2020年发现中国"义利99"可持续发展价值评估剔除公司名单

序号	证券代码	证券简称	所属行业	一级指标	剔除依据
1	601818.SH	光大银行	金融	经济负面	被银保监会和中国人民银行公开处罚
2	601988.SH	中国银行	金融	经济负面	被银保监会公开处罚
3	601998.SH	中信银行	金融	经济负面	被银保监会公开处罚
4	600016.SH	民生银行	金融	经济负面	被中国人民银行公开处罚
5	601688.SH	华泰证券	金融	经济负面	被中国人民银行公开处罚
6	002945.SZ	华林证券	金融	经济负面	被证监会公开处罚
7	002466.SZ	天齐锂业	原材料	经济负面	审计机构对2019年年报出具非标准无保留意见审计报告
8	002456.SZ	欧菲光	信息技术	虚假信披	虚假财务信息披露
9	600221.SH	海航控股	工业	经济负面	审计机构对2019年年报出具非标准无保留意见审计报告

B.15
附录四：可持续发展金融大事记（国内篇）*

1. 全球首只可持续发展价值评估基金产品"博时中证可持续发展100ETF"问世

2020年2月20日，全球首只基于可持续发展价值评估主题的ETF产品——博时中证可持续发展100ETF——正式登陆上海证券交易所上市交易。博时中证可持续发展100ETF于2020年1月19日正式成立，成立规模14.75亿元。该基金基于社会价值投资联盟长期关于可持续发展价值评估提供的成果和数据，将可持续发展因素作为投资决策的重要组成部分，由博时基金发行。

2. 世界银行在中国首个绿色农业基金项目落户河南

2020年3月11日，世界银行贷款3亿美元支持河南高质量绿色农业发展促进项目资金申请报告获得国家发展改革委批复。这是世界银行在中国开展的首个绿色农业基金项目。

3. 瑞幸咖啡财务造假引发中美两国监管制裁

2020年4月2日，瑞幸咖啡自曝伪造交易22亿元人民币，引发社会广泛关注。5月15日，瑞幸咖啡因触犯上市规则相关条款，收到纳斯达克交易所的退市通知，并于6月29日正式停牌，进行退市备案。9月18日，市场监管总局及上海、北京市场监管部门，对瑞幸咖啡（中国）有限公司等45家涉案公司做出行政处罚决定，处罚金额共计6100万元。

---

* 本部分梳理了2019年9月至2020年9月国内可持续发展金融的大事件。通过社投盟每月发布的《可持续发展金融前沿》可以了解更多国内大事件。

4. 中国平安宣布签署可持续保险原则

2020年4月22日，中国平安宣布签署《可持续保险原则》（Principles for Sustainable Insurance，PSI），成为中国大陆首家签署《可持续保险原则》的保险机构。可持续保险原则由联合国环境规划署金融倡议组织（UNEP FI）倡导，于2012年6月召开的"里约+20峰会"上正式发起，旨在联合保险业共同应对全球日益严峻的ESG挑战。世界上已有80余家公司签署该原则。

5. 央行等四部门联合支持粤港澳大湾区绿色金融建设

2020年5月14日，中国人民银行、中国银行保险监督管理委员会、中国证券监督管理委员会、国家外汇管理局四部门联合发布《关于金融支持粤港澳大湾区建设的意见》，推动粤港澳大湾区绿色金融合作、构建统一的绿色金融相关标准，并拟设立广州期货交易所。

6. 国家绿色发展基金股份有限公司成立

2020年7月15日，国家绿色发展基金股份有限公司揭牌成立，首期总规模达885亿元。作为由财政部、生态环境部和上海市共同设立的国家级政府投资基金，国家绿色发展基金主要投资于环境保护和污染防治、生态修复和国土空间绿化、能源资源节约利用、绿色交通、清洁能源等绿色发展领域。

7. 中资银行绿色债券首次在纳斯达克迪拜交易所上市

2020年8月18日，中国建设银行在阿联酋纳斯达克迪拜交易所（Nasdaq Dubai）举行了绿色债券发行鸣钟仪式。此次绿色债券发行共两笔，分别为7亿美元和5亿美元。该债券获得了气候债券倡议组织颁发的气候债券发行前认证，是中资银行首次在迪拜发行的绿色债券。

8. 中国银行境外发行中资首支蓝色债券

2020年9月14日，中国银行巴黎分行和澳门分行成功定价发行双币种蓝色债券。募集资金用于支持中国银行已投放及未来将投放的海洋相关污水处理项目及海上风电项目等。这是中资企业在境外发行的首支蓝色债券。

9. 中央财经大学发布国内首个公募基金 ESG 评级

2020 年 9 月 21 日，中央财经大学绿色金融国际研究院发布了国内首个中国公募基金 ESG 评级。该指标体系不仅能为投资者提供鉴别和遴选高质量投资标的的依据，进行负责任投资，还能够帮助基金公司优化产品结构，引导现有产品向 ESG 价值投资方向转型。

10. 国内研究机构发布首只绿色治理指数

2020 年 9 月 28 日，南开大学中国公司治理研究院联合深圳市公司治理研究会、深圳证券信息有限公司，发布公司治理研究院绿色治理指数。该指数创新地将绿色治理理念运用到上市公司评价过程中，是国内首只基于上市公司绿色治理评价体系的股票指数。

B.16
附录五：可持续发展金融大事记（国际篇）*

1. 联合国全球契约启动 CFO 网络以支持可持续发展目标融资

2019 年 9 月 27 日，联合国全球契约启动 CFO（首席财务官）网络，该网络专注于通过企业战略和投资推进可持续发展目标。CFO 网络将利用私营部门日益增长的势头开发创新的金融工具，以弥补可持续发展目标的融资缺口。联合国副秘书长呼吁解决最难触及的领域，并找出高排放领域的成功转型方法。

2. 英国监管机构要求资产所有者和资产管理者考虑 ESG 要素

2020 年 1 月 1 日，英国监管机构针对资产所有者和资产管理者发布的修订版《英国尽责管理守则》（the UK Stewardship Code 2020）正式生效。守则要求他们考虑被投资公司的环境、社会和公司治理表现。财务报告委员会（Financial Reporting Council）自 2012 年以来第一次修订了守则，新守则规定养老基金、保险公司、基金管理机构和其他金融服务提供商必须长期公示其维持和提高投资价值的方式。

3. 欧洲证券和市场管理局发布《可持续金融战略》

2020 年 2 月 6 日，欧盟证券市场监管机构——欧洲证券和市场管理局发布了《可持续金融战略》。该战略详细阐明了欧洲证券和市场管理局计划如何将环境、社会和治理（ESG）因素嵌入其工作中，并促使可持续发展理念成为市场发展的核心。

---

* 本部分梳理了 2019 年 9 月至 2020 年 9 月国际可持续发展金融的大事件。通过社投盟每月发布的《可持续发展金融前沿》可以了解更多国际大事件。

4. 国际资本市场协会发布《可持续金融：概要释义》

2020年5月11日，国际资本市场协会（ICMA）可持续金融委员会，发布了常用的可持续金融相关的术语定义。以便于市场参与者、更广泛的利益相关者以及政策制定者和监管者之间达成对可持续金融等相关术语的共同认知，减少因概念界定不清而产生的分歧和不利影响。

5. 国际能源署发布《可持续复苏计划》

2020年6月18日，国际能源署发布《可持续复苏计划》以助力各国在疫情后未来三年的恢复经济，总投资额为3万亿美元。该详细计划的重点是可以在2021~2023年的特定时间段内实施具有成本效益的措施。它涵盖了六个关键领域：电力、运输、工业、建筑、燃料和新兴的低碳技术。该计划考虑了国家和国际的长期增长目标，面向未来的就业机会和可持续发展目标。《可持续复苏计划》具有三个主要目标：促进经济增长、创造就业机会以及建立更具弹性和清洁性的能源系统。

6. 欧洲议会设立可持续发展投资标准

在2020年6月18日的全体会议上，欧洲议会通过了可持续发展投资标准。欧洲希望通过此标准在欧盟建立一个通用的分类体系，对可持续经济活动进行认证，从而为企业和投资者提供清晰信息以鼓励可持续发展实践。该标准包括五项环境目标：（1）减缓和适应气候变化；（2）保护水和海洋资源；（3）向循环经济转型，包括防止浪费和增加对二次原料的利用；（4）污染防治；（5）保护和恢复生物多样性和生态系统。此项标准通过强制要求受托人提供项目如何达到环境目标的详细描述，保护了投资者免受"漂绿"的风险。

7. GRI与SASB合作提升可持续发展报告标准的清晰性与兼容性

2020年7月12日，可持续性会计准则委员会（SASB）和全球报告倡议组织（GRI）宣布了一项合作计划，针对同时使用两个标准的公司，这两个组织将以为利益相关者提供沟通材料和案例演示的方式，展示如何一起使用这两组标准，相关材料预计在2020年底推出。本次合作将会提高可持续发展报告标准的清晰性和兼容性，帮助可持续发展相关数据用户了解两组标

准传达信息的异同。

8. 欧盟发布以可持续为核心原则的7500亿欧元复苏计划

2020年7月21日,欧盟27个成员国就7500亿欧元复苏基金达成一致,实现联合发债协议。复苏计划旨在帮助欧盟从疫情危机中恢复的同时推动经济绿色转型。该计划以《可持续金融分类法》为指导,将投资引入符合六个预定环境目标中至少一项的技术和解决方案:缓解气候变化、气候变化适应、可持续利用水和海洋资源、向循环经济过渡、污染的预防和控制以及保护及恢复生物多样性和生态系统。

9. 特许金融分析师协会发布ESG披露标准

2020年8月19日,CFA研究所发布了有关投资产品中环境、社会和治理(ESG)披露的拟议标准,其重点界定了"与ESG相关的特征"(ESG-related features),主要包括以下六类:ESG整合、与ESG相关的筛选(ESG-related exclusions)、同类最佳(Best-in-class)、ESG相关主题(ESG-related thematic focus)、影响目标(Impact objective),以及代理投票、参与和管理(Proxy voting, engagement and stewardship)。该标准还建立了披露和程序以帮助投资者对投资产品进行检查。

10. 世界经济论坛联合四大会计师事务所发布《利益相关者资本主义披露准则》

2020年9月22日,世界经济论坛—国际商业理事会(WEF-IBC)联合四大会计师事务所,发布《利益相关者资本主义披露准则——迈向更通用更标准的可持续价值披露标准》白皮书,旨在为各公司投资者和其他利益相关者制定一套核心的通用指标和非财务信息披露的准则。该白皮书将公司主流业绩报告的指标与环境、社会和公司治理(ESG)指标相结合,为达成"一致性"及统一跟踪各公司对可持续发展目标(SDGs)的贡献提供依据。此前,在2017年的达沃斯论坛上,140多位首席执行官就签署了《领导力:应势而为、勇于担当》契约(*Compact for Responsive and Responsible Leadership*),将SDGs确定为实现公司目标与社会发展长期目标相结合的路线图。

B.17 致　谢

向以下专业志愿者、机构表示致敬，感谢他们在本书编制过程中给予的指导、支持与帮助：

专业志愿者

安国俊、白波、包琰、陈德全、陈东、车慧中、戴卫、方略、范释元、郭沛源、何杰、何基报、黄益平、江聃、蒋国瑞、江向阳、Jared Mann（美）、刘剑雄、刘逖、刘蔚、黎江、李家朗、李戎、罗楠、马军、马磊、孟凡娟、闵万里、牛锡明、蒲小雷、饶翔、宋万海、孙喜、孙希坤、苏梅、唐嘉欣、汤敏、童腾飞、王德英、王厚峰、王健、王晓楠、王晓书、吴海山、薛克庆、徐浩良、杨东宁、杨强、闫晓禹、叶凡、叶钦华、俞建拖、俞锦、曾斌、张韶辉、周强、朱玲、朱寿庆、朱四明等

国内机构

安迅科技、安永会计师事务所、北京大学国家发展研究院、北京君和创新公益促进中心、博时基金管理有限公司、财经杂志、慈善先锋公益服务研究与促进中心、第一推送、福布斯中国、富达基金、富兰克林坦伯顿基金集团、格澜数字科技（北京）有限公司、公众环境研究中心、国际影响力投资俱乐部、华泰保险集团、恒生指数有限公司、华兴资本、南方基金管理股份有限公司、秦朔朋友圈、清华大学公益慈善研究院、上海对外经贸大学金融管理学院、上海外国语学院、上海证券交易所、深圳德高行知识产权数据

技术有限公司、深圳价值在线信息科技股份有限公司、深圳国际公益学院、深圳市金融局、深圳市社会组织管理局、深圳市中国慈展会发展中心、深圳市璇玑实验室有限公司、深圳证券交易所研究所、万得信息技术股份有限公司、微众银行、新浪财经、厦门天健财智科技有限公司、银河证券基金研究中心、友成企业家扶贫基金会、证券时报、中国财务舞弊研究中心、中国发展研究基金会、中国国际金融有限公司、中国金融学会绿色金融专业委员会、中国上市公司协会、中证指数有限公司、中咨律师事务所、资本市场学院

国际机构

富达基金、富兰克林坦伯顿基金集团、联合国开发计划署（UNDP）、联合国全球契约组织（UNGC）、洛克菲勒基金会、全球影响力投资网络（GIIN）、全球影响力投资指导委员会（GSG）、亚洲公益创投网络（AVPN）、责任投资原则（PRI）

项目组

蔡祺雯、陈薇羽、陈溪言、陈泳琳、陈致晖、陈卓雅、崔格瑞、崔秀珍、邓明睿、邓玮烨、董昕怡、冯思月、郭婧怡、贾若怡、何婷、黄玉莲、胡雯淇、简志、刘子昱、李泊靖、黎鹏、李心怡、李扬、毛悦、马文年、马鑫涛、时希洋、孙可欣、孙绮远、孙泽宇、苏霭欣、唐屹兵、唐艺嘉、王克崴、王仕冉、魏博阳、伍秋晓、吴依颖、吴詠琳、吴玥辰、肖蓓琳、杨若煊、杨婉冬、张暖昕、张万里、钟晓晗、周佳欣、朱若楠、朱星遥、朱云洁等

发现"义利99"是一次跨界协同的社会创新。再次感谢各位专家、机构为推动中国可持续发展金融事业而作出的公益贡献。

B.18
声 明

1. 本报告项目组及参与评估的专家与评估对象之间不存在影响评估行为客观、独立、公正的经济利益及关联关系。

2. 本报告项目组成员认真履行了尽职调查和勤勉尽责的义务，并有充分理由保证所出具的评估结果遵循了客观、真实、公正的原则。

3. 本报告可持续发展价值评估结果是项目组依据合理的内部评估模型、评估流程和评估标准做出的第三方独立判断，不存在因评估对象和其他任何组织或个人的影响而改变评估结果的情况。

4. 本报告中依据的相关信息主要是由上市公司披露的公开信息，其他信息由项目组从其认为可靠、准确的渠道获得，如权威媒体、国家部委网站、法院判决文书等。项目组对本次评估所依据的相关资料的真实性、准确度、完整性、及时性进行了必要的核查和验证，但对其真实性、准确度、完整性、及时性不作任何明示或暗示的陈述或担保。

5. 本报告可持续发展价值评估的对象是 2020 年 6 月调整的沪深 300 成分股，项目组不保证中国全体上市公司可持续发展价值排名前 99 的上市公司都在 2020 年"义利 99"排行榜里。

6. 本报告可持续发展价值评估依据的是上市公司 2019 年度公开资料，项目组不保证所包含的内容以及据此得出的评估结果不发生变化。

7. 本报告对沪深 300 成分股可持续发展价值评估的任何表述和判断，并不意味着社投盟实质性建议任何个人或机构据此报告采取投资、借贷等交易行为，也不能作为个人或机构购买、出售或持有相关金融产品的依据。社投盟不对任何投资者使用本报告所表述的评估结果而造成的任何损失、损害、索赔和开支负责。

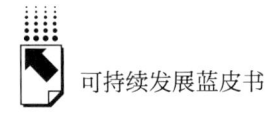

8. 本报告相关知识产权已由公益组织社投盟进行注册，版权所有，依法保留各项权利。任何个人或组织可以引用、复制或翻译其部分内容，但须注明出处。未经社投盟事先书面授权，不得将本报告中的评估结构用于任何营利性目的，不得为商业之目的复制本报告。

权威报告·一手数据·特色资源

皮书数据库
ANNUAL REPORT(YEARBOOK) DATABASE

分析解读当下中国发展变迁的高端智库平台

所获荣誉

- 2019年，入围国家新闻出版署数字出版精品遴选推荐计划项目
- 2016年，入选"'十三五'国家重点电子出版物出版规划骨干工程"
- 2015年，荣获"搜索中国正能量 点赞2015""创新中国科技创新奖"
- 2013年，荣获"中国出版政府奖·网络出版物奖"提名奖
- 连续多年荣获中国数字出版博览会"数字出版·优秀品牌"奖

成为会员

通过网址www.pishu.com.cn访问皮书数据库网站或下载皮书数据库APP，进行手机号码验证或邮箱验证即可成为皮书数据库会员。

会员福利

- 已注册用户购书后可免费获赠100元皮书数据库充值卡。刮开充值卡涂层获取充值密码，登录并进入"会员中心"—"在线充值"—"充值卡充值"，充值成功即可购买和查看数据库内容。
- 会员福利最终解释权归社会科学文献出版社所有。

数据库服务热线：400-008-6695
数据库服务QQ：2475522410
数据库服务邮箱：database@ssap.cn
图书销售热线：010-59367070/7028
图书服务QQ：1265056568
图书服务邮箱：duzhe@ssap.cn

卡号：583872162187
密码：

S 基本子库
SUB DATABASE

中国社会发展数据库（下设12个子库）

整合国内外中国社会发展研究成果，汇聚独家统计数据、深度分析报告，涉及社会、人口、政治、教育、法律等12个领域，为了解中国社会发展动态、跟踪社会核心热点、分析社会发展趋势提供一站式资源搜索和数据服务。

中国经济发展数据库（下设12个子库）

围绕国内外中国经济发展主题研究报告、学术资讯、基础数据等资料构建，内容涵盖宏观经济、农业经济、工业经济、产业经济等12个重点经济领域，为实时掌控经济运行态势、把握经济发展规律、洞察经济形势、进行经济决策提供参考和依据。

中国行业发展数据库（下设17个子库）

以中国国民经济行业分类为依据，覆盖金融业、旅游、医疗卫生、交通运输、能源矿产等100多个行业，跟踪分析国民经济相关行业市场运行状况和政策导向，汇集行业发展前沿资讯，为投资、从业及各种经济决策提供理论基础和实践指导。

中国区域发展数据库（下设6个子库）

对中国特定区域内的经济、社会、文化等领域现状与发展情况进行深度分析和预测，研究层级至县及县以下行政区，涉及地区、区域经济体、城市、农村等不同维度，为地方经济社会宏观态势研究、发展经验研究、案例分析提供数据服务。

中国文化传媒数据库（下设18个子库）

汇聚文化传媒领域专家观点、热点资讯，梳理国内外中国文化发展相关学术研究成果、一手统计数据，涵盖文化产业、新闻传播、电影娱乐、文学艺术、群众文化等18个重点研究领域。为文化传媒研究提供相关数据、研究报告和综合分析服务。

世界经济与国际关系数据库（下设6个子库）

立足"皮书系列"世界经济、国际关系相关学术资源，整合世界经济、国际政治、世界文化与科技、全球性问题、国际组织与国际法、区域研究6大领域研究成果，为世界经济与国际关系研究提供全方位数据分析，为决策和形势研判提供参考。

法律声明

"皮书系列"（含蓝皮书、绿皮书、黄皮书）之品牌由社会科学文献出版社最早使用并持续至今，现已被中国图书市场所熟知。"皮书系列"的相关商标已在中华人民共和国国家工商行政管理总局商标局注册，如LOGO（ ）、皮书、Pishu、经济蓝皮书、社会蓝皮书等。"皮书系列"图书的注册商标专用权及封面设计、版式设计的著作权均为社会科学文献出版社所有。未经社会科学文献出版社书面授权许可，任何使用与"皮书系列"图书注册商标、封面设计、版式设计相同或者近似的文字、图形或其组合的行为均系侵权行为。

经作者授权，本书的专有出版权及信息网络传播权等为社会科学文献出版社享有。未经社会科学文献出版社书面授权许可，任何就本书内容的复制、发行或以数字形式进行网络传播的行为均系侵权行为。

社会科学文献出版社将通过法律途径追究上述侵权行为的法律责任，维护自身合法权益。

欢迎社会各界人士对侵犯社会科学文献出版社上述权利的侵权行为进行举报。电话：010-59367121，电子邮箱：fawubu@ssap.cn。

社会科学文献出版社